실용 프랑스어 의사소통 기능

프랑스어교육 공동연구회

한 상 헌

도서출판 **만 남**

목 차

2. 상황설명 기능 (Fonction référentielle)

3. 표현 기능 (Fonction expressive)

4. 지시 기능 (Fonction conative)

5. 언어설명 기능 (Fonction métalinguistique)

<부록 1>

<부록 2>

머 리 말

가. 본서의 목적

외국어 교육의 목표는 의사소통 능력(compétence de communication)을 숙달하는데 있다. 우리나라의 교육부 교육과정도 이를 명시화하고 이를 위한 여러 조치들을 수행해 온지도 상당한 세월이 지났다. 그러나 프랑스어 교육을 위한 교재의 시장을 살펴보면 이러한 목표를 달성하는데 도움이 될 수 있는 교재들을 여전히 발견하기 어렵고, 아직도 전통적인 관점에서 제작된 교재들이 주종을 이루고 있다. 이런 원인에는 여러 가지가 있겠지만, 무엇보다도 가르치는 사람이나 배우는 사람들이 외국어 교육목표에 대한 이해나 공의가 부족하고, 무엇보다도 새로운 교육방법론에 대한 이해를 접어 둔 채, 이제까지 해왔던 방식대로 가르칠 내용을 선정하고 가르치고 배우는데 안주하고 만족하는데서 비롯되는 것 같다.

문제는 전통적인 방식대로 정해진 교육내용을 설정하고 전통적인 방법대로 가르쳐서는 의사소통 능력을 효율적으로 배울 수 없다는데 있다. 전통적인 방법은 가르칠 내용을 언어의 관점에서 쉽고 간단한 것부터 가르쳐야 한다는 원리에서 언어형태를 기본단위로 하여 선정한다. 그러나 그런 원리에 바탕을 두어 가르칠 내용을 선정하게 되면 언어가 사용되는 측면을 중시할 수 없게 되고, 결국은 학생들이 외국어를 배우긴 하지만 사용할 수 없는 외국어를 배우게 되는 결과를 가져오게 된다. 예를 들어 전통적인 교수방법은 지시나 명령하기를 가르치려면, 명령법의 형태와 어법을 배우기만 하면 된다고 여긴다. 그러나 명령이나 지시는 명령법만으로 행해지는 것이 아니다. 이보다는 오히려 조건법, 직설법, 접속법의 평서문이나 의문문의 형태로 더 많이 이루어진다. 또 전통적인 교재들로 지시나 명령하기를 말할 수 있으려면 명령법이란 문법 항목을 배울 때까지 기다려야 한다. 결국 배운나 하너라노 상황에 알맞은 표현을 배우지 못하기 때문에, 쓸 수 없는 외국어를 배우게 되고, 정작 필요할 때 말하기를 배울 수 없게 된다. 더구나 전통 교재는 문법을 몰라도 말을 할 수 있는데도 불구하고 문법을 가르치지 않고는 외국어를 배울 수 없다고 본다는 점에서 문제의 심각성은 더해진다.

여기에서 어법(usage)이 아니라 사용(emploi)에 중심을 두어 내용을 선정할 필요성과 형태(forme)가 아니라 의미(sens)에 중심을 두어 가르칠 내용을 선정해야 할 필요성이 제기된다. 요컨대 어법 중심의 교재로는 언어 사용을 효율적으로 배울 수 없기 때문이다. 그리하여 오늘날 의사소통 능력의 습득을 교육목표로 설정하고 모든 교재들이나 교수법은 형태보다는 의미에, 어법보다는 사용에 중심을 두어 내용을 선정하여 가르치고 있다. 이러한 관점에서 내용의 기본단위로 등장한 것이 곧 의사소통 기능(actes de parole)이다. 의사소통 기능이란 명칭은 영어의 'function of communication'을 번역한 것인데, 이에 대하여 프랑스어로 일반적으로 통용되는 용어는 'actes de parole(언화행위)'이다. 이 개념은 '하고자 하는 것 또는 언어를 통하여 수행하고자 하는 것', 구체적으로 말해서 '소개하기', '초대하기', '무언가를 행하도록 요구하기', '사물에 대하여 설명하기' 등과 같은 행위를 지칭한다. 이는 외국어를 배운다는 것이 언어 형태를 배우는 데 있지 않고, 외국어로 수행할 수 있는 행위를 배우는 데 있다는 것을 의미한다. 이것이 의사소통 능력의 습득을 목표로 하는 모든 교수법이 지향하는 원리이고, 또 교육부의 교육과정이 적용해오고 있는 원리이다.

과거의 교육방법론에서 가르칠 내용을 선정하는데 사용되었던 도구는 전통 문법책이나 기본 프랑스어(*Français fondamental 1er degré*) 이었다. 그러나 오늘날 가르칠 내용을 선정하기위한 도구로 사용되고 있는 것은 *Un Niveau-seuil*와 같은 의사소통 기능 목록집이다. 과거의 경우 기본 프랑스어는 반드시 적용해야 만하는 필수적인 도구이었고, 어떤 학생이든 누구에게나 동일하게 적용하는 일률적인 내용이었다. 따라서 그 활용은 매우 간단하고 단순하였다. 그러나 오늘날에는 활용되는 의사소통 기능 목록은 학습자에게 다양하게 활용해야 할 참고 자료로 사용도록 제작된 것이고, 따라서 이를 이용하여 내용을 선정하는 작업은 그 만큼 까다롭고 어려워지게 되었다. 특히 이 목록들을 이용하여 우리의 프랑스어 교육의 내용을 선정하려고 할 때 적지 아니한 문제점들이 제기되고 있다. 이들 목록들의 문제점을 간략히 지적하자면 다음과 같다. 첫째, 의사소통 기능을 분류하는 기준들이 자의적이고 모호하고, 둘째 의사소통 기능에 해당하는 표현들의 목록들이 풍부하지 못하며, 셋째 제시된 표현들조차 그것들이 어떤 상황에서 어떻게 쓰이는지에 대하여 설명이 없고, 넷째 목록집들이 다양하고 구구각색이라는 점은 사용의 혼동을 가중시킨다. 다섯째, 프랑스어 사용과 관련된 문화에 대한 정보를 제공하지 못하고 있고, 마지막으로 우리나라의 학습자의 특징을 고려하여 제작된 목록이 아니라는 점을 들 수 있다. 요컨대, 이들 목록들을 우리의 프랑스어 교육에 적용하자면 많은 문제와 한계를 지니고 있다. 그리하여 우리는 이러한 결점들을 보완할 수 있고 우리나라에서 활용할 수 있는 의사소통 기능 목록의 필요성을 절감하게 되었고, 우리의 실정에 보다 유용하고 보다 체계적인 목록을 제작해 보려는 시도를 하게 되었는데, 이것이 본서의 목적이다. 좀 더 구체적으로 말해서 프랑스어를 처음 접하는 초보 학습자는 물론이고, 양성과정에 있는 프랑스어 예비 교사나 교수자, 나아가 교재의 저자나 교육계획의 입안자에 이르기까지 효율적으로 의사소통 능력을 배우고 가르치는데 도움이 될 수 있는 목록을 제작해 보려는 것이 본서의 목적이다.

우리는 이러한 의도에서 1996년 이미 『프랑스어 의사소통』이란 책을 통해 프랑스어 의사소통기능 목록집을 출판한 바 있다. 그런데 이 책은 프랑스어 학습자가 절대적으로 감소하는 가운데에서도 독자의 각별한 관심과 성원으로 곧 재판되었으나 이나마 절판되어 구입할 수 없게 되었다. 그리하여 우리는 차제에 고쳐야 할 것은 고치고 보완할 부분을 보완하여 다시 쓰는 것이 독자의 성원에 보답하는 것이라 보았다. 아울러 책의 제목도 목적에 부합할 수 있도록 『실용 프랑스어 의사소통기능』으로 하여 그 성격을 분명히 밝히고자 하였다.

나. 본서의 구성

1. 의사소통 기능과 목록의 체계

사실 의사소통 기능의 목록을 제작하기란 어렵고, 더구나 완벽한 목록집을 제작한다는 것은 불가능에 가깝다고 여겨진다. 그 이유는 의사소통 기능이 형태가 아닌 의미 단위이기 때문인데, 의사소통 기능이 다음과 같은 특징을 지니는데서 기인한다.

첫째, 의사소통 기능은 상황을 고려하지 않고 문장이 지닌 말뜻만으로는 그 의미가 드러나지 않는다는 점에 있다. 말의 행사는 상황을 전제로 이루어지는 것이고, 발화의 의미는 상황을 통해 결정된다. 그렇기 때문에 동일한 표현이라도 상황에 따라 여러 가지 의사소통 기능을 수행할 수 있고, 동일한 의사소통 기능을 수행하는데 있어서도 여러 가지 표현들이 사용될 수 있다. 예를 들어서 퉁명스럽게 "Merci."라고 하는 것은 비난이나 항의를 의미할 수 있고, "Bravo!"같은 표현도 어떤 억양 속에서는 비난의 의미로 쓰일 수 있다. 이와 같이 동일한 언어 표현이라도 상황에 따라 의사소통 기능이 다르기 때문에 이를 분류하는 목록으로 작성하기 어렵다. 의사소통 기능 목록을 제작하는 데 따르는 두 번째 어려움은 의사소통 기능을 분류하는 기준 자체가 지닌 모호하다는 점에 있다. 예컨대 어떤 표현이 있을 때, 그것이 '제안(proposer)'에 해당하는 의사소통 기능인지 아니면 '초대(inviter)'에 해당하는 의사소통 기능인지, 그 차이를 분명히 구분하기 어렵다는 점에 있다. 또 다른 예로 '거절(refuser)'과 '항의(protester)'와 같은 의사소통의 기능도 마찬가지로 그 차이점을 명확하게 규정하기란 어렵다. 의사소통 기능이 지닌 이런 특징 때문에, 어떠한 의사소통 기능 목록도 자의적이거나 직관적일 수밖에 없다. 셋째, 의사소통 기능은 일련의 발화들이 있을 때, 이 발화들 사이에서 의사소통 기능을 분명히 분리해내고, 규명하기 어렵다는 특징을 지닌다. 예를 들어서 "Oh, écoute, non, je ne suis pas d'accord, tu ne peux pas faire ça, ça ne marche jamais, c'est absurde ..."라는 문장에 포함된 각각의 발화들은 '평가', '반론', '행위의 요구', '위협' 등과 같은 의사소통 기능으로 구분해 낼 수 있을 것이다. 그러나 이 발화 전체를 통틀어 '반대 의견'이라는 의사소통 기능으로 볼 수 있을 것이다. 넷째, 의사소통 기능이 실제의 의사소통의 상황에서는 명시적인 표현으로 이루어지기보다는 간접적이거나 묵시적인 표현으로 실현되는 경우가 흔하다. 따라서 묵시적인 표현까지도 포함시켜 의사소통 기능을 목록화해야 하겠지만, 이것들을 모두 포함시킨다는 것은 대단히 어려운 작업이 될 것이다. 다섯째, 의사소통 기능은 일정한 표현 형식으로만 수행되지 않는다는 점이다. 예컨대 명령은 명령법이라는 형식뿐만 아니라 직설법, 조건법, 접속법 등으로 이루어질 수 있기 때문에 이를 모두 목록으로 만들기란 그만큼 어렵다.

이상에서 지적한 바와 같이 의사소통 기능은 의미를 바탕으로 분류되어야 하는 특징 때문에, 의사소통 기능을 완벽하게 그리고 정확하게 체계적으로 분류하여 목록으로 제작하는 일은 불가능하다 할 수 있다. 학자들 마다 상이한 목록들을 상이한 체계로 제시하고 있는 것도 이런 이유에 기인한다. 즉 영어권이나 프랑스어권에서나 프랑스어에 대하여 제시된 기존의 목록들을 보면, 사실상 분류 체계가 다양하고 구구각색이고 각각 특징을 지니고 있다. 그러나 이 같은 기존의 목록들은 서로 중복되고 비체계적인 면들이 적지 않아서, 본서는 이러한 문제점을 보완할 목적에서 새로운 방법으로 의사소통 기능을 분류하여 제시하고자 하였다. 본서는 의사소통 기능 목록을 보다 객관적으로 체계화 시킬 목적에서 분류 체계 기본 틀을 R. Jakobson(1963)의 "Essais de linguistique générale"에서 제시한 의사소통의 도식에 바탕을 두었다. 즉 그의 기본 틀을 그대로 유지하는 가운데, 일부를 세분화 또는 통합하여 다음과 같이 5개의 상위 항목을 설정하였다.

가) 대인관계 기능(Fonction interpersonnelle, fonction phatique)

이 기능은 전달하고자 하는 내용보다는 대화자간에 접촉을 유지하고 대화를 유지하게 하는 것을 주요 기능으로 삼는 기능으로, 예의의 적절성과 합당성을 중시하는 기능이다. 이 기능은 특히 외국어로 프랑스어를 배우는 학습자에게 매우 중요한 기능이다. 이 기능을 다시 '사회활동 기능(Fonction de l'acte social)'과 '대화활동 기능(Fonction de l'acte de conversation)'으로 분류하여, 전자에는 '인사', '감사', '소개' 등과 같이 일상 사회생활에서 흔히 활용되는 의사소통 기능들을 포함시켰고, 후자에는 '긍정으로 대답하기', '대화의 시작', '화제의 전환' 등과 같이 대화를 수행하는데 직접적으로 관련되는 의사소통 기능들을 두었다.

나) 상황 설명 기능 (Fonction référentielle)

있는 그대로의 사실이나 상황을 화자의 주관의 개입됨이 없이 기술, 묘사하는 기능이다. 이 기능은 참과 거짓을 문제로 삼을 수 있는 기능이다.

다) 표현 기능 (Fonction expressive)

화자의 주관이나 느낌, 감정, 의지의 표현으로 화자의 진지성, 솔직성이 중요시되는 기능이다.

라) 지시 기능 (Fonction conative)

상대방을 화자의 의도대로 행하게 이끄는 기능으로써 화자의 합법성, 논리성, 설득력 등이 개입되는 기능이다.

마) 언어 설명 기능 (Fonction métalinguistique)

언어 그 자체에 대한 문법이나 의미를 설명하는 기능으로 여기서 문제시 되는 것은 진술의 정확성이다. 이 항목 속에서 언어를 설명하는 의사소통 기능 이외에도, '원인과 결과(exprimer une relation de cause/conséquence), '장소의 설정(situer dans l'espace)', '수량화

(quantifier)' 등과 같은 항목을 두어, 모든 의사소통 기능에서 일반적으로 사용되는 일반 개념(notion générale)들도 다루었다.

2. 언어 표현의 선택과 사용법 제시

의사소통 기능에 대한 구현은 다양한 표현으로 이루어진다. 의사소통이 행해지는 특수한 상황 여건에 따라 다양한 언어 표현으로 실현된다. 언어 표현이 달라지게 하는 원인에는 여러 요인들이 있다. ① 앞서 있었던 의사소통의 행위와 어떠한 관계에 있는가, 처음으로 대면하는 상황인가 아니면 이미 있었던 행위의 연속인가, ② 대화자들 간의 관계(나이, 사회적 신분, 친분 정도, 상하의 관계 등)는 어떠한가, ③ 의사소통이 이루어지는 장소는 어디인가, ④ 화제의 내용이 무엇인가, ⑤ 의사소통이 문어로 이루어지고 있는가 아니면 구어인가 등의 요인이 그것이다. 이와 같이 언어 표현은 상황에 따라 다를 수밖에 없다. 따라서 이러한 요인과 연계하여 언어 표현을 배울 때라야 배운 내용을 언어 사용의 현장에서 사용할 수 있을 것은 당연하다. 요컨대, 어떤 표현이 어떤 상황에서 쓰이는지를 모른다면 그 표현은 사용할 수 없을 것이다. 본서는 이 점을 중시하여 상황에 따른 다양한 표현들을 제시하고 어떤 상황에서 사용되는 것인지를 설명하고자 하였다.

그러나 본서는 다양한 요인에 따라 달라지는 표현들을 완벽하게 목록화하지 못했다. 또 실제의 의사소통 상황에서는 직접적인 표현 못지않게 간접적인 표현들이 흔히 사용된다는 점에서 간접적인 표현들도 마땅히 다루어야 할 것이지만, 그것은 가당치도 않은 일이었다. 그러나 우리가 할 수 있는 일은 어떤 목록집보다 충실하고 다양한 표현들을 많이 제시하고, 그 사용법을 상세히 설명하는 것으로 족하다고 보았다. 특히 우리는 프랑스어를 사용하는데 관련되는 프랑스 문화에 대한 정보를 제시하고자 하였다. 이미 앞서 밝힌 바와 같이 기존의 의사소통 기능 목록들이 지닌 문제점과 한계점을 보완하여 우리 프랑스어 교육에 유용한 목록을 제작해 보고자 하는 것이 우리의 목적인데, 이에 대한 구체적인 실현 방법을 밝히면 다음과 같다.

가) 우리나라 프랑스어 학습자의 언어요구 조사 결과를 활용하고, 아울러 프랑스에서 제작된 프랑스어 교재와 우리나라에서 제작된 교과서들에 수록된 의사소통 기능을 조사하여, 그 결과에 근거하여 의사소통 기능 항목을 선정하였다.

나) 앞의 조사를 의사소통 기능의 제시순서에 반영하였다. 그러나 언어요구에 바탕을 둔 의사소통 기능은 의미 단위이기 때문에 문법적인 제시순서와 부합되지 않는다. 따라서 본 목록은 배우고 싶어 하고 일상생활에 필요한 의사소통 기능과 이에 따른 표현들을 제시하면서도, 처음부터 어려운 표현들을 제시하는 것을 피하고 배우기 쉬운 표현들을 먼저 제시하려고 하였다.

다) 상위 항목은 R. Jakobson의 기능 이론에 바탕을 두었고, 중간 항목은 명사형으로 제시하였고, 다시 하부 항목은 동사형으로 제시하였다. 다음의 예에서 보는 바와 같이 명사형으로 제시된 '인사'라는 중간 항목은 사회활동 기능과 대인관계 기능이라는 상위 항목에 속하고, 하위 항목으로서 인사하기와 인사에 답하기가 여기에 포함된다.

예 : 1. 대인관계 기능(Fonction interpersonnelle), 1.1. 사회활동 기능(Fonction de l'acte social) 1.1.1. 인사 (saluer) 가. 인사하기 나. 인사에 답하기

라) 의사소통 기능을 표현하는 데 사용할 수 있는 표현들을 될 수 있는 대로 많이 제시하려 하였다. 이를 위해 다음의 저서들에 수록된 예문들을 활용하였다.

A. Chamberlain et al. (1991), *Guide pratique de la communication*, Didier.

E. Bérard et al. (1991), *Grammaire utile du français*, Hatier.

F. Cicurel et al. (1987), *Communiquer en français*, Hatier.

L. Porcher et al. (1979), *Adaptation de "Un Niveau-seuil" pour des contextes scolaires*, Hatier.

O. Grand-Clément (1996), *Savoir-vivre avec les Français*, Hachette.

C. Martins et al. (2003), *Conversations, pratique de l'oral*, Didier.

마) 이 표현들이 어떻게 쓰이는 지에 대한 설명을 가능한 한 자세히 하고자 하였다. 일단 의사소통 기능에 대한 다양한 표현들을 먼저 제시하고, 그 가운데 특징적인 표현들에 대하여 어떤 상황에서 사용되는지를 설명하고자 하였다. 특별히 주의해야 할 내용으로써 혼동하거나 틀리기 쉬운 것에 대해서는 MODE D'EMPLOI(사용법)란 항목에서 다루었다.

바) 화계(niveaux de langue)의 측면에서 다양한 언어 표현들을 제시하고자 하였다. 화계란 화자의 사회언어적인 측면에서 구별되는 언어의 다양성을 말하는데, 본서에서는 보편적이라 여겨지는 다음과 같은 네 가지 분류방법으로 제시하였다.

정교어(langue soutenue) : 강연회나 형식적 문서 등 격식을 갖춘 표현
표준어(langue standard) : 일상적으로 통용되는 표현
친숙어(langue familière) : 절친한 사이에서 격식이 없는 표현
저속어(langue populaire) : 속되게 사용하는 표현

정교어의 표현에 대하여서는 문두에 □ 표로 표시하였고, 표준어에 대해서는 아무런 표지를 달지 않았고, 친숙어는 문두에 ◇ 표를 달았고, 저속어에 대하여서는 ◇◇로 표시하였다.

예 : □ - Mon meilleur souvenir à votre femme. (정교어)
- Bonjour, Monsieur. Comment allez-vous ? (표준어)
◇ - Salut ! (친숙어)
◇◇ - On se croirait dans un poulailler ici!(저속어)

과거 교육방법론은 표준어만을 교육내용으로 삼았지만, 오늘날에는 표준어를 배우는 것만으로는 불충분하다고 보고, 표준어 이외의 다른 표현들도 교육내용으로 삼고 있지만, 이것에 대해서는 표현은 할 수 없다하더라도 적어도 이해는 할 수 있어야 한다고 보고 있다.

사) 문장의 형식을 변경함이 없이 간단한 언어 치환으로 다른 표현이 가능한 경우, 수직선의 칸막이 속에 치환 가능한 표현들을 제시하였다. 예를 들어 보이면 다음과 같다.

예 :

<table>
<tr><td>- Bonjour,
- Bonsoir,</td><td>Monsieur.
Madame.
Mademoiselle.
Paul.
tout le monde.</td><td>Comment allez-vous ?
Vous allez bien ?</td></tr>
</table>

<table>
<tr><td>- Bonjour,
- Bonsoir,
◇ - Salut,</td><td>Virginie,
Paul,
jeune homme,</td><td>comment vas-tu ?
comment ça va ?
ça va ?
quoi de neuf ?
tout va bien ?</td></tr>
</table>

즉 위의 예는 다음과 같이 문장 결합이 가능하다는 것을 의미한다.

Bonjour(Bonsoir), Monsieur (Madame, Mademoiselle, Paul, tout le monde). Comment allez-vous (Vous allez bien) ?

Bonjour(Bonsoir, Salut), Virginie (Paul, jeune homme), comment vas-tu (comment ça va, ça va, quoi de neuf, tout va bien) ?

이울러 한 발화에는 의사소통 기능을 표현하는데 필수적인 표현이 있고 상황에 따라 여러 다양한 표현들이 수반하는 경우가 있는데, 이 경우 필수적인 표현은 진한 글씨로 표시하였고, 가능한 다양한 표현들에 대해서는 보통 글씨체로 하였다. 그리고 경우에 따라 선택해야 할 표현에 대해서는 ( ) 속에 넣어 처리하였다

<table>
<tr><td>- Bonjour. Je suis</td><td>enchanté(e)
heureux(se)
content(e)
ravi(e)</td><td>de vous</td><td>rencontrer.
connaître.</td></tr>
</table>

이를 구문 연습(exercices structuraux)의 치환 연습으로 활용할 수 있을 것이다.

아) 동일한 언어 표현이 경우에 따라 다양한 의사소통 기능들을 실현할 수 있을 경우나, 그 구분이 모호하고 막연할 경우에 있어서는 관련 의사소통 기능들을 ☞로 참조할 수 있게 하였다.

예 : 인사 (saluer) ☞ 전화 (1.1.11.), 편지나 이메일 (5.4.)

자) 의사소통의 활동은 언어로만 이루어지는 것이 아니고, 때로는 비언어적인(non-verbal) 활동으로 이루어질 수 있다. 본 목록은 비언어적인 활동 가운데 동작에 관한 것으로서 제스처와 표정을 제시하고자 하였다. 특히 우리의 것과 다른 것들을 중심으로 그림으로 이것들을 제시하였다. 이를 위하여 앞서 제시한 참고문헌 가운데 A. Chamberlain et al. (1991), E. Bérard et al. (1991), F. Cicurel et al. (1987)을 많이 활용하였다.

차) 표현에 대한 사용법을 강조하기 위하여 필요할 경우 MODE D'EMPLOI(사용법)과 GRAMMAIRE D'EMPLOI(사용 문법)이란 항목을 따로 설정하였다. 전자의 경우에서는 언어 표현에 대한 사용법을 다루었고, 후자에서는 문법에 대한 사용법을 다루었다. 이로써 어법(usage)에 관한 내용을 다루는 전통문법서의 설명과는 구별될 것이다. 누구나 쉽게 이해할 수 있도록 가능한 한 복잡한 문법적 용어의 사용을 피하였고, 혼동이 없는 한 전통적인 문법 용어를 그대로 사용하였다.

카) 프랑스의 언어문화를 다루기 위하여 LANGUE-CULTURE(언어·문화)의 항목을 설정하였다. 여기서 다루게 될 내용으로는 프랑스어 사용과 불가분의 관계를 맺는 일상문화이다. 언어 사용과 직결되는 프랑스 문화에 국한하여 다루고자 하였고, 학술적이거나 서지적인 문화는 다루지 않았다. 이를 위하여 O. Grand-Clément (1996)을 많이 활용하였다.

타) 마지막으로 부록을 통해 프랑스어의 기본불어(Français fondamental) 가운데에서 동사들에 국한하여 그 동사들이 취하는 구문의 유형과 이에 따른 예문들을 제시하였다. 아울러 찾아보기를 통하여 의사소통 기능을 우리말과 프랑스어 자모순으로 제시하여, 쉽게 찾아볼 수 있게 하였다.

다. 이 책의 독자에게

상당한 시간에 걸쳐 외국어를 배웠음에도 불구하고 실제 의사소통 상황에 접해서는 말 한마디 못하는 벙어리 외국어 학습자를 우리는 많이 보아 왔다. 이렇게 된 원인 가운데 하나는 어떤 표현이 어떤 상황에서 적절하고 합당하게 쓰이는 지를 배우지 못한 채, 형태나 문법에 대해서만 배워왔던 점에 있다. 표현에 대한 어법만을 배우고 사용법을 배우지 않는다면, 아무리 배워도 말을 할 수 없게 될 것은 당연하며, 따라서 진정한 의미에서 의사소통 능력을 습득할 수 없을 것이다. 또 적어도 외국어의 문법에 체계를 어느 정도를 알고 있어야 말을 할 수 있다든지, 상당 시간에 걸쳐 외국어를 배워야만 실제의 의사소통의 상황에서 말을 할 수 있다고 보는 시각도 문제이다. 한 시간을 배웠으면 한 시간 배운 만큼 실제의 상황에서 말할 수 있어야 한다. 본서는 이러한 취지에서 학습자나 교수자가 의사소통 능력을 효율적으로 배우고 가르칠 수 있는 하나의 도구로서 의사소통 기능 목록을 제시한 것이다. 따라서 이 책의 대상자는 당연히 프랑스어를 처음 접하는 초보 학습자이겠지만, 그 외에도 고급의 학습자는 물론이고 특히 양성과정 중에 있는 예비교사 학생이나, 현장 교수자들, 교육 계획의 입안자들, 나아가 교재 편찬자들까지도 될 수 있을 것이다. 초급의 학습자들은 의사소통 기능이 개입된 의사소통의 상황에 따라 필요한 곳부터 읽어나가면 될 것이고, 중급 이상의 학습자는 표현법을 정리할 필요성에서 처음부터 읽어나갈 수 있고, 때로는 필요한 곳부터 순서 없이 읽어나갈 수도 있을 것이다. 교육계획의 입안자들이나 교재의 편찬자들은 다루어야 할 내용을 검토하기 위한 도구로 사용할 수 있을 것이고, 교수자들의 입장에서는 교재가 다루지 못한 내용을 다룰 필요성이 제기될 때, 가르쳐야 할 의사소통 기능과 이에 따른 표현들을 선택하기 위한 참고 도구로 사용할 수 있을 것이다.

그러나 이 책의 내용만 알고 나면 프랑스어 의사소통 능력이 저절로 습득될 것이라고 생각해서는 안 된다. 이 책은 표현하고자 하는 생각에 대하여 상황에 맞고 적절한 표현들 제시한 책에 지나지 않는다. 알고 있다고 표현할 수 있는 것이 아니다. 표현할 수 있기 위해서는 이해한 것에 대하여 많은 연습을 해야 하고, 때로는 언어 표현을 활용하기 위한 다양한 활동들이 뒤따라야 한다. 이 책은 프랑스어 문법책이 아니고 연습장도 아니며, 더구나 교육 활동들을 제시한 교재도 아니다.

목적은 분명하고 큰데 비하여 이 작업을 끝내고 난 결과는 보잘것없어 보인다. 이런 책의 필요성을 절감한 나머지 열정만으로 시작하였지만, 아직도 부족한 부분들이 많이 있을 것이다. 독자 제현의 질책을 기대한다. 아무튼 보잘 것 없는 이 책이 다시 세상의 빛을 본 것만으로도 대단히 기쁘다. 부디 이 책이 프랑스어 의사소통 능력을 기르거나 가르치려는 독자들에게 미력하나마 도움이 될 수 있기 기대한다.

이 책의 출판은 많은 조언을 아끼지 않았던 La Rochelle 대학의 Evelyne Cherel-Requier 교수, 그리고 원고를 처음부터 차근차근 읽고 조언은 물론이고 자세한 교정까지도 해 준 한국교원대학교의 Jean Skandrani 교수의 덕분에 가능한 것이었다. 아울러 이 책을 교독하고 의견을 준 프랑스어 교육공동연구회 선생님들과 헌신적인 도움을 준 심지혜 선생에게 감사의 말을 전하고자 한다. 특히 무엇보다도 이 척박한 프랑스어 교재 시장에서 이 책의 출판을 흔쾌히 맡아 주신 차상면 사장께 감사드리면서도 또한 송구스런 마음을 감출 길 없다.

2007년 6월 프랑스 La Rochelle에서

1. 대인관계 기능 (Fonction interpersonnelle)

1.1. 사회활동 기능 (Fonction de l'acte social)

1.1.1. 인사 (saluer)

☞ 전화 (1.1.11.), 편지나 이메일 (5.4.)

가. 인사하고 안부 묻기

- Bonjour,	Monsieur.	Comment allez-vous ?
- Bonsoir,	Madame.	Vous allez bien ?
	Mademoiselle.	
	Paul.	
	tout le monde.	

- Bonjour,	Paul,	comment vas-tu ?
- Bonsoir,	Eve,	comment ça va ?
◇ - Salut,	jeune homme,	ça va ?
		quoi de neuf ?
		tout va bien ?

'Bonjour'는 해가 떠 어둡기 이전까지, 'Bonsoir'는 해가 지고난 뒤 저녁나절에 사용한다. 그러나 드물게는 저녁에도 'Bonjour' 라고 인사하기도 한다.

'Bonsoir'는 만나는 경우에 쓸 수 있을 뿐만 아니라 'Au revoir'의 의미로 헤어질 때에도 쓸 수 있다. 그러나 'Bonne nuit'는 헤어질 경우에만 쓴다.

도로나 복도 등을 지나가면서 인사를 할 경우, 가던 길을 멈추지 말고 지나치면서 'Bonjour!' 또는 'Bonsoir!'라 인사하면 될 것이다. 상대방이 성인일 경우 "Bonjour, madame!" 또는 "Bonjour, monsieur!"라고 인사하는 것이 바람직하다. 또 의사나 치과의사에게는 "Bonjour, docteur!", 변호사이거나 공증인일 경우 "Bonjour, maître!"라 인사한다.

상대방이 Madame인지 Mademoiselle인지 확실하지 않을 경우, 일단 Madame이라 부르는 것이 좋고, 잘못 됐을 경우 나중에 고치면 될 것이다.

"Comment allez-vous ?"와 "Comment vas-tu ?"가 다른 점은 'vous'와 'tu'의 사용상의 차이에 있다 (이에 대해서는 다음 MODE D'EMPLOI 항목을 참조할 것). "Comment ça va ?"는 앞의 구분과는 상관없이 대화자와 어느 정도 친분 관계가 있고, 하고 있는 일을 알고 있을 때 쓸 수 있는 표현이다.

"Salut!"는 친한 사이에서 보다 친숙함을 나타내는 인사이기 때문에 "Salut, Monsieur. Comment vas-tu ?" 식으로 인사할 수는 없다. 'monsieur'라는 표현은 존칭의 표현이기 때문이다. 반면, 친구들이나 친한 사람들에 대하여, "Salut, tout le monde. Comment allez-vous ?" 식으로 인사할 수 있는 것은 'tu'를 사용할 수 있는 사람들이 여럿이기 때문이다.

"Bonjour monsieur Dupont!" 식으로 성까지 부르면서 인사하지 않는 것이 일반적이다. 아주 친한 사이라면 그렇게 인사할 수 있을 것이다. 상점에서 상인이 손님에게 성까지 붙여가며 "Bonjour, Monsieur Dupont!" 식으로 인사하는 경우를 종종 볼 수 있는데, 이는 점원이 손님과 친숙하기 때문에 성함을 알고 있다는 것을 의도적으로 과시하기 위한 인사라 할 수 있다. 그러나 이것도 적절한 인사법이라고 할 수 없다. 그냥 "Bonjour, Monsieur!"라고 인사하는 것이 공손한 인사법이다.

같은 사람에 대해서 하루에 한번만 'Bonjour'라고 인사한다. 그렇지 않으면, 오늘 이미 만났던 사실을 잊고서 인사한다고 생각할 것이다. 동일한 사람을 두 번째로 다시 만나게 될 때는 친숙한 미소를 보이면 될 것이다.

◇ - Tiens,	salut!
	bonjour!

"Tiens!"은 예기치 않게 우연히 만났을 경우에 사용한다.

나. 인사와 안부 묻기에 답하기

- Bonjour.	Je vais bien.	Merci.	Et vous ?
- Bonsoir.	Très bien.		Et toi ?
	Ça va (bien).		Et vous-même ?
	Ça ne va pas mal.		
	Pas mal.		
	Ça peut aller.		
	Comme ci comme ça.		
	Comme un lundi.		
◇	Ça va pas mal.		

안부 묻기에 대하여 "Pas mal.", "Pas trop mal.", "Ça peut aller." 라고 답하는 것은 "Ça va bien."과는 달리 문제가 있긴 하지만, 별로 대수롭지 않다는 의미가 내포되어 있다.

"Comme un lundi."라는 표현은 반복되는 일과로 업무에 시달리고 있는 상인들이나 사무 직원들 사이에서 사용되는 부정적인 대답이다. 친한 친구사이가 아니라면, 안부를 묻는 대답으로 "Ça ne va pas." 식으로 부정적으로 답하지 않는 것이 보통이다. 그러나 친한 사이에서는 다음과 같이 부정적인 대답을 할 수 있겠다.

- Ça pourrait aller mieux.

◇ - Bof, on fait aller, quoi!

안부 묻기에 대한 이와 같은 부정적인 대답에 대해서는 보통 다음과 같이 답한다.

- Oh! qu'est-ce qu'il t'arrive ?
  Qu'est-ce qu'il y a ?
- Qu'est-ce qui ne va pas ?

◇ - Pauvre vieux!

◇ - Ma pauvre amie!

"Pauvre vieux!"나 "Ma pauvre amie!"같은 표현은 좀처럼 사용되지 않는다. 아주 친한 사이라면 재미있게 표현하기 위해서 "Ma pauvre vieille!"나 "Mon pauvre vieux!" 정도는 용인될 수 있을 것이다.

프랑스 사람은 상점이나 카페에 들어가면서 거기에 있는 사람들을 알지 못한다 하더라도 다음과 같이 인사하는 경우를 흔히 볼 수 있다.

- Bonjour | Messieurs-Dames.
- Bonsoir |

◇ - Messieurs-Dames.

◇ - Sieurs-Dames.

"Messieurs-Dames.", "Sieurs Dames."과 같은 인사 표현은 천박한 인상을 준다. 따라서 보다 정중하게 인사하기 위해서는 "Bonjour Mesdames, bonjour Mesdemoiselles, bonjour Messieurs!" 라고 해야 한다. 분위기를 부드럽게 해주는 이러한 인사에 대하여 상대방은 답하지 않는 것이 보통이다.

인사와 더불어 관련될 수 있는 의사소통 기능들을 예시하면 다음과 같다.

- Bonjour, - Bonsoir, ◇	je peux entrer ? je ne vous ai pas déjà vue quelque part... au Café de Cluny, non ? (여자를 꼬실 때 사용하는 표현임) je ne t'avais pas reconnue avec cette coiffure. je suis journaliste à FR 3. je peux jouer avec vous ? ça ne vous dérange pas que je m'assoie là ? on ne se connaît pas. Je suis Alain, le frère de Paul. tu as une petite mine aujourd'hui, ça va ? (avoir une petite mine = sembler fatigué) tu as fait bon voyage ? ça s'est bien passé ? ça fait un temps fou que je ne vous avais pas vu!

MODE D'EMPLOI

가. 인사하기

존대말(vouvoyer)을 사용하는 경우와 반말(tutoyer)을 할 수 있는 경우 사용법은 다르다.

1. 'vouvoyer'하는 사이에서

남자나 부인 또는 미혼인 여자가 혼자일 경우

- Bonjour, - Au revoir,	Monsieur. Madame. Mademoiselle.

남자나 부인 또는 미혼 여자가 여러 명일 경우

- Bonjour,	Messieurs. Mesdames. Mesdemoiselles

공식적인 장소에서는 다음과 같이 우선 여자를 먼저 지적하고 나서 남자를 지적하여 인사하는 것이 일반적이다.

- Mesdames, Mesdemoiselles, Messieurs, j'ai l'honneur de vous présenter...

2. 'tutoyer'하는 사이에서

'Salut'는 아침저녁 상관없이 만날 때나 헤어질 때 어느 경우에든 사용할 수 있다.

4. 반말과 존대말 : 'tu'와 'vous'

1. 'tu'와 'vous'의 용법

'tu'와 'vous'의 사용법은 우리말의 반말과 존대법의 그것과 일치하지 않는다. 그 차이점을 간단히 지적하자면, 'vous'는 모든 행정적이거나 공공의 장소, 공식적인 관계 등 공적인 상황에서 처음 만나는 사람들 사이에서 사용되며, 'tu'는 친구 사이나 가족끼리 또는 친밀감을 느끼는 사적인 상황에서 사용된다.

모르는 사람을 처음 만났을 때, 'vous'로 시작해야 할 것이고 친하게 될 때에야 'tu'로 넘어가는 것이 좋다. 만일 처음부터 'tu'를 사용한다면 상대방은 무례하고 버릇없다고 생각할 수 있다.

'vous'에서 'tu'로 바꾸어 사용하기 위해서는 다음과 같은 표현으로 반말('tu'의 사용)을 제안하여 양해를 구해야 할 것이다.

- On pourrait se tutoyer, non ?
- On se tutoie ?
- On se dit tu ?

– Vous pouvez me | dire tu, / tutoyer, | si vous voulez.

친근감을 느끼기 시작하면서 상대방이 'tu'를 사용하는 데도 불구하고 한쪽에서 계속해서 'vous'를 사용할 경우, 'tu'를 사용해 달라고 요구해 올 가능성이 매우 크다. 이런 요구에 따라 'tu'를 사용한다면, 결례나 무례에서 벗어날 수 있는 분명한 방법이 될 것이다. 만약 이와 같이 'tu'의 사용을 요구하였는데도 불구하고 상대방이 계속 'vous'를 사용한다면, 'vous'를 사용해야 한다. 'tu'를 사용하지 않는다고 해서 친근한 관계가 되지 않는 것은 아니다. 'vous'를 계속 사용하면서도 친한 관계를 유지할 수 있다.

젊은이들 사이에서는 처음 만나자 마자, 'tu'의 사용에 대한 요구나 허락 없이 그냥 'tu'를 사용하고 있는 것이 보통이다. 젊은이들 사이가 아니라 하더라도, 상대방이 'tu'를 사용한 즉시 'tu'를 사용할 수 있을 경우는 다음과 같은 상황에서이다.

○ 나이가 같을 때 (특히 대화자 모두가 25세 이하일 경우에는 이것은 거의 문제가 되지 않는다.)
○ 사회적으로 동일한 신분 (직업, 사회생활 모임, 정치 집단 등)
○ 공적인 상황이 아닌 경우에서 (휴가, 스포츠, 여가 등을 위한 장소)

때로는 모르는 사람이라도 다음과 같은 상황에서는 자연스럽게 'tu'를 사용할 수 있을 것이다.

○ 위에 인용한 상황에서 (나이, 신분, 생각이 동일하다든지 비공식적인 상황)
○ 대화자 간에 계급 관계가 없을 경우
○ 상대방이 어린애인 경우

가정에서 자녀, 부모, 조부모, 형제, 자매 등 가까운 가족들 사이에서는 'tu'를 쓰는 것이 일반적이다. 그러나 나이 많은 친척에게나 잘 모르는 친척에게는 'vous'를 사용한다.

어린 아이나 청소년들은 학교에서나 학교 밖에서 서로 'tu'를 사용한다. 그러나 교수자와 학생 사이에는 세 가지 유형이 있다. 그 첫 번째 유형은 교수자와 학생이 서로 'vous'를 사용하는 경우로서, 일반적으로 통용되는 유형이다. 두 번째 유형은 교수자는 학생에게 'tu'를 사용하고 학생은 교사에게 'vous'를 사용하는 경우이다. 이것은 중학교(collège)까지 통용된다. 그러나 고등학교에 이르러서는 교사가 학생에게 'tu'를 사용하면 학생도 교사에게 'tu'를 사용하려는 경향이 있기 때문에 이 유형에 해당되지 않게 된다. 마지막으로 교수자와 학생이 서로 'tu'를 사용하는 경우가 있는데, 이 경우는 매우 드물다.

직장에서는 매우 친한 동료들끼리는 'tu'를 사용할 수 있다. 그러나 직장의 상사와 부하 직원 사이에서는 'vous'를 사용하는 것이 일반적이다. 병원이나 이발소, 치과와 같은 공공장소에서 종사하는 사람과 손님 사이에서는 서로 오래전부터 잘 알고 있는 사이라 하더라도 'vous'를 사용한다. 물론 친구처럼 친하다면 'tu'를 쓸 수 있을 것이다. 직장이나 공공장소에서 성인들 사이에서 'vous'나 'tu'의 사용에는 상호간의 불균형은 있을 수 없다. 즉 한쪽에서 'vous'를 사용하는데 다른 쪽에서 일방적으로 'tu'를 사용할 수 없다.

요컨대, 프랑스어의 'vous'나 'tu'의 사용법은 우리말의 존대와 반말과 차이가 있는데, 그 차이점은 프랑스어의 새로운 낱말이나 문법보다도 배우기 어렵다는 점에서 세심한 주의와 연습이 요구된다. 프랑스어에 능숙하지 못한 학습자의 경우, 너무 서둘러 'tu'를 쓰기보다는 오래 동안 'vous'를 사용한 뒤에 나중에 'tu'를 사용하는 것이 좋을 것이다. 왜냐하면 'vous'에 해당하는 표현에 익숙하기도 전에 'tu'의 사용에 합당한 언어 표현을 배우는 것은 배운 것을 활용하는 범위가 그 만큼 제한 받을 수 있기 때문이다. 뿐만 아니라 'tu'의 조급한 사용이 때로는 너무 지나친 친숙함으로 비쳐질 수 있고, 'vous'를 계속 사용하면서도 친숙함을 유지할 수 있겠기 때문이다.

처음으로 상대방에게 말을 걸 때, 상황에 따라서는 'vous' 대신에 때로는 3인칭을 사용할 수 있다. ☞ 이름이나 명칭을 모르는 사람이나 사물에 대한 표현(2.5.)

- Monsieur désire ? (= Monsieur, qu'est-ce que vous désirez ?)

◇ - Qu'est-ce qu'il veut ce jeune homme ? (= Qu'est-ce que vous voulez, jeune homme ?)

2. 'tu'와 'vous'의 사용의 예

일상적 생활에서 흔히 발견할 수 있는 10개의 의사소통의 상황에 사용된 표현을 통하여 'tu'와 'vous'의 용법을 좀더 구체적으로 제시하면 다음과 같다.

① - Pardon Monsieur, **vous** pouvez me dire où est la gare, s'il vous plaît ?
② - **Vous** avez l'heure, s'il vous plaît ?
③ - **Tu** viens, on va prendre un café ?
④ - **Vous** pourriez me dire ce qu'il faut faire pour obtenir un visa, s'il vous plait?
⑤ - Qu'est-ce que **tu** as fait ce week-end ?
⑥ - Excusez-moi, est-ce que **vous** avez du feu, s'il vous plaît ?
⑦ - **Tu** as quel âge ?
- 6 ans.
- Et **tu** t'appelles comment ?
⑧ - Je suis étudiant. **Toi** aussi ?
⑨ - **Tu** viens, papa, s'il te plaît ?
⑩ - On se dit **tu** ?

다음은 이상의 표현을 장소와 대화자의 관계에서 나누어 보면 다음과 같다.

	'vous'를 사용하는 경우	해당 문장 번호	'tu'를 사용하는 경우	해당 문장 번호
장소	길에서 관공소에서 공공의 장소에서	① ② ⑥ ④ ② ⑥	친구들 집에서 가정에서 길에서 대학에서 학교에서 록 음악회에서 동료의 집에서 비공식적인 상황에서	⑤ ⑦ ⑧ ⑩ ⑤ ⑦ ⑨ ③ ⑤ ⑩ ③ ⑤ ⑧ ⑩ ⑦ ⑧ ⑤ ⑧ ⑩ ③ ⑩
대상	초면의 사람에게 나이가 더 많은 사람에게 직장 상사에게 존경을 표하는 사람에게	① ② ④ ⑥ ① ② ⑥ ① ② ④ ⑥	친구에게 동료에게 가족에게 어린 아이에게 동료에게 연령, 직업, 사고방식 등이 같은 사이에서	③ ⑤ ⑩ ③ ⑤ ③ ⑤ ⑦ ⑨ ⑦ ③ ⑤ ⑩ ⑧

'tu'를 사용할 경우 친한 정도에 따라서 친숙어(langue familière)에 해당하는 어휘나 통사법, 발음이 사용된다.

1.1.2. 작별 인사 (prendre congé)

가. 막연하게 다시 만나기를 바랄 경우

- Au revoir, | Madame.
  | Mademoiselle.
  | Monsieur.
  ◇ | Messieurs-Dames.

- (Allez) au revoir, | Françoise.
- Bonne nuit, | Pierre.
◇ - Salut, | tout le monde.

'tutoyer'하는 사이에서 친숙어로 이태리어인 "ciao!"와 "Tchao!"[tʃao] 또는 "Bye!" 로 표현하기도 한다.

다음과 같은 표현을 사용하면 막연한 가운데에서도 만날 시간을 좀더 한정하여 표현할 수 있다.

- A tout de suite. (당일 중 몇 분 후)
- A tout à l'heure. (당일 중 어느 때에)
- A plus tard.(당일 중 또는 후일에)
- A bientôt. (당일 중 또는 후일에)
- ◇ - A un de ces jours. (당일이 아닌 가까운 후일에 우연히)
- ◇ - A la prochaine. (당일이 아닌 막연한 후일에)
- ◇ - A un de ces quatre. (당일이 아닌 가까운 후일에 우연히)

나. 정한 시기에 만나기를 바랄 경우

- A	demain. (그 다음 날에)
- On se (re)voit	ce soir. (그날 저녁에)
- On se téléphone	lundi matin. (월요일 아침에)
	la semaine prochaine. (다음 주에)

오랫동안 만나지 못하거나 앞으로 다시 볼 수 없다고 판단할 경우 "Adieu!"를 쓴다. 그러나 남부 지방에서는 종종 "Au revoir!"의 의미로 사용하기도 한다.

헤어지면서 때에 따라 다음과 같은 말을 덧붙일 수 있다.

- Bonne journée. (대략 오전 12시 이전에)
- Bon(ne) après-midi. (대략 12시부터 오후 3시 경까지)
- Bonne soirée. (대략 저녁 식사 전후에)
- Bonne nuit. (취침 전 또는 늦은 밤에)
- Bon week-end. (대략 금요일 오후나 토요일에)
- Bon dimanche. (토요일에)
- Bonnes vacances. (휴가를 시작하는 사람에게)

일을 계속하는 사람과 헤어지면서 다음과 같이 인사할 수 있다. ☞ 기원 (1.1.9.)

- Bon courage!
- Bonne continuation!
- Bonne chance!

가족사이나 친구끼리는 헤어지면서 다음과 같은 표현을 사용하여 안부 인사를 부탁할 수 있다.

- Donne le bonjour à	Evelyne	de ma part.
- Dis bonjour à	Robert	
- Tu diras bonjour à		

또는 안부 인사의 전달을 강조하기 위하여 다음과 같이 표현할 수 있을 것이다.

- N'oublie	pas de dire bonjour à Catherine de ma part.
- N'oubliez	

- Embrasse Catherine pour moi.

- Elle m'a demandé de vous	dire bonjour	de sa part.
	embrasser	

□	- Mon meilleur souvenir	à votre femme.
□	- Mes amitiés	

◇ - Tu as (T'as) le bonjour de Catherine.

처음 알게 된 사람과 헤어질 때 다음과 같은 표현들을 쓸 수 있다.

- J'ai été heureux(se) de vous avoir rencontré(e).
- Ravi(e) d'avoir fait votre connaissance.
- Au plaisir de vous revoir.

무엇인가 할 일이 있어서 헤어져야 할 경우 다음과 같이 표현할 수 있다.

- Il faut que j'y aille.

◇ - Il faut que je me sauve.
◇ - Salut, je file.
◇ - Bon ben, je m'en vais.

작별 인사와 더불어 사용될 수 있는 표현들을 예시하면 다음과 같다.

- Dors bien!
- Fais de beaux rêves!
- Allez, on vous laisse. (= On s'en va et vous restez.)
- Excuse-moi, mais il faut que je te quitte.

- A un de ces jours,	je t'appelle.
	on se téléphone.
	on se maile.
	on se fait signe.

- Oh, dis donc! Je ne me suis pas rendu compte de l'heure, j'ai rendez-vous à 5 heures. Je suis obligé d'y aller.
- Au revoir, Monsieur, j'ai été ravi de vous connaître.
- Nous espérons avoir le plaisir de vous rencontrer à nouveau.
- N'oublie pas de saluer ta femme pour moi!

☐ - Au revoir, chère Madame, nous avons passé une très bonne soirée.

☐ - Je vous prie de m'excuser mais j'ai un déjeuner d'affaires.

LANGUE-CULTURE

악수(serrement de main)와 볼 키스(bises)

오래간만에 만나 인사를 할 때나 가정에 초대를 받아 방문을 하였을 경우, 악수를 할 것인지, 볼 키스를 할 것인지, 말로만 안사를 할 것인지를 결정해야 할 것이다. 그 결정은 상대방과의 친밀한 정도나 대화의 상황에 따라 다를 것이다. 가정을 방문하여 접대를 받을 경우, 접대하는 사람과 어떤 관계에 있는지에 따라 다르다. 병원의 진료실에서나 사무실 또는 호텔에서 맞이하는 의사나 종업원과 손님 사이에서는 악수를 하지 않고, 밝은 표정으로 간단히 "Bonjour!로 인사하는 정도로 족할 것이다.

악수를 할 경우, 나이 많은 사람이 적은 사람에게, 상사가 부하 직원에게, 여자가 남자에게 먼저 손을 내밀어 청하는 것이 일반적이다. 이 때 만약 장갑을 끼고 있다면 오른 손의 장갑을 벗어야 한다. 너무 느슨하게나 너무 강하게 잡지 않도록 해야 한다. 악수는 프랑스인 사이에 뿌리내리고 있는 관습이다. 악수를 하지 못하게 될 경우, "Je ne vous serre pas la main, parce que ..."라는 식으로 그 이유를 설명하기까지 하는 것을 흔히 볼 수 있다. 손을 잡지 못할 경우, 심지어 손목이나 팔뚝 또는 팔꿈치를 잡는 식으로 악수를 대신하기도 한다.

상인이나 택시 기사 또는 극장 안내원 또는 카페의 종업원과는 특별한 친분관계가 있지 않다면 악수하지 않는다.

볼 키스란 처음 만날 때 또는 헤어질 때, 입과 입의 맞춤이나 볼과 입술의 맞춤이 아니라 볼과 볼을 맞추는 인사법을 말한다. 이 인사법은 남자와 여자 사이 또는 여자 사이에서 행해지며, 남자끼리는 볼 키스를 하지 않는다. 프랑스의 지역에 따라 또는 말하는 사람의 출신지에 따라 어떤 사람은 세 번을 하기도 하고, 때로는 네 번도 한다.

프랑스 사람들 가운데에서 볼 키스를 하기 전에, “On se fait la bise ?” 또는 “On s'embrasse ?” 식으로 동의를 구하는 사람들도 있지만, 처음 만나는 상황에서 그 허락을 묻지도 않고 볼 키스를 하는 사람들도 많다. 이때 설사 놀랐다 하더라도, 놀란 기색을 하거나 저항하지 말고, 그냥 내버려 두는 것이 좋을 것이다. 볼 키스는 프랑스 사람의 입장에서 볼 때, 프랑스의 언어문화 습관에 따른 자연스러운 표현이기 때문이다. 그리고 프랑스 사람이 볼 키스를 했다고 해서, 그것이 자신과 매우 친한 관계를 앞으로 계속 유지할 것이라는 다짐이나 약속을 의미하지 않는다.

손 입맞춤(baisemain)

이 관습은 중세로 거슬러 올라간다. 신하가 자신의 영주에게 존경을 표시하기 위하여 영주의 손에 입을 맞추었던 것에서 비롯되었던 인사법이다. 그러나 이 인사법은 수세기 동안 우아하고 정중한 동작으로 남성들이 부인의 환심을 끌기 위해 활용되었다. 손 입맞춤은 몸을 부인 쪽으로 굽히고 가볍게 부인의 손에 입술을 대는 동작인데, 장갑을 끼고 있는 부인에게나 결혼하지 않은 아가씨에게는 손 입맞춤을 하지 않는다. 이 인사 관습은 동유럽의 일부 국가에서 아직도 유지되고 있기는 하지만, 오늘날에 이르러서는 매우 의례적인 상황이나 사사로운 장소를 제외하고는 이제는 더 이상 볼 수 없게 되었다.

1.1.3. 접대 (prendre contact avec quelqu'un)

가. 접근하기(낯선 사람)

☞ 행선지(2.8.), 기원(1.1.9.), 도움의 제안(4.7.)

길에서 다음과 같은 표현을 사용하여 낯선 사람에 접근할 수 있다.

- Excusez-moi,	monsieur.
- Pardon,	madame.
- S'il vous plaît,	mademoiselle.

역이나 공항에서

- Bienvenue à Paris.
- Soyez les bienvenus.

사무실에서

- Excusez-moi de vous déranger!
- Je peux entrer ?

저녁 파티나 모임에서

- On ne se connaît pas ? — Bonsoir.
- On ne s'est pas déjà vu quelque part ? — Bonsoir.

나. 접대하기

인사를 한 후 다음과 같이 말하며 손님을 접대할 수 있다.

- Ça me fait plaisir de vous voir.
- Entrez, (je vous en prie.)
- Vous avez trouvé facilement ?
- Merci d'être venu(e).
- Bienvenue!
- Soyez le bienvenu! / la bienvenue! / les bienvenus!
- Asseyez-vous, (je vous en prie.)

- Donnez-moi vos manteaux. / affaires.
- Mettez-vous à l'aise.
- Vous pouvez mettre votre imper dans la chambre.
- Qu'est-ce que vous prenez comme apéritif ?
- Qu'est-ce que vous voulez boire ?

- Installez-vous. - Qu'est-ce que je vous | offre / sers | à boire ?

- Servez-vous, je vous en prie.
(근접한 거리에서 음식을 권할 경우)

접대를 하면서 상황에 따라 사용할 수 있는 표현들을 예시하면 다음과 같다.

- Ah, vous voilà, entrez donc.
- Je suis content de vous voir.
- Merci d'être venu(e).
- C'est à quel sujet ? (= Que voulez-vous ? 용무가 무엇인지, 무슨 일로 왔는지를 묻는 표현)
- Entrez, ne restez pas devant la porte, voyons!
- Qu'est-ce que vous venez faire à cette heure-ci ?
- Quelle bonne surprise!
- Alain, quelle surprise! Ça fait longtemps!
- Ah tiens, qu'est-ce que tu fais là ?
- Bonsoir, vous avez trouvé facilement ?
- Vous avez rendez-vous ?
- Nous sommes heureux d'accueillir aujourd'hui, Madame Caron.
- Bienvenue à tous.
- Mademoiselle Vernet, je suis chargé de vous accueillir.
- Soyez le bienvenu, Monsieur Gonzales.
- Bonjour, c'est gentil de passer nous voir.
- Quel bon vent vous amène!
- Fais comme chez toi!
- Ne reste pas planté là, assieds-toi!

□ - Donnez-vous la peine d'entrer!
◇ - Tiens, salut!
◇ - Tiens, voilà le plus beau! [vlalplybo]
◇ - Tu peux mettre ton imper dans la chambre. (imper = imperméable)

GRAMMAIRE D'EMPLOI

의문문

가. 의문사가 없는 의문문

1. 평서문 + ?

문어에서 평서문에 의문부호(?)를 붙이고 구어에서는 상승조의 억양을 사용한다는 점에서 평서문과 구별된다. 이 의문문의 형태가 구어에서 가장 많이 사용된다

- Vous partez ?
- Il est français ?

2. Est-ce que + 평서문 + ?

'est-ce que'를 평서문에 덧붙인 의문문의 형태는 구어에서 흔히 사용된다. 그러나 이런 형태의 의문문은 문어에서 잘 사용되지 않는다. 대화자가 'est-ce que'라는 표현 때문에 의문문이라는 것을 알 수 있으므로 이 경우 억양조차 상승조로 표현할 필요가 없다고 보아 평서문과 동일한 억양을 취하는 경우가 많다.

- Est-ce que vous parlez français ?
- Est-ce qu'elle comprend ?

3. 주어와 동사의 도치

도치를 이용한 의문문의 형태는 구어에서는 거의 사용되지 않는다. 화자가 의도적으로 문학적인 표현을 하고자 할 경우에 사용되는 의문문이다. 즉 구어에서 이런 형태의 의문문을 사용하면 정교어(langue soutenue)에 속한다. 따라서 연설, 강연, 텍스트의 낭독, 질문서 등 아주 특수한 의사소통 상황에서 사용될 수 있다.

- Parlez-vous français ?
- Est-elle là ?
- Quand quittez-vous la France ?
- Où va-t-il ? Que mange-t-elle ?

만일 주어가 명사일 경우는 복합도치 형태(명사 + 동사 + 주어인 명사에 해당하는 대명사 ... ?)의 의문문이 된다. 이것 역시 구어보다는 문어에서 주로 사용된다.

- Vos enfants parlent-ils français ?

프랑스 사람들의 대화에서 "Est-ce que vos enfants parlent-ils français ?" 식으로 표현하는 경우를 가끔은 볼 수 있는데, 이와 같이 'est-ce que'와 도치 형태를 동시에 사용하는 것은 틀린 표현이다.

나. 의문사가 포함된 의문문

1. 의문사 + est-ce que + 평서문 ?

이런 형태의 의문문은 표준어에 해당되며 대화에서 아주 흔히 쓰인다.

- Où est-ce qu'il va ?
- Quand est-ce qu'il arrive ?
- Pourquoi est-ce qu'il n'arrive pas ?

2. 'est-ce que'나 도치형 없는 의문사를 포함하는 의문문

친숙어(langue familière)에 속하는 의문형으로 의문사는 문두나 문미에 올 수 있다.

Pourquoi tu pars ?	Tu viens **quand** ?
Où tu vas ?	Tu vas **où** ?
Comment tu vas ?	Tu voyages **comment** ?

의문사가 문장 뒤에 오는 의문문(Tu vas où ?)이 문장 앞에 오는 의문문(Où tu vas ?)보다 더 친숙한 어법에 속한다.

3. 'est-ce que'를 사용하지 않은 도치형의 의문문

도치형을 사용할 경우에는 의문사가 항상 동사 앞에 와야 한다.

- **Quand** venez-vous ?
- **Comment** vos parents vont-ils ?
- **Où** allez-vous ?

이런 식의 의문문은 문어적 표현이므로 구어로 사용할 경우에는 정교어에 해당한다. 그러나 가끔 구어에서 길지 않은 표현 속에서 이런 의문문의 형태가 일반적으로 사용되기도 한다.

- Comment allez-vous ?
- Où vas-tu ?
- Que faites-vous ?

'où', 'quand', 'qui', 'quoi' 등의 의문사는 전치사와 함께 쓰일 수 있다.

- **Jusqu'**où est-ce que tu vas ?
- **Par** où est-ce que tu passes ?

- **Jusqu'à quand** est-ce que tu pars ?
- **Pour quand** est-ce que tu auras fini ça ?
- **Pour** qui c'est ?
- **Chez** qui est-ce que tu vas ?
- **A** qui est-ce que je le donne ?
- **Dans** quoi est-ce que je mets ça ?
- **Sur** quoi est-ce que je le pose ?

친숙어에서는 'est-ce que'가 포함된 의문문을 하강조의 억양으로 표현하며, 'qu'est-ce que' 대신에 'quoi'를 사용하는 경향이 있다.

- **Qu'est-ce que** vous comprenez ? (= ◇ Vous comprenez quoi ?)

의문사가 포함된 의문문의 유형을 화계(niveaux de langue)별로 나누어 요약하면 다음과 같다.

	표준어	정교어	친숙어 1. 문미의 의문사 2. 문두의 의문사
où	Où est-ce qu'il va ?	Où va-t-il ?	1. Il va où ? 2. Où il va ?
quand	Quand est-ce qu'il part ?	Quand part-il ?	1. Il part quand ? 2. Quand il part ?
comment	Comment est-ce qu'il fait ?	Comment fait-il ?	1. Il fait comment ? 2. Comment il fait ?
pourquoi	Pourquoi est-ce qu'il part ?	Pouquoi part-il ?	1. Il part pourquoi ? 2. Pourquoi il part ?
que	Qu'est-ce qu'il veut ?	Que veut-il ?	1. Il veut quoi ? 2. 없음
	Qu'est-ce que c'est ?	Qu'est-ce ?	1. C'est quoi ? 2. 없음
qui	Qui est-ce que tu connais ?	Qui connais-tu ?	1. Tu connais qui ? 2. Qui tu connais ?
	Qui est-ce ?	Qui est-ce ?	1. C'est qui ? 2. Qui c'est ?
d'où	D'où est-ce qu'il vient ?	D'où vient-il ?	1. Il vient d'où ? 2. D'où il vient ?
depuis quand	Depuis quand est-ce qu'il est là ?	Depuis quand est-il là ?	1. Il est là depuis quand ? 2. Depuis quand il est là ?
avec qui	Avec qui est-ce qu'il vit ?	Avec qui vit-il ?	1. Il vit avec qui ? 2. Avec qui il vit ?
avec quoi	Avec quoi est-ce que tu fais ça ?	Avec quoi fais-tu ça ?	1. Tu fais ça avec quoi ? 2. Avec quoi tu fais ça ?

LANGUE-CULTURE

포도주와 커피는 프랑스 사람들이 가장 즐겨 마시는 음료들이다. 따라서 그 종류도 다양하다.

가. 포도주

1. 포도주의 종류

포도주에 붙여있는 상표로 그 종류를 일단 이해할 수 있을 것이다. 다음은 포도주의 상표의 일예이다.

VIN DE BORDEAUX

상표 →	CHATEAU La Croix Arnaud
생산년도 →	2004
생산등록지 →	BORDEAUX
등급 →	Appellation Bordeaux Contrôlée
병을 만든 장소와 사람 →	*Mis en Bouteille au Château* *par Seigneur et frère à Bordeaux*
도수, 용량 →	12.5%vol produit de France-contient des sulfites 75cl

2. 프랑스의 대표적인 산지

프랑스 포도주의 대표적인 산지와 여기서 생산되는 포도주는 다음과 같다.

vins d'Alsace : Sylvaner, Riesling, Gewurztraminer(백포도주)
vins de Bordeaux : Médoc, Graves(적포도주), Sautermes(백포도주)
vins de Bourgogne : Beaujolais(적포도주), Mâcon(적 또는 백포도주), Pouilly(백포도주)
Côtes du Rhône : 주로 적포도주
vins de Provence : 주로 분홍빛의(rosé) 포도주
vins du Jura : 주로 백포도주이나 노란 빛의 포도주는 유명하다.

vins de Loire : Muscadet, Sancerre, Pouilly(백포도주), Gamay, Cabernet(적포도주), 특히 Champagne(흰색 때로는 분홍빛과 거품이 있는 샴페인이 있다)

3. 포도주의 등급

포도주는 다음과 같은 등급에 따라 분류되기도 한다.

AOC : 원산지 명칭이 등록된 포도주(vins d'appellation contrôlée)로서 특급 포도주의 등급을 가르킨다.
VDQS : 최상급의 한정된 포도주(vin délimité de qualité supérieure)로서 매우 좋은 질의 포도주이다.
VCC : 가장 많이 소비되는 포도주(vin de consommation courante)로서, 지방 특산 포도주(vin de pays)나 종류를 섞어 만든 포도주(vin de coupage)를 가리킨다.

11월의 셋째 주 목요일에는 Beaujolais nouveau를 시음할 수 있는 행사가 있다. 이는 숙성시킨 포도주가 아니고, 그 해 수확한 포도로 만든 포도주이다.

4. 커피의 종류

café serré : 농축시킨 커피로서 이태리어로 espresso 라고 함
café allongé : 거의 농축시키지 않은 커피
café crème : 크림을 넣은 커피로서 이태리어로 capuccino 라고도 함
café au lait : 우유를 넣은 커피
café noisette : 약간의 우유를 넣은 커피
café noir : 우유를 넣지 않는 커피
café double : 양이 많은 커피
café simple : 양이 적은 커피

1.1.4. 소개 (présenter/se présenter)

☞ 사람에 대한 묘사(2.3.), 좋아하는 것과 좋아하지 않는 것(3.10)

가. 소개를 위한 예비 표현

소개를 하기 앞서 이를 위한 예비적인 표현들이 있는데 이를 예시하면 다음과 같다.

- Vous connaissez | Monsieur Thibaud ?
Madame Galisson ?
Mademoiselle Kim ?
mon frère ?
ma femme ?

- Tu connais mon camarade Paul ?
- Vous vous connaissez ?
- Vous ne vous connaissez pas ?
- Vous ne vous êtes jamais rencontrés, je crois ?
- Je crois que vous ne vous connaissez pas.

나. 소개하기

위의 질문을 통해 서로가 초면이라는 것이 확인되고 나면, 다음과 같은 표현들을 사용하여 소개할 수 있을 것이다. 소개는 남자를 여자에게, 나이 어린 사람을 보다 나이 많은 사람에게, 손아래 사람을 손위 사람에게 소개하는 것이 원칙이다.

- Monsieur Grandet, je vous présente mon amie Belinda.
- Je vous présente | ma soeur Christine.
mon épouse.
mon copain Pascal.
- Je vais te présenter mon ami(e).
- Je vous présente mon fiancé (ma fiancée).
- Françoise, je te présente Isabelle.
- Etienne, viens! Je veux te présenter quelqu'un.

☐ - Je voudrais vous présenter notre comptable, madame Vincent.
☐ - Permettez-moi de vous présenter ma femme.
☐ - J'ai le plaisir de vous présenter Monsieur Martin, notre administrateur.
☐ - J'aimerais que vous fassiez la connaissance de ma femme.

다. 소개에 대한 응답

- Bonjour. (Je suis)	enchanté(e) heureux(se) content(e) ravi(e)	de vous	rencontrer. connaître.

□ - (Je suis) enchanté(e) de faire votre connaissance.

아주 간단히 "Bonjour!"로 응답할 수도 있을 것이다.

소개하는 내용으로는 다음과 같은 내용들이 포함될 수 있을 것이다. 여기서 다루지 않는 내용에 대해서는 사람에 대한 묘사 항목(2.3.)을 참조할 것.

라. 이름

- Comment vous appelez-vous ?
- Comment s'épelle votre nom ?
- Quel est votre nom ?

- Vous êtes	monsieur madame mademoiselle	... ?

- Je me présente. Je suis Pierre Martin.
- Pierre Martin.
- Moi, c'est Pierre Martin. Et toi ?
- Vous ne me connaissez pas, mon nom est Catherine Thibaud.
- Notre invitée, ce soir, Mireille Mathieu. Applaudissez-la bien fort.

□ - Je me permets de me présenter. Je m'appelle...

젊은 사람들 사이에서는 자신이나 상대방을 손으로 지적하면서 단순히 이름만을 말하여 소개하기도 한다.

- Edouard, Evelyne; Evelyne, Edouard.
- Bonjour, Pierre Martin. (= je suis Pierre Martin.)

마. 거주지, 목적지, 출발지

- Où est-ce que vous habitez ?
- Quelle est votre ville (région d'origine) ?
- Vous venez de quelle ville ?
- Quelle est votre adresse ?

- J'habite	à Paris, dans le VIIIe (arrondissement). en banlieue. à la campagne. à la montagne. dans une maison. dans un pavillon (de banlieue). dans une villa au bord de la mer. dans un studio. dans un appartement (dans un trois pièces).

- J'habite	au Brésil (Japon). en Corée (France).

- J'habite à - Je travaille à - Je suis né à	Séoul. Paris. Tokyo.

- Je vais - Il est - J'arrive	au marché (café). à Gwangju (Amsterdam).

- Je viens de - J'arrive de	Paris. Londres.

- C'est Madame Tremblay dont je t'ai parlé, et qui habite au 3e étage.

사. 직업

- Que faites-vous ?
- Qu'est-ce que vous faites dans la vie ?
- Quel est votre métier ?

- Je suis étudiant(e).
- Il(Elle) est ingénieur.
- Il(Elle) est chanteur (chanteuse).

- Je suis journaliste à Antenne 2.
- Bonjour, je suis l'employé du gaz.

아. 국적

- Vous êtes de quel pays ?
- Quelle est votre nationalité ?
- Vous venez de quel pays ?

- Je suis coréen(ne).
- Il(Elle) est français(e).
- Nous sommes Américains.
- Il vient de Pologne (du Portugal).

속사로 사용된 국명 명사의 첫 글자는 대문자나 소문자로 쓸 수 있지만, 소문자로 쓰는 것이 보다 일반적이다.

☞ 장소의 전치사에 대해서는 장소의 설정(5.5.)을 참조할 것.

1.1.5. 부르기 (Interpeller)

가. 거리나 기타 장소에서 모르는 사람

- (Pardon)	Monsieur! Madame! Mademoiselle! Madame Chabrol!	(s'il vous plaît.)

- (Pardon) Jean-Pierre! (s'il te plaît.)

- S'il vous plaît, - Dites,	Monsieur Grandet. Madame Martin.

◇ - Hé!
◇ - Hep! [ɛp]
◇◇ - Hé, vous là-bas!

위의 표현 가운데 "Hep!" 또는 "Hé, vous là-bas!"는 알지 못하는 사람에 대하여 예의를 갖추지 않고 부르는 표현이다.

나. 음식점이나 상점 등에서 종업원

(Pardon) - Monsieur, | s'il vous plaît!
- Madame,
- Mademoiselle,

- Excusez-moi, | Monsieur! Madame! Mademoiselle!

사람이 있어야 할 곳에서 사람이 보이지 않을 경우 "Il y a quelqu'un ?", "Il n'y a personne ?" 또는 "S'il vous plaît!" 라는 표현을 사용하여 사람을 부를 수 있다.

과거에는 카페나 음식점에서 종업원을 "Garçon!"하고 불렀으나, 오늘날에는 이런 식으로 거의 부르지 않는다.

1.1.6. 초대 (inviter et accepter/refuser une invitation)

가. 초대를 위한 예비 표현

☞ 선물(1.1.10.) 도움의 제안(4.7.), 자발적 행위와 공동 행위의 제안(4.8.)

누군가를 초대하기 위해서 직접적으로 이를 표현하지 않고 다음과 같은 우회적인 표현을 사용하여 상대방의 의향을 묻는 것이 보통이다.

- Vous êtes libre ce soir ?
- Est-ce que vous seriez libre samedi prochain ?
- Qu'est-ce que tu fais samedi ?
- Tu fais quelque chose de spécial dimanche ?
- Si tu es libre demain ...

초대를 위한 이 같은 예비적 표현에 대한 대답에 신중할 필요가 있다. 만약 "Vous êtes libre ce soir ?"라는 질문에 대하여 일단 "Oui."라 답하였다면, 초내를 거절하기 곤란할 것이고, 반대로 "Non"으로 대답한 뒤에는 초대에 응하기 곤란하기 때문이다. 따라서 "Euh, je ne sais pas encore."라고 답한다든지 또는 ◇"Euh, en principe, je sors avec une copine, mais c'est pas sûr."로 답한다면 확실한 대답을 뒤로 미룰 수 있는 좋은 방법이 될 것이다. 만약 상대방과 절친한 사이라면, 이런 곤란함을 피하기 위하여 "Ça dépend." 또는 "Qu'est-ce que tu proposes ?" 같이 직접적으로 초대의 내용을 물어 볼 수 있을 것이다. 초대를 거절해야 할 경우에는 그 이유를 설명해야 할 것이다.

초대하는 사람이 흔히 음식값을 지불하는 것이 일반적이다. 따라서 초대 (inviter)와 제안 (proposer/suggérer)은 분명히 구별하여 표현된다. 예를 들어서 "On va prendre un verre." 라는 표현은 제안이고, "Je t'invite à prendre un verre."라는 표현은 초대이다. 전자의 경우 술값을 제안자나 상대방이 지불할 수 있지만, 후자의 경우 초대한 사람이 지불해야 한다. ☞ 자발적 행위와 공동 행위의 제안(4.8.)

나. 초대하기

점심 또는 저녁식사를 집 또는 음식점으로 초대하기

- Nous aimerions	vous inviter	à dîner	à la maison.
- J'aimerais		à déjeuner	au restaurant.

- Cela me ferait plaisir de vous avoir à dîner un soir de la semaine prochaine.
- Seriez vous libre samedi prochain pour venir dîner chez nous ?
- Vous voulez venir dîner chez nous ?
- Vous voulez aller dîner au restaurant ? Je vous invite.
- Vous déjeunerez (bien) avec nous ?

기타 행사에 초대하기

- Vous voulez danser ? Je vous invite.

- Ça te dit de passer le week-end chez moi à la campagne ?	Je t'invite.
- Ça te dirait d'aller voir un film ?	
- Tu veux venir à la patinoire ?	
- Tu viens à ma boum ?	

형식을 갖추어 초대 하는 경우 초대장(carton d'invitation)이나 카드를 사용할 수 있다. 이를 예시하면 다음과 같다.

Monsieur et Madame d'Hautecourt vous prient de leur faire l'honneur de venir dîner chez eux le vendredi 5 mars à 20 heures. 5. avenue Niel, Paris 17. *R.S.V.P.*	Chère Eve Je suis heureux de t'accueillir pour fêter mon anniversaire; rendez-vous le 15 février 1985 à partir de 17 heures. Peux-tu répondre, s'il te plaît, avant le 10 février ? Merci. Sébastien

초대장에 R.S.V.P.(=Répondez s'il vous plaît.)가 명시되어 있을 경우 참가 여부를 가능한 한 빨리 답하는 것이 좋을 것이다.

상황에 따라 다음과 같은 표현들을 사용하여 초대를 표현할 수 있다.

- Nous donnons une soirée, je compte sur vous. (= Je vous attends.)
- Pourquoi ne viendriez-vous pas tous à la maison ?

◇ - Mademoiselle, j'aimerais bien que vous veniez voir ma collection de cartes postales. (초면에 여자를 꼬시기 위해 사용되는 표현)

□ - Nous donnons une réception pour le mariage de notre fille, j'espère que vous serez des nôtres.

다. 초대를 수락하기

1. 매우 기쁜 마음으로의 수락

- Oh oui, alors!
- (Oh, oui) Avec plaisir!
- (Oui,) C'est génial!
- C'est gentil!
- C'est une bonne idée!
- D'accord!
- D'accord! Ça me fera plaisir de te voir.
- Oui, je veux bien.
- (Très) Volontiers.

- Merci pour votre invitation, je viendrai avec Edouard.

◇ - C'est ◇ - Ce serait	sympa! (sympa = sympathique)

◇ - Chouette!
◇ - (Oui,) C'est super!
□ - Merci, c'est très aimable à vous. J'accepte avec plaisir.
□ - C'est avec grand plaisir que nous acceptons votre invitation.
□ - Nous nous ferons un plaisir de venir.
□ - Volontiers, nous serons enchantés de vous voir.

의문문의 초대 표현에 대해서는 "Oui."로 우선 답해야 한다.

2. 탐탁하게 여기지 않는 수락

- Pourquoi pas ?

◇ - Ben(= bien),	oui, si tu veux. oui, peut-être. oui...

라. 초대를 거절하기

1. 매우 유감을 나타내는 거절

- C'est (très) gentil, mais... - Je suis vraiment désolé(e), mais - Je regrette (sincèrement), mais - Ce serait avec plaisir, mais - Cela me ferait plaisir, mais ◇	je ne suis pas libre. j'ai du travail. ce n'est pas possible. je suis pris(e). je ne peux pas. je peux pas

2. 마음에 들지 않음을 나타내는 거절

- Désolé(e) - Merci, mais - Non, (merci)	je ne peux pas. ça ne me dit rien. je n'ai pas envie.

- Non, je ne veux pas.
◇ - Bof! Ça (ne) me dit rien.

즉시 답할 수 없을 경우 다음과 같이 표현할 수 있다.

- Je ne sais pas si je suis libre.
- (Peut-être). Je vais voir.
- Je dois voir si je peux me libérer ce jour-là.
- Ça me ferait très plaisir, mais je ne suis pas sûr(e) d'être libre ce jour-là. Je peux te rappeler demain ?

◇ - En principe, ça marche, mais je peux te rappeler pour confirmer ?

초대장이나 카드로 초청한 경우 그 답장으로 다음과 같이 거절을 표현할 수 있다.

Chère Mireille

Merci de ton invitation que je viens de recevoir. Je pars en vacances de neige la semaine prochaine et malheureusement je serai absent le 25 février. Je le regrette beaucoup car j'aurais aimé fêter tes 20 ans avec tous nos amis.
Je penserai à toi ce jour-là. Je te souhaite un très heureux anniversaire.

Ton ami. Michel

GRAMMAIRE D'EMPLOI

부정문

가. 부정문의 형태

부정문은 동사 앞에 'ne' 동사 뒤에 'pas, plus, rien, personne'으로 이루어지며, 친숙어에서는 흔히 'ne'(또는 'n')없이 'pas'만 동사 뒤에 붙여 표현한다.

- Je ne parle **pas** anglais.
- Je n'aime **pas** ça.
- Je n'ai **plus** d'argent.

◇ - Je comprends **pas**.
◇ - Je sais **pas**. [ʃɛpɑ]
◇ - Je suis **plus** malade.
◇ - J'ai **rien** fait.

"Je ne comprends."은 틀린 문장이다.

부정법의 부정형은 부정법 앞에 'ne pas'를 붙여 만든다.

- Je préfère ne **pas** travailler.
- Je lui ai dit de **ne pas** venir.
- Il a décidé de **ne pas** parler.
- Je préfère **ne pas** regarder.

이 때 부정의 의미는 부정법에 국한된다. 예를 들어 "Il a décidé de ne pas venir."라는 문장에서 부정법의 부정의 의미는 "Il a décidé qu'il ne viendra pas."라는 의미이다. 그러나 "Il n'a pas décidé de venir."에서처럼 본동사를 부정으로 하면 이 문장은 "Il ne sait pas encore s'il viendra." 또는 "Ce n'est pas lui qui a pris la décision de venir."를 이미한다. "Je lui ai dit de ne pas venir."는 "Je lui ai dit : "Ne viens pas."를 의미한다. 따라서 "Je ne lui ai pas dit de venir."는 "Je ne lui ai pas dit : "Viens."을 의미하게 된다.

부정법의 부정문은 사용 설명서 속에나 게시판 등에 쓰여, 불특정인에 대한 금지를 나타낼 수 있다.

- **Ne pas** toucher.
- **Ne pas** marcher sur les pelouses.
- **Ne pas** entrer sans autorisation.
- **Ne pas** oublier d'éteindre la lumière.

☞ 금지를 나타내는 또 다른 표현법에 대해서는 금지(4.3.)와 예고, 경고 또는 주의(4.4.)를 참조할 것.

4. 부정의 표현법

그밖의 다른 부정의 표현들로는 다음과 같다.

1. ne - plus

상태 또는 행동의 변화를 나타낸다.

- Je **ne** fume **plus**. (= Avant je fumais, maintenant j'ai arrêté.)
- Je **ne** suis **plus** fatigué. (= Avant j'étais fatigué, maintenant c'est fini.)
- Il **n'y** a **plus** de bière. (= Toute la bière a été bue.)

2. ne - jamais

절대적인 부정을 나타내며, 'souvent', 'toujours' 또는 'déjà'의 반대 의미를 지닌다.

- Je **ne** vais **jamais** au cinéma. (≠ Je vais souvent au cinéma.)
- Il **n'est jamais** malade. (≠ Il est toujours malade.)
- Elle n'est jamais allée aux Etats-Unis.(≠ Elle est déjà allée aux Etats-Unis.)

3. ne - pas encore

어떤 사건이 발화 시점에 이르기까지 아직 일어나지 않음을 나타낸다.

- Pierre n'est pas arrivé ?
- Non, **pas encore**.
  Je n'ai **pas encore** fini.

4. ne - toujours pas

어떤 상황이 여전히 계속됨을 나타낸다.

- Je n'ai **toujours** pas téléphoné à ma mère.

긍정문에서 'toujours'는 아주 빈번한 행동을 나타내며 'jamais'에 대립된다.

- Il parle **toujours** trop.
- Elle ne me dit **jamais** bonjour.

'toujours'는 'encore'와 동일한 의미로서 지속적인 상태나 행동을 나타내며 'ne – plus'의 반대 의미를 지닌다.

- Elle est **encore** malade ?
- Elle est **toujours** malade ?
- Non, elle **n'**est **plus** malade.

'encore'는 지속적인 상태나 반복적인 행동을 나타낸다. 반복적인 행동을 나타낼 경우 'à nouveau'로 바꾸어 쓸 수 있다.

- Il est **encore** là ? (지속적인 상태)
- J'ai **encore** raté mon train. (= Je l'ai raté une nouvelle fois, j'ai à nouveau raté mon train.) (반복적인 행동)

5. ne – rien

사물에 대한 절대적인 부정의 의미(rien = zéro)를 지닌나.

- Je **n'**ai **rien** compris. (≠ J'ai compris ce que tu as dit, j'ai tout compris.)
- Je **n'**ai **rien** acheté. (≠ J'ai acheté quelque chose.)
- Je **ne** vois **rien**. (≠ Je vois quelque chose.)

6. ne – personne

사람에 대한 부정의 의미를 지닌다.

- Tu connais quelqu'un à Paris ?
- Non, **personne**.
- Je **n'**ai vu **personne**. (≠ J'ai vu quelqu'un.)

'rien'과 'personne'는 동사 앞에 놓여 주어로 사용될 수 있다.

- **Personne** ne parle.
- **Rien** ne bouge.

다. 부정을 강소하는 표현법

1. vraiment, absolument + personne, rien

- Il n'y avait **vraiment personne**.
- Je n'ai **absolument rien** compris.

2. du tout

- Je ne comprends **pas du tout**.
- Je ne comprends **rien du tout**.
- Je ne comprends **plus du tout**.

3. absolument, vraiment + du tout

- Je ne vois **absolument rien du tout**.
- Il ne travaille **vraiment pas du tout**.
- Je ne comprends **absolument plus du tout**.

라. 부정을 약화시키는 표현

1. presque

- Il ne vient **presque** jamais. (= Il vient très peu. / Il vient une fois de temps en temps).
- Il n'y a **presque** personne (= Il y a très peu de monde. / Il y a une ou deux personnes).
- Ça ne coûte **presque** rien. (= Ce n'est pas cher, ça coûte très peu d'argent.)
- Il ne parle **presque** plus. (= Il ne dit rien, sauf un mot de temps en temps.)

2. quasiment

'presque'와 같은 의미이나 자주 쓰이는 표현은 아니다.

- Il ne mange **quasiment** plus. (= Il mange très peu.)

LANGUE-CULTURE

초대를 받아 참석하게 될 때 의복은 초대의 유형에 맞추어 입어야 할 것이다. 격식 있는 초대라면 여성은 정장 드레스를, 남성의 경우는 넥타이의 정장을 입어야 한다. 아주 의식적인 저녁 만찬일 경우라면 야회복을 입는 것이 좋을 것이다. 친한 친구 사이에서의 초대라면 간편한 복장으로도 괜찮겠지만, 운동복 차림이나 운동화 착용은 곤란할 것이다. 아주 절친한 친구 사이에서 형식을 갖추지 않는 초대라면, 어떤 복장이든 괜찮을 것이다.

저녁 식사를 집으로 초대했을 경우, 빠르거나 늦게 가지 말고 정시에 도착하도록 해야 한다. 혹시 시간에 맞춘 특별한 행사나 특별한 요리를 준비했을 수 있기 때문이다. 칵테일파티나 무도회에 초대를 받았을 경우는 정해진 시간 보다는 조금 늦는 것이 좋을 것이고, 그것이 상례이다.

칵테일파티는 필요 없지만, 저녁 초대를 받는 경우 간단한 선물을 준비하는 것이 좋을 것이다. 선물을 받을 때, “Oh! Mais il ne fallait pas!” 또는 “Vous n'auriez pas dû!”라고 선물을 받으면서 말한다 하더라도 이것은 선물을 원하지 않는다는 의미가 아니다. 다소 가장된 부정의 표현에 지나지 않는다. 반면 선물을 준비하지 않았다고 해서 문제가 될 수 없다. 초대자는 초대한 손님이 온 것만으로도 충분히 기뻐할 것이다.

☞ 선물의 종류나 선물 주기에 관련된 표현은 선물(1.1.10.)을 참조할 것.

집주인은 현관에서 손님을 맞이하며, 외투를 벗도록 한 다음, 대화를 나눌 방으로 안내하게 되는데, 프랑스에서는 초대받은 손님이 집안을 여기저기 자유롭게 구경 다닐 수 없고, 그것은 예의가 아니다.

저녁 식사가 단지 새로운 음식을 맛보고, 사교술을 배울 수 있는 기회만 되는 것이 아니다. 서로를 이해하고 생각을 서로 교환하는 중요한 시간이 된다. 프랑스에서는 오래 동안 테이블에 남아서 수다를 떠는 것이 보통이고, 이를 자연스럽게 여긴다. 그러니까 식사를 하면서 피해야 할 일은 무엇보다도 침묵이다. 입을 꾹 다물고 있기만 한다면, 참여자들이 불편해할 것이다. 그렇게 되면 초대한 여주인이 그 분위기를 바꾸어 보려고 애를 쓰는 모습을 보게 될 것이다.

초대를 받아 식사를 하면서 정치, 종교, 성과 같은 내용을 주제로 삼는 것을 가능한 한 피하는 것이 좋을 것이다. 이런 주제들은 대개 개인적인 입장을 표명하지 않을 수 없게 되어, 상대방의 감정을 자극하게 되거나, 논쟁으로 빠져들기 십상이고, 때로는 서로 얼굴을 붉히게 하는 상황으로 몰고 갈 수도 있겠기 때문이다.

1.1.7. 감사 (remercier et répondre aux remerciements)

가. 감사하기

1. 보통의 감사표현

- Merci	bien beaucoup	Monsieur. Madame. Mademoiselle. Jean-Michel. M. Kim. Mme Leboucher.

- Je vous (te) remercie (beaucoup).

- Je vous (te) remercie	pour votre (ton) aide. d'être venu(e).

2. 극진한 감사의 표현

- Oh, merci!
- Tu es très gentil(le)!
- Vous êtes bien aimable.
- Merci mille fois.
- Grand merci.

□ - Merci	infiniment. très sincèrement. de tout coeur.

□ - C'est (vraiment) (très)	gentil aimable	de votre part.

□ - Je ne sais comment vous remercier.

나. 감사에 응답하기

- Il n'y a pas de quoi.
- De rien.
- Ce n'est rien.
- C'est tout à fait normal.
- C'est bien peu de chose.
- Tout le plaisir est pour moi!

□ - Je vous en prie.
□ - Je vous en prie, c'est tout naturel.
□ - C'est vraiment peu de chose.
□ - C'est la moindre des choses.
◇ - Pas de quoi.

1.1.8. 사과 (s'excuser)

가. 실례를 했을 때

1. 모르고 발을 밟았다든지 떠밀었다든지 했을 경우

- Excusez-moi.
- Pardon.
- Toutes mes excuses.
- Mille pardons.

□ - Je vous demande pardon.
□ - Je vous présente toutes mes excuses.
□ - Je vous prie de | m'excuser. / me pardonner.

◇ - Je m'excuse.

2. 이에 대한 대답

- Ce n'est rien.
- Ça fait rien.
- Ça va.

- Il n'y a | pas de mal. / pas de quoi.
◇ - Y a

- Ce n'est pas | grave.
◇ - C'est pas

□ - Je vous en prie.
□ - Vous êtes tout excusé(e).
◇ - C'est rien.

나. 잘못이라든지 잊은 일에 대하여

1. 상대방에게 부담을 주는 잘못이나 실수를 했을 경우

- Excusez-moi | je suis désolé(e).
  | je suis vraiment désolé(e).
  □ | je suis navré(e).

- Pardonne-moi.

□ - Je vous garantis que cela ne se reproduira plus.
□ - Veuillez m'excuser.

2. 이에 대한 대답

- Ne vous en faites pas.
- Ne t'en fais pas.
- Je ne t'en veux pas.
- Ce n'est pas bien grave.

◇ - T'en fais pas.
◇ - C'est pas vraiment de ta faute.

이에 덧붙여 다음과 같이 그 이유를 설명해 준다면, 상대방은 보다 안심할 수 있을 것이다.

- Oh! J'ai cassé ce verre.
- Ça ne fait rien! | J'en ai un autre.

◇ - C'est pas grave. |

다. 식당이나 상점에서 손님의 요구에 대하여

1. 손님 요구에 대한 종업원의 사과 대답

– Je suis désolé(e).	Nous n'en avons plus.		
	Nous ne	faisons vendons	pas cet article.

2. 이에 대한 대답

- Tant pis!
- (C'est) Dommage!

"Je regrette."와 "Je suis désolé."의 용법이 항상 같지는 않다. "Je regrette (Je suis désolé) de vous avoir parlé comme ça."의 경우처럼 구별 없이 사용될 수 있다. 그러나 "Pardon."의 의미는 "Je suis désolé."로 사용될 수 있지만, "Je regrette."라는 의미로 사용될 수는 없다.

"pardon"은 중요하지 않은 작은 일에 대해서 사용하고, 보다 중요한 것에 대해서는 "Pardonne-moi."를 사용한다. "Je vous en prie."라는 대답도 대수롭지 않은 것에 대해서만 사용할 수 있다.

"Je regrette.", "Je suis désolé.", "Pardon."은 사과의 의미가 아니라 반박의 의미로 사용될 수도 있음을 주의할 필요가 있다.

- Je regrette, mais je ne suis pas en retard. C'est votre montre qui avance.

– Pardon, ◇	c'est pas ce n'est pas	moi qui ai dit ça.

사과해야 할 내용을 분명히 지적할 필요가 있을 경우 다음과 같이 표현할 수 있는데, 이로써 정중한 사과를 나타낼 수 있다.

– Je vous (te) prie de m'excuser de – Je vous (te) prie de me pardonner de – Veuillez m'excuser de – Veuillez me pardonner de – Pardon, je suis (vraiment) désolé(e) de – Je regrette de – Je suis confus(e) / navré(e) de – Je vous (te) présente toutes mes excuses pour	inf(동사원형)

사과의 표현을 다른 의사소통 기능과 연합하여 사용된 경우를 예시하면 다음과 같다.

- Oh pardon! je ne t'avais pas vu! Bonjour!
- C'est de ma faute, je n'aurais jamais dû lui dire de venir.
- Oh, je suis vraiment ennuyé mais je ne peux pas faire autrement!
- Je n'ai rien pu faire pour l'en empêcher.
- Je vous prie de m'excuser, je n'ai pas pu arriver plus tôt.
- Pardon, je vous dérange ?
- Je ne l'ai pas fait exprès, il m'a glissé des mains ...
- Ce n'est pas de ma faute, c'est lui qui m'a entraîné!
- C'est idiot, j'ai complètement oublié de te prévenir!
- Je vous demande pardon, je me suis trompé de numéro.

MODE D'EMPLOI

줄임말

친숙어에서 흔히 대부분의 프랑스 사람들은 철자나 음절을 줄여서 표현하는 경향이 있다. 그 예는 다음과 같다.

Il y a une table là-bas. (= ◇ Y a une table là-bas.)
Il n'y aura plus de place. (= ◇ Y aura plus de place.)

Je ne peux pas. (= ◇ J'peux pas. [ʃpøpɑ])
Ce n'est pas vrai. (= ◇ C'est pas vrai.)
Tu as raison. (= ◇ T'as raison.)
Je ne sais pas. (= ◇ J'sais pas.)

professeur = ◇ prof
mathématiques = ◇ maths
sympathique = ◇ sympa
faculté = ◇ fac
restaurant universitaire = ◇ resto u 또는 ru
Et bien = ◇ Et ben [bɛ̃]

"C'est bien."은 "C'est ben."으로 줄여 쓸 수 없다.

cinéma = ◇ ciné
manifestation = ◇ manif
télévision = télé

météorologie = météo

이런 줄임말은 일상의 친숙어에서 빈번히 사용된다. 이런 현상은 길고 복잡한 단어들을 가능한 한 힘들이지 않고 간단하게 줄여서 표현하려는 인간의 본능에서 비롯된다. 친숙어의 표현이나 줄임말은 특히 젊은이들 표현들 속에서 흔히 볼 수 있다. 따라서 이를 모르고서는 청소년들의 대화를 이해할 수 없음 것은 당연하다. 그러므로 그들과 대화를 하기 위해서는 이러한 표현을 배우지 않을 수 없을 것이다.

LANGUE-CULTURE

프랑스 사람들은 길을 가다가 조금만 부딪쳐도 사과를 하는데 매우 익숙해 있고, 자연스럽다. 외국인의 입장에서 프랑스어를 배우면서, 이런 언어문화의 습관을 몸에 붙여야 할 것은 당연하다. 이러한 표현들은 즉각적으로 말할 수 있도록 익힐 필요가 있다. 나아가 사과의 표현만으로 용서를 받기 어려울 것이라 여겨질 경우에는 “Je ne l'ai pas fait exprès.” 라는 식으로 말하면서 정중하게 변명이나 이유를 설명하는 습관도 기를 필요도 있을 것이다.

“Pardon ?”이나 ″Comment ?″은 조금 전에 한 말을 다시 반복해 달라는 의미로 사용할 수 있으나, “Excusez-moi.”는 쓸 수 없다. 그러나 “Excusez-moi! Voudriez-vous répéter ?” 또는 “Excusez-moi! Voudriez-vous me répéter ce que vous avez dit ?”라는 식으로 반복의 요구를 나타내는 표현을 명시할 경우에는 “Excusez-moi!”를 사용할 수 있다.

언어 순수주의자들은 용서란 자신에게 구하는 것이 아니고 상대방이 용서하는 것이기 때문에 “Je m'excuse.”란 표현은 타당한 표현이 아닐 뿐만 아니라 잘못된 표현이라고 주장한다 그러나 이 표현은 실상 구어에서 흔히 사용되고 있으며, 친한 사이에서는 “Excusez-moi.”라는 표현보다 더 많이 쓴다.

1.1.9. 기원 (souhaiter), 축하, (féliciter), 격려 (encourager), 친사 (faire un compliment), 조의 (présenter ses condoléances)

가. 기원하기

1. 식사 바로 전이나 식사 도중에

- Bon appétit!

◇ - Bon ap.

2. 축배를 들 때

- A votre santé!
- A votre succès!
- A notre projet!
- Je lève mon verre à la santé de tous les participants.
- Portons un toast à mon ami.

□ - Au succès de

Au succès de	notre votre ton	projet!

◇ - Santé!
◇ - A la vôtre!
◇ - A la tienne!
◇ - Tchin tchin! [ʧin ʧin]
◇ - A nos amours!

3. 나라나 도시에서의 공식적인 환영

- Bienvenue à Paris.

- Soyez	le bienvenu la bienvenue les bienvenus	à Séoul

4. 일하려고 하는 사람에게

- Bon courage!
- Travaillez (travaille) bien!
- Bonne continuation! (Il a déjà commencé à travailler.)

5. 힘들거나 어려운 작업을 하는 사람에게

- Bonne chance!

◇ - Merde! (Puissance 13!)

6. 외출하는 사람에게

- Bonne journée!
- Bonne soirée!
- Amuse-toi bien!

7. 여행이나 휴가를 떠나는 사람에게

- Bon voyage!
- Je vous souhaite un bon voyage!
- Bonnes vacances!

8. 피곤해 보이는 사람에게

- Repose-toi bien!

9. 잠자리에 들려는 사람에게

- Bonne nuit!
- Fais de beaux rêves!
- Dormez bien!

10. 몸이 아픈 사람에게

- Soignez-vous bien!
- Soigne-toi bien!
- Remets-toi vite!
- Meilleure santé!

☐ - Prompt | rétablissement!
☐ - Bon

11. 축제 때

- Joyeux | anniversaire!
- Bon | Noël!

- Joyeux Noël et je vous souhaite une bonne année!
- Joyeuses / Bonnes | Pâques!
- Bonne année!
- Bonne fête!

나. 축하하기

- Félicitations!
- Toutes mes félicitations!
- Bravo!
- Je suis content(e) pour toi.
- Tu dois être content.
- Tu peux être fier.

□ - Je vous félicite pour cette promotion!
◇ - Chapeau! (감탄을 나타낼 경우에도 쓰일 수 있다.)

결혼이나 약혼에 대하여

- Tous mes voeux de bonheur!
- Tous mes compliments!
- Toutes mes félicitations!

다. 격려하기

1. 어떤 일을 하는데 두려워하거나 주저하는 사람에게

- Allez (Vas)-y!
- (Allez-y!) N'ayez pas peur!
- N'hésitez pas!
- Allez!
- Allez, du courage!
- Un peu de courage!

2. 어려운 일을 하는 사람에게

- Plus fort!
- Plus vite!
- Vas-y! Allez!
- Encore un petit effort!
- Ça y est | presque. (= C'est presque fini.)
- Tu y es |

3. 어려운 일을 당한 사람에게

- Ça arrive à tout le monde.
- Ça va passer.
- Ce n'est pas grave.

라. 찬사를 보내기

찬사는 상대를 기쁘게 하며 좋은 분위기를 만들어 준다. 그러나 잘 알고 있는 사이에 써야할 것이다.

- Vous avez bonne mine aujourd'hui. (= Vous avez l'air en forme.)
- J'aime bien tes cheveux comme ça. (tes cheveux = ta nouvelle coiffure)
- J'aime beaucoup votre robe.
- Quelle jolie robe!

- Elle te va bien, cette robe!
- Qu'est-ce qu'elle est | belle, ta montre!
  ◇ | chouette, ta montre!
- Qu'il est joli, ce pull!
- Qu'elle est belle, cette maison!

◇ - Elle est chouette, ta robe!
◇ - Tu as une mine superbe.

이러한 찬사에 대하여 다음과 같이 답할 수 있다.

- Tu trouves ?
- Oh, vraiment ?
- Merci!
- Tu es gentil(le) | de le dire.
- C'est gentil |
- C'est gentil de votre part.

마. 조의를 표하기

- Toute ma sympathie.
- Toutes mes condoléances.
- Je vous présente mes condoléances.
- J'ai beaucoup de peine pour vous.
- Sincères condoléances.
- Je partage votre peine.
- Je vous assure de toute ma sympathie.
- Je vous présente (toutes) mes sincères condoléances.
- Croyez à l'expression de toute ma sympathie.
- J'ai été profondément touché(e) par le décès de votre ...
- J'ai beaucoup de peine pour toi.

LANGUE-CULTURE

프랑스 사람들이 일년 중 특별한 의미를 부여하는 날은 크게 개인적인 기념일, 가톨릭 축제, 국가 차원에서의 기념일로 구분될 수 있다.

가. 개인적인 기념일

개인적인 기념일로는 생일, 결혼기념일, 성인(聖人) 기념일이 있다. 생일을 기념하는 축하 행사는 우리나라나 마찬가지로 케이크와 촛불을 이용한다. 참여하는 사람은 선물을 준비한다. 축하 행사에 참여하지 못하는 사람은 카드나 전화로 축하하면 될 것이다. 프랑스의 많은 가정들이 결혼일을 기념하고 있다. 결혼을 한지 25주년을 맞이한 경우, 은혼식(noces d'argent), 30년이면 진주혼식(noces de perle), 35년이면 루비혼식(noces de rubis), 40년이면 에메랄드혼식(noces d'émeraude), 45주년이면 도금혼식(noces de vermeil), 50년이면 금혼식(noces d'or), 60주년이면 금강혼식(noces de diamant), 70 주년이면 백금혼식(noces de platine)으로 기념한다.

그 밖에도 프랑스의 거의 모든 사람들은 가톨릭의 성인의 이름을 갖고 있었다. 누구나 달력에 기록되어 있는 수호성인의 축제의 날을 갖게 되는데, 이 날이 성명 축일(fête de saint patron) 로서 이를 기념하는 행사를 갖는다. 그러나 오늘날에 이르러서는 그 전통이 사라지고 있다. 그 원인은 호적이 달력에 제시된 이름을 인정하지 않는다는 데서 그리고 무엇보나도 가톨릭 문화가 생활 속에서 멀어지고 있는 점과 관련된다. 따라서 많은 사람들은 달력에서 자신의 이름을 더 이상 취하지 않고 있으며, 따라서 성명 축일의 축제가 사라져가고 있다. 성명 축일을 기념하는 경우에도 간단히 “Bonne fête !”라고 축하한다든지, 카드를 보내는 정도로 그치고 있다.

한편 도시나 마을을 중심으로 수호성인 축제(fêtes votives)를 갖기도 한다. 그 같은 축제로는 Haute-Garonne의 Martres-Tolosane에서 갖고 있는 Saint Vidian의 축제, Saintes-Maries-de-la-Mer에서 5월 24일에 Sainte patronne Sara를 축하하는 종교축제, 그리고 8월의 마지막 일요일에는 브르타뉴의 가장 오래 된 것으로 간주되는 전형적인 종교 축제인 Pardon 이 있다. 이와 같이 프랑스의 도시와 마을 사람들은 나름대로 지역 특색 있는 축제들을 즐기고 있다. 이 밖에도 전국적으로 행해지는 축제들이 있는데, 여름의 시작을 모닥불 주변에서 춤을 추며 기념하는 6월 24일의 Saint Jean 축일, 연인들이 사랑을 선물로 고백하는 2월 14일의 Saint Valentin 축제, 25세가 넘어서도 짝을 찾지 못한 아가씨들이 축제를 갖는 11월 25일의 Sainte Catherine 축제가 그것들이다.

마지막으로 어머니의 은혜를 기념하는 가정의 축제로서 5월의 마지막 일요일을 어머니날(fête des mères)로 지킨다. 이날을 시샘이라도 하듯 이로부터 2주 후에 갖게 되는 아버지날이 생겼다. 오늘날에는 할머니 날까지 생겨났고, 곧 할아버지날도 언젠가 있으리라 예상된다.

나. 가톨릭 축제

가톨릭의 축제를 월별로 순서대로 살펴보면 다음과 같다.

1. 주현절(Epiphanie) 또는 왕의 축제(fête des Rois) : 1월 6일

주현절은 아기 예수에게 황금, 몰약, 유황을 예물로 가지고 온 동방박사 세 사람의 방문을 기념하는 축제로, 휴무일은 아니다. 이 날 케이크를 먹는데, '잠두콩(fève)'이라 부르는 세라믹 또는 플라스틱으로 만든 작은 물건이 이 케이크 속에 숨겨 있다. 먹는 도중 이것을 발견한 사람은 왕이 된다. 황금 색 종이로 만든 왕관을 쓰고, 왕비가 필요하다고 여기면 왕비를 선택할 권리를 갖는다(만약 여자가 이것을 발견하였다면 필요하다면 여자는 왕을 선택할 것이다). 모든 사람들은 샴페인을 마시면서 "대왕 만세!", "여왕폐하 만세!"부르며 왕 또는 여왕으로 모신다.

왕권이 갑작스럽게 폐지된 나라에서조차 이런 관습은 재미있게도 실제로 가정은 물론이고 사무실, 심지어 프랑스 대통령의 집무실인 엘리제궁에도 존속되고 있다. 주현절에 쓰는 케이크는 1월 달 내내 제과점에서 구입할 수 있다. 이 축제를 운영하는 방법은 프랑스의 지역에 따라 다양하다. '잠두콩'의 형태도 매우 다양하여 이것을 수집하는 사람도 있다. 어쨌든 이것은 왕관과 함께 판매되고 있다.

2. 성촉절(Chandeleur) 또는 초의 축제(fête des chandelles) : 2월 2일

이 축제가 무엇에 기원을 두고 있는지를 아는 프랑스 사람은 많지 않다. 이는 예수가 성전에 등장한 것을 기념하는 축제이다. 그러나 대부분의 프랑스 사람들은 2월 2일은 크레프를 만들어 내고, 이날 만든 크레프를 프라이팬에 담아 한 손에 들고 다른 한 손에는 돈을 들고 공중에 크레프를 던져 받을 수 있으면 일년 내내 부자로 살수 있다고 생각하는 날 정도로 알고 있다. 이 축제는 카니발의 시작인 여흥과 변장, 육식일(mardi gras)에 종료되는 가장 무도회 기간을 예고하는 축제이기도 하다. 프랑스에는 수많은 카니발이 있는데, 그 가운데 가장 유명한 것은 딱딱한 종이로 만든 큰 머리로 우스꽝스럽게 꾸민 기괴한 사람들과 꽃마차가 등장하는 Nice의 카니발이다. 그리고 이 카니발은 가담자보다는 구경꾼이 더 많기 때문에 자연스러운 축제라기보다는 관광 거리가 되고 있다. 사실 원래 이 카니발은 부활절 이전 46일간의 절제와 금욕 생활 기간인 사순절을 맞이하기 앞서 국민들이 마음껏 즐기는 축제이기 때문이다.

3. 부활절 (Pâques)

그리스도의 부활을 기념하는 이 축제는 봄이 도래하는 시기와 일치한다. 전설에 따르면 종소리가 로마로부터 울려 퍼져 프랑스의 하늘로 날아와 초콜릿으로 만든 달걀을 떨어뜨리고 어린아이들은 이것들을 정원에서 줍는다고 한다. 과자점 주인은 오늘날에는 초콜릿으로 여러 다른 유형의 형상들을 만들어 내고 있다. 암탉, 산토끼, 종, 물고기는 부활절의 민속전승 가운데 일부분이다. 이 날을 기념하는 전통적인 식사로는 양고기 넓적다리 고기이다.

4. 승천일(Ascension) : 부활절 이후 6번째 목요일

부활절에 이어 이에 연계된 축제로서, 승천일은 부활 이후 예수가 승천한 것을 기념하는 날이다. 가톨릭 신자들은 미사를 드리러 성당에 가지만, 많은 사람들은 쉬는 날로 즐긴다.

5. 성령강림일(Pentecôte) : 부활절 이후 8번째 월요일

부활절에 이어 연계된 축제로서 승천일 다음으로 성령강림일을 기념한다. 성령강림일은 초대 교회 사도들에게 성령이 강림하였던 것을 기념하는 날이다. 이 날은 승천일처럼 가톨릭 신자들은 미사를 드리러 성당에 가지만, 많은 사람들은 쉬는 날로 즐긴다.

6. 성모승천일(Assomption) : 8월 15일

가톨릭 신자들에게는 성모 마리아의 축일이다. 미사와 각종 행사들은 예수의 모친에 대한 행적을 기념한다. 이 때는 많은 이들에게는 휴가가 끝나는 시기가 되지만, 일부에게는 휴가의 시작이 되기도 한다. 프랑스의 도로는 이 때쯤이면 몸살을 앓는다.

7. 만성절(Toussaint) : 11월 1일

모든 성인들을 기념하는 날이다. 이 날에 이어 타계한 모든 이들을 위한 축일이 그 다음 날인 11월 2일에 있다. 이 날에는 가족들은 묘소를 찾아 묵념하고 헌화한다.

8. 성탄절(Noël) : 12월 25일

프랑스의 가톨릭의 종교 의식 가운데 가장 대표적인 것이 성탄절이다. 예수의 탄생을 기념하기 위하여 외양간, 구유, 성모 마리아, 요셉과 아기 예수, 당나귀, 황소를 동반한 장면들을 연출한다. 이것이 곧 예수탄생 장식이다.

프로방스 지역에서 흙으로 만든 채색의 작은 인형은 성탄에 참여하려 달려온 하민 층을 나타낸다. 이러한 아기예수의 구유는 성당은 물론이고 가정에서도 볼 수 있다. 이것은 성탄목과 꽃장식과 함께 장식의 일부분이 된다. 성탄 전야 프랑스 사람들은 성당에서 생생한 구유의 장면에 참여하는데, 교구 신자들은 성탄의 인물들의 역할을 맡아 그 장면을 연출한다.

프랑스 사람들은 믿는 사람이든 안 믿는 사람이든 24일 저녁에는 취향과 재정 여건에 따라 거위 간, 훈제 연어, 철갑상어 알, 굴, 밤으로 속을 채운 칠면조, 좋은 포도주와 샴페인과 같은 특수한 요리를 준비한다. 디저트로는 장작을 연상하는 형태의 장작 모양의 성탄 케이크를 자른다. 남부 프랑스와 프로방스 지역에서는 마른 과일과 사탕과자로 만든 디저트를 선호한다. 성탄전야 야식(réveillon)은 가톨릭 신자들의 경우 자정 미사가 끝난 뒤 시작하고, 신자가 아닌 경우는 그 이전에 시작한다. 어린아이들은 그 이전에 산타크로스를 만나야 하기 때문에 일찍이 잠을 잔다. 산타할아버지는 자고 있는 도중 꽃 장식을 한 성탄목 아래 놓아 둔 신발 옆에 장난감을 놓고 가기 때문이다.

이와 같이 해서 25일 아침을 맞게 되면, 모든 어린아이들은 새 장난감을 발견하게 되고, 가족들은 식탁에 다시 모여 가족의 축제를 계속한다.

다. 국가차원의 기념일

국가의 차원에서 정해진 기념일은 다음과 같다.

1. 신년축하일(nouvel an) : 1월 1일

새로운 한 해를 축하한다. 0시를 기하여 모든 사람들은 서로 포옹을 하고 "Bonne année !" 라 하면서 신년 인사를 한다. 거리에서 자동차들은 요란스럽게 경적을 울리며 신년을 축하한다. 이 날은 일을 하지 않는 휴무일이다. 할아버지는 손주에게 약간의 금액을 "새해 선물(étrennes)"로 준다.

그리고 1월 1일이면, 함께 주거하는 건물의 관리자나 경비원에게, 또는 집배원이나 우체국 직원에게 또는 전통적인 달력을 호별 방문하며 팔면서 신년기원을 빌어주는 소방대원에게 약간의 금액을 제공하는 것이 관례이다.

2. 혁명기념일(14 juillet) : 7월 14일

이 날은 프랑스 혁명 보다 정확히 말해서는 바스티유 궁전의 점령을 기념하는 국가적인 축제일(fête nationale)이다. 밤에는 불꽃놀이와 초롱불 아래서 무도회를 도시나 마을의 광장에서 즐긴다.

3. 종전 기념일(11 novembre, 8 mai) : 11월 11일과 5월 8일

11월 11일은 1914년부터 1918년에 있었던 1차 세계대전의 종료일이고, 5월 8일은 2차 세계대전의 종료일로서 이날을 통해 전쟁의 종료를 기념하고, "조국을 위해 순국한(morts pour la patrie)" 장병을 추모한다. 옛 전사들은 순국장병들을 추모하는 기념물에 가서 헌화한다. 파리에서는 프랑스 대통령이 개선문 밑에 있는 무명 병사의 묘소에 점화한다.

4. 만우절 (1er avril) : 4월 1일

장난꾼의 날이다. 친구에게 농담으로 거짓말을 할 수 있는 날이다. 어린아이는 슬그머니 어른의 등에 종이로 오려 만든 생선을 붙여 놓고는 "만우절의 희생양(poisson d'avril)"이라 부르며 즐거워한다. 이 날은 당연히 일을 하지 않는 날이 아니다.

5. 노동절(1er mai) : 5월 1일

노동자들이 노동의 의미를 새롭게 하는 날이며, 관습에 따라 조합원들은 거리 행진을 한다. 이 날은 사랑하는 사람에게 행운을 상징하는 은방울 꽃(작은 종 모양의 향기 있는 흰 꽃)을 가져다주는 것이 관례로 되어 있다. 이 날은 당연히 휴무일이다.

1.1.10. 선물 (offrir/recevoir un cadeau)

가. 선물주기

- Voilà	des fleurs	pour	vous.
- J'ai	un petit cadeau		toi.
- J'ai apporté			

- Je vous(t') ai apporté	un petit	cadeau.
		souvenir.
	des chocolats.	

- Tenez, j'ai pensé que ça vous ferait plaisir.
- Tiens, c'est pour toi.
- C'est pour vous, Madame.

나. 선물받기

선물을 받고 난 후, 다음과 같이 말할 수 있다.

- Je peux l'ouvrir ?
- Merci, c'est très gentil.
- C'est magnifique!

이 밖에도 다음과 같은 표현으로 답할 수 있다.

- Vraiment, c'est trop gentil!

- Oh! Ce n'était pas la peine!
- Oh! Mais il ne fallait pas!
- Vous n'auriez pas dû!

그러나 이런 표현들은 선물을 가져온 것에 대한 예의상의 표현법이지, 글자 그대로의 의미를 지니지 않는다.

LANGUE-CULTURE

도움을 준 사람에게 감사의 표시를 하고자 할 때, 선물을 준비하는 것은 그 한 가지 방법이 될 수 있을 것이다. 선물로는 지나치게 값이 비싼 물건이나 특별한 의미를 지니는 물건을 선물하는 데는 신중해야 한다. 선물로는 인기 있는 문학작품이나 상대방의 관심의 대상이 되는 운동, 예술, 취미, 요리 등에 관한 책 또는 음악 CD 등이 일반적으로 무난하고, 상대방이 성인 남자인 경우 술을 준비하는 것도 괜찮을 것이다. 프랑스 가정으로부터 식사 초대를 받을 경우, 초대받은 사람은 그 가정주부에게 작은 선물을 준비하는 것이 보통이다. 어떤 경우에든 꽃을 가져간다면 무리가 없을 것이고, 남편과 친하다면 술을 가져갈 수 있고, 그 가정에 어린 아이가 있다면 사딩이니 초콜릿 따위도 적당할 수 있다. 그러나 붉은 색 장미나 향수를 선물하는 데는 신중해야 한다. 왜냐하면 이런 선물은 붉은 색은 정열을 나타내고, 향수는 개인적인 관심의 표현으로 받아드려질 수 있다는 점에서 오해를 불러일으킬 소지가 있기 때문이다. 상점에서 물건을 사면서 점원에게 예컨대 "C'est pour offrir."라고 말한다면 선물상자를 만들어 줄 것이다. 그리고 선물을 배달시킬 경우에는 방문 카드로 "Avec mes remerciements."이란 메시지를 남기는 것을 잊지 말아야 할 것이다

1.1.11. 전화 (téléphoner)

☞ 인사(1.1.1), 사람에 대한 묘사(2.3.), 행위의 요구(4.1.), 쇼핑(2.12.)

가. 대화의 시작

전화를 걸 때는 우선 "Allô ?"로 대화자를 확인한 후, 자신을 소개하고 나서 인사를 하고, 이어 대화자를 바꾸어 달라는 순서를 취한다.

1. 대화자 확인하기

- Allô ?
- C'est bien le 02 42 61 58 46 (zéro deux quarante-deux soixante et un cinquante-huit quarante-six) ?

- Je suis bien	chez	M. Cadiou ?
	au	01 25 47 34 12 ?

- C'est bien le poste de M. (Mme) Cherel ?
- C'est toi, Pierre ?

2. 자신이 누구인지를 밝히고 인사하기

- Allô, c'est Michel. Bonjour, Olivia.
- Allô, Monsieur Tcheng à l'appareil, bonsoir!
- Allô, ici John. Bonjour! Ça va ?
- Allô, c'est Jacques. Bonjour!

3. 바꾸어 달라고 요구하기

- Je	voudrais	parler à Mme Kim, s'il vous plaît.
	désire	

- Pourrais-je		parler à Mlle Kim	(s'il vous plaît) ?
- Est-ce que je	peux		
	pourrais		

- Je voudrais le poste 546.
- Le Service des réservations, s'il vous plaît.
- Pourriez-vous me passer la comptabilité ?
- Puis-je parler à monsieur le directeur ?
- Je désire parler à Monsieur Petit.
- Est-ce que Marie est là, s'il vous plaît ?
- Tu pourrais me passer Louis, s'il te plaît ?

나. 응답하기

1.전화 받고나서 전화 받는 사람 또는 장소 밝히기

- Allô ?
- Oui, allô. J'(Je vous) écoute.
- Allô, société Cortex, bonjour.

- Institut Français, bonjour.
- Entreprise Lagaffe, j'écoute.
- Bonjour, ici monsieur Didier, de la société Venluxe.
- Allô, bonsoir, Gabriel Requier à l'appareil.
- Bonjour, c'est Maria.
- Allô ? C'est Irène.
- C'est moi!
- C'est | lui-même.
elle-même.

2. 상대방이 누구인지를 묻기

- (C'est de) la part de qui ?
- Qui est à l'appareil ?
- Vous êtes madame (monsieur) ... ?

3. 바꾸어 달라는 요구에 답하기

- Ne quittez pas.
- Un moment, s'il vous plaît.
- Je vous la (le) passe.
- Veuillez attendre un instant, je vais le (la) chercher.
- Ne quittez pas, je vous prie. Je vais | vous passer | la communication.
M. Kim.
| l'appeler.

4. 찾고 있는 사람과 연결할 수 없을 경우

- Il(Elle) est en ligne, vous patientez ?
- Il(Elle) est en rendez-vous à l'extérieur.
- Il(Elle) est en réunion.
- C'est occupé.
- Je regrette, il est en communication.
- Préférez-vous attendre quelques instants ou rappeler ?
- Il(Elle) n'est pas | là aujourd'hui ?
dans son bureau ?
- Il(Elle) est absent(e) pour le moment.
- Vous pouvez rappeler plus tard ?
- Voulez-vous lui laisser un message ?
- Il(Elle) est parti(e) déjeuner.
- Il(Elle) est à une conférence.
- Il(Elle) est en | congé.
vacances.

다. 전화가 잘못 걸려왔을 경우

- C'est un faux numéro.
- C'est une erreur.
- Vous vous êtes trompé de numéro.
- Quel numéro avez-vous fait ?
- Vous faites erreur.
- Je suis désolé(e), vous avez fait un mauvais numéro.

라. 전화번호를 잘못 걸었을 경우

- Ce n'est pas le 02 54 76 92 58 ? ... Excusez-moi, je me suis trompé(e).
- Excusez-moi de vous avoir dérangé(e), j'ai dû faire une erreur.
- Je suis désolé(e), j'ai fait une erreur.

마. 전화를 건 목적을 말하기

- Je téléphone pour prendre rendez-vous avec Madame Longuet.
- J'aimerais avoir des renseignements sur ...
- Je vous téléphone au sujet de ...
- Je voudrais savoir si ...

사. 기타 전화를 걸 때 필요한 표현들

1. 대화하려고 하는 사람이 부재 시

- Est-ce que vous savez	quand	il(elle) va revenir ?
- Savez-vous	à quelle heure	il(elle) sera là ?

- A quelle heure puis-je le(la) passer ?
- Quand est-ce que je peux le(la) joindre ?
- Est-ce que vous pouvez lui transmettre un message ?
- Dites-lui que Monsieur Galisson a téléphoné et qu'il rappellera.

- Pouvez-vous lui demander de me rappeler au 05 45 78 32 53 ?
- Est-ce que je peux laisser un message pour lui(elle) ?

- Je	vais	patienter.
	veux bien	attendre.

2. 통화 상태가 좋지 않거나 상대방의 말을 잘못 알아들을 때

- Pardon ?
- La ligne est mauvaise, je raccroche et je vous rappelle.
- Je vous entends très mal.
- Je ne vous entends pas bien.
- Pouvez-vous parler plus fort ?

- Pouvez-vous parler plus	fort,	s'il vous plaît ?
	lentement,	

- Excusez-moi je n'ai pas bien compris, pourriez-vous répéter, s'il vous plaît ?
- Je suis désolé(e), mais je ne parle pas très bien le français.

3. 통화를 잠시 중단할 필요가 있을 경우

- Excusez-moi, j'ai un autre appel,	vous pouvez patienter ?
	voulez-vous que je vous rappelle ?

- Ne quittez pas, je vais voir si elle est là.
- Ne quitte pas, je prends un stylo pour noter.

4. 전화를 종료할 경우

- Je vous remercie.	A bientôt, madame.
- J'ai été heureux(se) de pouvoir vous parler.	Au revoir, monsieur.
- Merci de m'avoir appelé(e).	
- Je vous remercie de votre appel.	

- Nous reparlerons de tout cela le 12 janvier, en attendant je vous souhaite une bonne journée.
- Je te quitte. A bientôt! Je t'embrasse.
- Je te remercie de ton appel.
- Ça me fait plaisir de vous parler.
- Merci pour les renseignements.

아. 자동응답기의 음성 녹음의 표현들

1. 통화 중일 경우

– Par suite d'encombrement, votre appel ne peut aboutir. Veuillez rappeler utérieurement.

– Toutes les lignes de votre corresponndant sont occupées, veuillez renouveler votre appel.

2. 없는 전화번호를 걸었을 경우

– Nous regrettons de ne pouvoir donner suite à votre appel. Veuillez consulter l'annuaire ou le centre de renseignements.

3. 수신자가 없을 경우

– Vous êtes bien au 01 99 56 76 12. Nous ne pouvons pas vous répondre actuellement, veuillez laisser votre message après le bip sonore.

– Vous êtes bien chez monsieur Didier. Je ne suis pas là actuellement. Parlez après le bip. Laissez-moi un message après le signal sonore.

자동응답기에 녹음하는 것을 두려워 할 필요가 없다. 외국어 학습자의 입장에서 외국어 메시지를 남기다는 것이 쉬운 일은 아니겠지만, 차분한 목소리로 다음과 같이 말하면 될 것이다.

– Bonjour! Madame Lee Mi-suk à l'appareil. J'appelais pour le renseignement de l'ordinateur. Est-ce que vous pouvez me rappeler au 01 45 38 76 52 ? Merci!

전화 통화의 특징이 상대방을 보지 않고 대화를 한다는 점에 있기 때문에, 말하는 태도나 예의는 당연히 목소리를 통하여 전달될 수밖에 없다. 따라서 어휘의 선택과 억양 등에 유의해야 한다.

LANGUE-CULTURE

전화 사용법

공중전화와 개인전화의 사용방법에 대하여 알아두어야 할 것들은 다음과 같다.

공중전화는 대개 공중전화 박스에 설치되어 있고, 대부분 전화카드를 사용한다. 전화카드는 우체국이나 담배 가게에서 판매한다. 다음은 전화카드를 사는데 사용되는 표현의 일례이다. ☞ 쇼핑 (2.12).

- Je voudrais une télécarte (carte téléphonique).
- Combien d'unités ?
- De quelle valeur ?
- Pour combien de minutes ?

우선 전화기를 들고 나서, 전화카드를 집어넣고, 연결음이 들리고 나면, 걸고자하는 상대방의 전화번호를 누른다.

모르는 전화번호를 찾는 방법으로는 전화번호부를 참조하는 방법, 12번을 눌러 안내원의 도움을 받는 방법, 미니텔(minitel)을 이용하는 세 가지 방법이 있다. 전화 안내원의 도움을 받고자 할 경우 다음과 같이 표현할 수 있을 것이다.

- Je voudrais un renseignement. Quel est l'indicatif pour la Suisse ?
- Avez-vous le numéro de téléphone de l'ambassade du Portugal ?

특히 미니텔을 이용한다면, 앞의 방법들보다 빠르고 쉽게 프랑스의 모든 전화가입자의 번호를 무료로 찾을 수 있다. 주소와 이름만을 제공하면 알 수 있다. 때로는 살고 있는 도시만으로도 알 수 있다. 미니텔은 모든 우체국에 있고, 신청만하면 누구나 소유할 수 있다.

전화사용료를 전화교환원을 불러 수신자에게 부담하게 할 수 있다. 다음은 전화 교환원에게 수신자 부담을 요구하는 표현의 일례이다.

- Je voudrais appeler un numéro en PCV(paiement contre vérification).

프랑스의 공중전화 박스에는 보통 외국에 전화를 걸 수 있는 정보들이 모두 게시되어 있다. 프랑스의 공중전화 박스에는 보통 외국에 전화를 걸 수 있는 정보들을 모두 게시되어 있다. 다음은 공중전화 박스에 게시된 공중전화 사용법에 대한 설명이다.

> & france telecom
>
> Avec une Télécarte, une Carte France Télécom, une carte à code ou une Carte Bancaire, toutes les cabines sont à vous.
>
> 01 41 84 54 32
>
> **Pour téléphoner**
>
> Assurez-vous de disposer du crédit nécessaire à votre appel ou à l'utilisation des services payants
> 1. Décrochez 2. Introduisez une carte 3. Suivez les instructions et numérotez.
>
> **Pour appeler l'étranger**
>
> Avec une télécarte ou une Carte Bancaire :
> Composez le 00 + indicatif pays + numéro du correspondant
>
> | Indicatifs | | Espagne | 34 | Maroc | 212 | Royaume-Uni | 44 |
> |---|---|---|---|---|---|---|---|
> | Algérie | 213 | Etats-Unis | 1 | Pays-Bas | 31 | Sénégal | 221 |
> | Allemagne | 49 | Italie | 39 | Portugal | 351 | Tunisie | 216 |
> | Belgique | 32 | Japon | 81 | Roumanie | 40 | Turquie | 90 |
>
> **Service Cabine**
>
> **Prix des appels et mode d'emploi des services**
>
> Service dépannage cabine 1013 — Tapez * puis 802 (Appel gratuit)
> introduire une carte pour obtenir le service
>
> **Recharger son Mobile**
>
> introduire une carte et suivre les instructions — Tapez * puis 899 (Appel gratuit)
>
> **Déposer un message : La touche verte**
>
> Pour laisser un message si votre corresponant est occupé ou ne répond pas : attendre et suivre les instructions à l'écran.
>
> **Appeler en PCV :**
>
> Le service n'est pas disponible vers les mobiles (06) ni vers l'international — Tapez 3006 et laisser vous guider
>
> **Numéro d'urgence**
>
> 112 Service d'unrgence européen — 18 Pompiers — 15 SAMU
> 17 Police — 115 Accueuil des sans abris

위의 설명에서 보는 바와 같이 공중전화 박스에 전화번호까지 게시되어 있어 그곳에서 전화를 받을 수도 있다. 공중전화와 비슷한 기능을 하는 실내공중전화기(points phone)를 사용할 수 있겠는데, 이것은 카페에서 볼 수 있다. 프랑스에서 공중전화로 우리나라로 전화를 걸 경우, 00 + 82(국가번호) + 0을 뺀 지역번호 + 수신자 번호를 누르면 된다.

개인 전화는 사전의 허락을 받지 않고는 사용해서는 안 된다. 다음은 개인 전화기의 사용을 위해 허락을 구하는 표현의 일례이다. ☞ 허락(4.13)

- Est-ce que je peux utiliser votre téléphone ?
- Vous permettez que j'utilise votre téléphone ?

허락을 받은 경우라도, 용건만으로 간단히 말할 수 있도록 할 것이고, 시외 전화나 국제 전화를 할 경우 비용을 내겠다고 말해야 할 것이다.

전화 사용료는 거리에 따라 사용 시간대에 따라 차등 요금이 부과된다. 이러한 차등 요금제는 tarif bleu(할증 요금), tarif blanc(보통 요금), tarif rouge(부과 요금) 라는 세 등급이 있다. 오후 10시 30분부터 새벽 6시 사이에 전화를 사용한다면, 전화통화료는 3배 이상 싸다. 그러나 이 시간대에 집으로 전화 거는 것은 아주 친한 사이가 아니라면 일반적인 예의에서 벗어나므로, 가능한 한 이 시간대에 전화하는 것은 피하는 것이 좋을 것이고, 또 식사 시간도 가급적 피하는 것이 좋을 것이다.

1.2. 대화활동 기능 (Fonction de l'acte de conversation)

1.2.1 긍정 대답(répondre "oui")

☞ 강조 (3.2.), 동의와 반대 (3.5.), 옳음과 그름 (3.6.)

가. 긍정의문문에 대한 긍정 대답

- Isabelle est venue ?

1. 말하는 것에 대하여 확신이 있을 경우

- Oui, j'en suis (absolument) sûr(e)!

- Mais oui!	Je l'ai vue.
- Oui, bien sûr!	
- Oui, tout à fait!	
- (Oui) évidemment.	
- Bien sûr que oui!	

- Oui, j'en mettrais ma main au feu!

2. 말하는 것에 대하여 확신이 없을 경우

- Oui, je pense.
- Je crois que oui.
- Apparemment, oui.
- Oui, il me semble.

3. 유감을 나타내면서 이를 표현하고자 할 경우

- Hélas, oui!

- Eh, oui!
- Malheureusement, oui!

말로 표현하지 않고 고개를 끄떡여서 대답한다든지, 단순히 "Oui."만으로 대답하는 것은 무례하게 보일 수 있다. 따라서 다음과 같은 호칭과 더불어 사용하든가 또는 질문한 내용을 다시 반복하여 답하는 것이 바람직하다. 예컨대, "Il est parti ?", "Tu as froid ?"라는 질문에 대한 예의바르고 분명한 대답은 다음과 같이 할 수 있을 것이다.

- Oui, | Monsieur.
  Madame.
  Mademoiselle.
  Monsieur le Directeur.
  Madame la Directrice.

- Oui, | il est parti.
  j'ai froid.

나. 부정의문문에 대한 긍정 대답

- Isabelle n'est pas venue ?

1. 확신이 있을 경우

- Si, bien sûr! | elle est venue.
- Bien sûr que si! |

- Oh! que si! Elle est même restée pendant 3 heures.
- Mais si, j'en suis sûr(e)! Je ne l'ai pas vue mais je le devine.
- Mais si, j'en mettrais ma main au feu! Je ne l'ai pas vue mais je le devine.

2. 확신이 없을 경우

- Si, je pense.
- Je crois que si.

3. 유감의 표명과 더불어 이를 표현하고자 할 경우

- Hélas, si.
- Mais si, malheureusement.
- Eh, si.

1.2.2. 부정 대답 (répondre “non”)

☞ 강조 (3.2.), 동의와 반대 (3.5.), 옳음과 그름(3.6.)

긍정 의문문이든 부정 의문문이든 부정 대답은 다음과 같다.

- Isabelle est venue ?
- Isabelle n'est pas venue ?

- Non.
- Non, non.
- Oh non!
- Mais non!
- Bien sûr que non!
- Non, bien sûr!
- Non, pas du tout.

고개를 흔들면서 또는 부정문을 반복하면서 대답할 수 있다.

- Patrick est là ?
- Non, il n'est pas là.

단호한 부정으로는 “Non, absolument pas!”, 의심쩍은 부정으로는 “Je crois que non.”, 유감을 나타내는 부정으로는 “Hélas, non!”, “Mais non, malheureusement!” 등을 쓸 수 있다.

GRAMMAIRE D'EMPLOI

긍정 또는 부정 의문문에 답하기

의문문의 대답의 유형은 긍정의문문에 대한 ① 긍정 대답과 ② 부정 대답, 부정문에 대한 ③ 긍정 대답과 ④ 부정 대답 4가지이다. ①의 경우의 대답은 “Oui.”이고, ③의 경우는 “Si.”이고, ②와 ④의 경우의 대답은 “Non.”이다. 부정의문문에 대한 대답의 경우 우리말의 어법과 다르므로 특히 주의해야 한다.

- Tu l'as trouvé ? ① - Mais **oui**, je l'ai trouvé.
② - Mais **non**, je ne l'ai pas trouvé.

- Tu ne l'as pas trouvé ? ③ - Mais si, **je** l'ai trouvé.
④ - Mais **non**, je ne l'ai pas trouvé.

아울러 'aussi'와 'non plus'의 사용에도 주의해야 한다. 'aussi'는 긍정문에 'non plus'는 부정문에서 쓰인다.

- Je parle français. (+) Et toi ?

- Moi aussi. (+)

- Moi non. (−)

- Je ne parle pas allemand. (−) Et toi ?

- Moi si. (+)

- Moi non plus. (−)

1.2.3. 대화의 시작 (amorcer une conversation)

대화자를 만나자 마자 "Il faut que je te raconte ... ", 또는 "J'ai quelque chose à vous raconter, écoutez ça......" 식으로 단도직입적으로 말하는 것은 절친한 사이나 시급한 상황이 아니고서는 거의 없다. 자연스럽게 화제에 접근하기 위하여 다음과 같은 표현들을 사용한다.

- Je vous (te) dérange ?
- Je ne vous (te) dérange pas ?
- Est-ce que je peux vous (te) déranger ?
- Est-ce que je peux vous (te) demander quelque chose ?
- Excuse(z)-moi de vous (te) déranger, mais
- Je peux vous (te) parler ?
- J'ai besoin de vous (te) parler.

Je voudrais vous (te) demander un conseil.
Je voudrais vous (te) demander votre (ton) avis sur...
Vous êtes au courant de ce qui s'est passé hier ?
J'ai un petit problème.

□ - Je peux prendre quelques minutes de | votre
ton | temps ?

개인적인 과거의 경험을 상대방에게 이야기하고자 할 경우 다음과 같은 표현을 사용하여 이야기를 시작할 수 있을 것이다.

- Si vous saviez ce que j'ai entendu.
- Je ne t'ai pas raconté...
- Voilà ce qui s'est passé.
- Tu ne sais pas ce qui m'est arrivé ?
- Tu connais la dernière ?
- Rappelle-toi, c'était en 64.
- Ah oui, je me souviens, voilà...
- Je ne me souviens pas très bien, mais je crois que cela a commencé comme ça.

기차나 비행기 또는 호텔 등에서 처음으로 만나는 사람에게 질문을 해도 괜찮은 내용이 있고 질문해서는 안되는 내용들이 있다. 누구에게나 공통적인 관심사나 일상적 정보 등의 질문은 전자에 속하나, 대답하기 어려운 주제에 관한 내용이나 개인적인 사생활에 관한 질문은 후자에 속한다. 이들을 예시하면 다음과 같다.

질문할 수 있는 내용들

- Il fait chaud, n'est-ce pas ?
- Il va pleuvoir ?
- Vous connaissez bien cet endroit ?
- Vous venez souvent ici ?
- C'est la première fois que vous venez ici ?
- Vous êtes en vacances ?
- Vous aimez cette musique ?
- Ça vous plaît, la soirée ?

- Comment trouvez-vous l'ambiance ici ?
- Vous êtes français(e) ?
- Vous êtes touriste ?

질문할 수 없는 내용들

- Vous avez quel âge ? = Quel âge avez-vous ?
- Vous êtes marié(e) ?
- Vous êtes communiste ?
- Combien vous gagnez ?
- Vous êtes pour la peine de la mort ?
- Vous êtes | bouddhiste ? / protestant ? / catholique ?
- Vous avez une montre ?

"Vous avez une montre ?"와 "Vous avez l'heure ?"(시간을 묻는 표현)를 혼동해서는 안 될 것이다.

1.2.4. 화제의 전환, 화제의 집중과 대화의 종결 (changer de sujet de conversation, attirer l'attention sur un sujet et terminer une conversation)

가. 화제를 바꾸기

화제를 바꾸기 위하여 사용하는 표현은 다음과 같다.

- Je crois que nous avons tout dit.
- Je n'ai rien à ajouter.
- Passons à autre chose.
- Passons au point suivant.

바꿀 화제가 앞의 화제와 어느 정도 연관된 내용일 경우, 다음과 같이 표현할 수 있다.

- A propos, tu as vu Catherine dernièrement ?
- Au fait, tu as des nouvelles de Philippe ?
- Ça me fait penser que / Ça me rappelle que | je dois acheter des timbres.

주제를 지적하여 화제를 바꿀 경우 다음과 같이 표현할 수 있다.

- A ce propos (A ce sujet), je dois vous dire que la réunion est à 14 h.
- Au sujet de (Quant à) votre promotion, nous en discuterons plus tard.
- En parlant de ça, j'ai fait un drôle de rêve.
- Pour revenir à la question, ...

나. 화제에 관심을 집중시키기

- J'attire votre attention sur le fait que je n'ai pas encore été payé(e).
- Remarquez qu'il n'a rien promis.
- Je voudrais vous faire remarquer que c'est de ma responsabilité.
- N'oubliez pas que le rendez-vous est à 9 heures.
- Je te signale que tu n'as pas toujours dit ça.

다. 대화의 종결을 요청하기

<table>
<tr><td>- (Attends...) Laisse-moi
- Je peux</td><td>terminer!
finir!</td></tr>
</table>

- Tu permets que je termine ?
- Tu me permets de terminer ?
- Je voudrais terminer, s'il vous plaît.

때로는 대화의 종결을 어떤 핑계를 들어 간접적으로 이를 요구할 수 있다. 다음은 대화의 장소를 떠나야 한다는 핑계를 들어 이를 표현한 경우이다.

<table>
<tr><td rowspan="3">- Bon, eh bien,
- Bon, alors, excusez-moi, mais</td><td colspan="2">je dois m'en aller.</td></tr>
<tr><td>(il) faut</td><td>que je m'en aille.
que je parte.
que je rentre.</td></tr>
<tr><td>je suis obligé(e) de</td><td>m'en aller.
partir.
rentrer.</td></tr>
</table>

- On se revoit lundi ?
- De toute façon, on se téléphone ?

◇ - (Il) faut qu'on se revoie, hein ?

1.2.5. 대화의 중간 휴지 (gagner du temps pour réfléchir à ce qu'on va dire)

특별한 뜻이 없이 대화자와 의사소통을 유지하기 위해서 또는 다음 말을 준비하기 위해서 또는 자신의 말이 끝났다거나 아직 끝나지 않았다는 것을 알리기 위해 사용되는 표현들이 있다. 이와 같이 중간 휴지(pause)의 역할을 하는 표현들 가운데 자주 쓰이는 표현들을 예시하면 다음과 같다.

가. 말을 처음 시작할 경우

"Je vais dire quelque chose."의 의미로의 휴지

- Voilà ...
- Eh bien ...
- Eh bien, voilà ...
- Bien, euh ...
- Alors ...
- Bon alors ...
- Tu sais ...
- Tu vois ...
- Au fait ...
- Finalement ...
- Pour moi ...
- Moi, ce que je pense, c'est ...

◇ - Ben ...

◇ - Euh ...

나. 말을 하는 도중에서

"Je n'ai pas fini ..."의 의미로서의 휴지

- ... alors ...
- ... donc ...
- ... et puis ...
- ... ensuite ...
- ... et puis ensuite ...
- ... et de toute façon ...
- ... et en tout cas ...

- ... et ...
- ... mais ...
- ... et enfin ...

◇ - ... euh ...

다. 대화의 말미나 대화 도중 대화자 간에 휴지가 필요할 때

- ... n'est-ce pas ?
- ... tu vois ?
- ... tu sais ?
- ... tu ne crois pas ?

◇ - ... quoi ?

이러한 표현들이 사용된 경우를 예시하면 다음과 같다.

◇ - **Alors**, tu viens avec nous, **hein** ? (hein = n'est-ce pas ?)
◇ - **Euh, c'est-à-dire que** je (ne) sais pas si je suis libre. **Et puis, tu sais**, les films policiers, ça (ne) m'intéresse pas tellement. **Enfin**, je te dirai ça demain, d'accord, **hein** ?

- **Au fait**, cet examen, ça s'est bien passé ?

◇ - **Oh, tu sais, hein** ? On (n')est jamais sûr d'avoir bien fait. Mais je crois que je (ne) m'en suis pas trop mal tirée, **quoi**. **De toute façon**, ça ne compte que pour vingt pour cent de la note finale, alors...

- **Alors**, comment as-tu pu faire une telle erreur ?
- **Eh bien voilà**, je t'explique. J'avais la grippe... **et puis en plus euh**, j'étais fatigué... **alors, bon, tu sais hein** ? Quand on est comme ça, on (ne) fait pas toujours très attention, **quoi**. **Et puis ensuite** il y avait un monde fou dans le magasin. **Finalement**, je (ne) savais plus où j'en étais, **tu comprends** ? **Alors**, je me suis trompé de facture. Tout simplement. **Voilà**. Je suis désolé.

1.2.6. 발언권과 발언권 유지 요구 (à moi de parler)

대화 도중에 상대방의 말을 중단시키고 자신이 말하고자 할 경우나 상대방이 원하지 않는다 하더라도 계속적으로 말을 하겠다고 표현하는 방법은 다음과 같다.

가. 대화에 개입하기

상대방이 대화의 개입을 요구하지 않는다 하더라도 대화에 끼어들고자 할 경우

- Moi, je pense que ...
- Moi, ce que je pense, c'est que ...
- Ecoutez, / Ecoute, ...
- Mais ...
- Oui, mais ...
- Mais non ...
- Exactement ...
- Justement ...
- D'accord, mais
- Attendez ... / Attends ...

☞ 긍정 대답 (1.2.1.), 부정 대답 (1.2.2.), 동의와 반대(3.5.), 옳음과 그름 (3.6.)

나. 발언권을 요구하기

상대방의 발언을 중단시키고 자신이 말하겠다고 요구할 경우 다음과 같은 표현들을 사용할 수 있다.

- J'ai quelque chose à dire.

- Je peux dire un mot ? (= Vous pouvez me laisser parler ?)
- Laissez-moi parler!
- Je demande la parole! (회의 도중 발언을 신청하는데 사용되는 표현임.)
- Désolé de vous interrompre, mais ...
- Si je puis me permettre ...
- Ecoute, il faut que je te dise quelque chose.
- J'ai une question à poser.
- Dis donc, je voulais te demander une chose ...

□ - Je voudrais intervenir.

다. 하던 이야기를 계속하겠다고 요구하기

- Attends, attends, je continue.
- Permettez, je finis ma phrase. (= Vous parlerez après.)
- Vous permettez que je termine ?
- Je peux continuer ?
- Je peux finir ?
- Permettez, je serai bref.
- Laissez-moi terminer, messieurs!
- Je voudrais juste dire un mot.
- Bon, écoute-moi!

◇◇ - Je pourrais en placer une ? (= Je pourrais placer une phrase dans la conversation ?)

1.2.7. 발언에 대한 격려 또는 유도 (à vous de parler)

말을 하도록 격려하거나 유도하기

상대방이 말을 하려고 하지 않을 때, 말을 재촉하거나 격려하기 위해 다음과 같은 표현들을 사용할 수 있다.

- Dis donc, Edouard, (tu sais que ...)
- Dites, Madame Vincent, (vous n'auriez pas vu ...?)
- Alors, (qu'est-ce que tu penses de ...?)
- Au fait, (il est venu, finalement ?)
- Et toi, qu'en penses-tu ?

- Vous n'êtes pas de mon avis ?
- Et toi, tu ne dis rien ?
- Dis ce que tu as à dire.
- Robert ?
- Pardon, je t'ai interrompu.
- La parole est à Monsieur Martin.
- Et toi, ton avis ?
- Allô, oui, ..
- Y a-t-il des questions ?
- Qu'avez-vous à dire pour votre défense ?
- Raconte-moi une histoire, papa.
- Allez, raconte!
- Qu'est-ce que tu voulais me dire ?
- C'est à toi.
- Je vous écoute.
- Tu voulais dire quelque chose ?
- De quoi s'agit-il ?

하던 이야기를 계속하도록 요구하기 위해서는 다음과 같이 표현할 수 있을 것이다.

- Vas-y, ne sois pas timide.
- Rien à ajouter ?
- Alors ?
- Alors, qu'est-ce que tu as fait après ?

1.2.8. 작은 소리 또는 침묵 요구 (demander à quelqu'un de parler moins fort, de se taire)

☞ 행위의 요구(4.1.)

가. 영화관이나 공연장에서

- Pardon, Monsieur (Madame), est-ce que vous pourriez parler un peu moins fort, s'il vous plaît ?
- Ne parlez pas si fort, s'il vous plaît ?
- Un peu de silence, s'il vous plaît!
- Chut!

◇ - Pas si fort! Je n'entends rien!

◇ - Silence!

나. 잘 알고 있는 사이나 어린 아이에게

- Chut! Je n'entends pas.
- Tais-toi!

◇ - Je ne suis pas sourd.
◇ - Je (ne) t'ai rien demandé!
◇ - On (ne) t'a pas sonné!

다. 교사가 교실에서 학생들에게

- Taisez-vous!
- Silence!
- Maintenant, on se tait!
- Chut ...
- Vous pouvez faire moins de bruit!
- Un peu de silence, s'il vous plaît!
- S'il vous plaît, le cours va commencer ...
- Est-ce que vous pourriez vous taire!
- Ça suffit.

위에서 보는 바와 같이 조용히 하라는 명령은 'se taire', 'faire moins de bruit'등과 표현을 명령법, 조건법, 직설법 현재, 'pouvoir + 부정법'으로 표현할 수 있고, 또 'Chut', 'Silence'와 같은 감탄문을 사용하여 표현할 수 있지만, 다음과 같은 간접적인 표현을 사용할 수도 있다.

◇ - Je veux entendre voler une mouche!
◇ - Vous vous croyez sur la place du marché ?
◇ - On vous entend à 10 Kms!
◇◇ - On se croirait dans un poulailler ici!

이러한 간접적 표현들은 일상적인 의사소통의 상황에서 많이 사용되고 있다. 그러나 이에 대한 완벽한 목록을 작성하기란 어려울 것이다. 왜냐하면 간접적인 표현은 대화자, 주제, 대화자의 경험, 대화의 상황 등의 특징에 따라 매우 많고 다양하기 때문이다.

"Tais-toi!"나 "Taisez-vous!"라는 표현이 언제나 말을 하지 말라는 의미를 지니는 것은 아니다. 다음 문장에서 이 표현은 "Je le sais bien."이라는 의미를 지닌다.

-(Il) Paraît qu'il y a eu une manifestation au centre ville, hier soir.
-Tais-toi! Tais-toi! J'y étais. J'ai failli me faire écraser par un car de police!

"La ferme!", "Ferme-la!", "Ecrase!", "Ta gueule!", "Vos gueules!" 같은 표현은 매우 저속하거나 공격적인 표현이다.

LANGUE-CULTURE

1. 영화

프랑스 사람들이 영화관을 찾는 빈도가 많이 낮아지고 있고, 프랑스 영화의 '위기'라는 말이 주기적으로 회자되고 있기는 하지만, 많은 사람들은 아직도 완전히 독립한 예술로 간주되는 제7의 예술인 영화 보기를 즐긴다. 일상 대화에서 감독의 이름을 들먹이면서 보았던 영화에 대하여 이야기를 하는 것을 좋아한다.

영화 관람이 연극 관람보다 많은 사람들이 선호하는 문화적 여가 활동인 것은 분명하다. 관람료가 연극보다 저렴하고 예약을 하지 않아도 되기 때문이다(파리의 어떤 영화관은 예약을 하는 경우도 있긴 하다). 영화를 정열적으로 좋아하는 사람들은 영화 클럽에 등록하거나, 영화수집 모임의 회원이 되기도 한다. 이를 통해 일반 대중에게 잘 알려지지 않는 좋은 고전 영화들이나 예술성 있고 시도적인 영화들을 만날 수 있기 때문이다.

영화 페스티벌은 또한 중요한 행사 가운데 하나이다. 그 가운데 가장 유명한 페스티벌은 매년 5월에 개최되는 칸느 영화제(festival de Cannes)로, 이 때쯤이면 연출자들에 의해 발굴될 지도 모른다는 기대 속에서 La Croisette (칸느의 해변을 낀 긴 도로)에서 사진을 찍는 신인 여배우들을 보게 된다. 배우들, 유명 감독들을 중심으로 구성된 심사위원은 최고의 영화에 황금 종려상을 수여한다.

6월에는 영화 축제가 있는데, 이 날에는 아주 저렴한 가격으로 많은 영화를 감상할 수 있다.

프랑스에서 상연되는 대부분의 외국영화들은 더빙되어 있다. 다시 말하자면 외국 배우의 음성이 프랑스인의 목소리로 녹음되어 있다. 더빙되지 않은 영화는 원어판 영화(version originale : VO)이다.

영화에 관한 정보를 얻기 위해서는 신문에 제시된 영화 프로그램이나 전문 잡지(파리의 가장 대표적인 영화 전문잡지로는 *L'Officiel des spectacles et Pariscope* 가 있다)를 참조하면 될 것이다.

극장 안내원(입장권을 점검하여 지정된 좌석으로 안내하는 여자 종업원)에게 봉사료를 주는 것이 일반적이다. 어떤 영화관에서는 종업원이 본 영화를 시작하기 전 광고시간을 이용하여 통로에서 초콜릿 아이스 바(초콜릿으로 덮힌 막대 아이스)나 기타 사탕 과자를 판매한다. 무엇인가를 사려고 한다면 손을 들어 표하면 될 것이다. 그러나 오늘날 이러한 전통은 사라지고 있다. 많은 영화관에서 안내원이나 초콜릿 아이스 바를 보기 어렵게 되었다.

영화관에 늦게 도착했을 경우, 너무 늦지 않았거나, 설사 늦었다 하더라도 영화를 관람하고자 한다면 입장할 수 있다. 이 때 관람객에게 가능한 한 피해를 주지 않으면서 어두움 속에서 자리를 찾아 가야 할 것이다.

2. 연극이나 콘서트

연극과 콘서트의 경우 관람요금은 상당히 다양하다. 회원으로 등록하여 일년 정기권을 구입하거나 여러 연극이나 콘서트 티켓을 한 번에 구입할 경우 훨씬 저렴한 가격으로 관람할 수 있다. 입장료는 좌석의 번호에 따라 좌우된다. 음료를 마시면서 관람할 수 있는 카페 연극장도 있다. 콘서트의 경우 항상 실내에서만 행해지는 것은 아니고 성당이나 심지어 여름에는 노천에서 공연이 이루어지기도 한다.

프랑스의 여름은 음악과 연극 축제를 위한 계절이다. 7월이면 Avignon에서는 연극 축제(Festival d'Avignon)가 있고, Aix-en-Provence에서는 오페라 축제(Festival d'Aix-en-Provence)가 있으며, Juan-les-Pins과 Nice에서는 재즈 축제(Festival de Jazz)가 있다. 또 파리에서는 6월과 11월의 축제를 빠뜨릴 수 없는데, 가장 잘 알려진 것만을 들자면 6월 21일에 있는 음악축제이다. 이 때쯤이면 모든 도시의 거리가 오케스트라의 향연으로 가득 차 축제 즐거움을 느낄 수 있게 된다. 또 대중적인 전통으로 이어 내려오고 있는 서커스단은 이 도시에서 저 도시로 옮겨 다니면서 큰 천막을 치고 어릿광대나 조련사, 곡예사 등의 프로그램을 선보인다.

서신, 전화, 미니텔, 또는 연극장의 지역 사무실을 직접 찾아가 연극, 콘서트, 오페라의 입장권을 예약할 수 있다(시작 날짜와 종료 날짜에 유의해야 한다). 빨리 예약을 하면 할수록 분명 좋은 좌석을 그 만큼 얻을 수 있을 것이다. 좋은 좌석이라 함은 1층 객석(parterre)이나 2층 발코니(corbeille)에 있는 좌석이며, 맨 꼭대기 관람석(paradis 또는 poulailler)은 가장 싼 좌석이다. 또한 좋은 좌석은 무대 정면 또는 측면에 위치한 좌석이라는 것을 알아둘 필요가 있다.

과거에는 연극을 보러가는 즐거움에는 우아하게 옷을 차려입고 가는 즐거움이 동반되었었다. 야회복에 보석, 턱시도에 나비넥타이를 차려 입었었다. 그러나 오늘날에 이르러서는 공연에 앞서 관련자들 앞에서 마지막으로 하는 총연습이나 시사회의 경우를 제외하고는 평상의 의복을 입는 경향이 있다. 그 이외에도 특별 공연과 같은 예외적인 관람행사의 경우 야회복 착용이 엄격히 지켜지고 있다.

연극장에서는 영화관의 경우와 달리 국립 연극공연장에서 안내원에게 봉사료(팁)를 주지 않는다. 다만 사립 연극공연장에서는 팁을 주는 것이 보통이다. 연극장에서는 영화관과 달리 초콜릿 아이스 바를 먹거나 팔지 않는다. 외투나 성가신 물건은 보관소에 무료로 보관할 수 있다. 공연이 시작하거나, 쉬었다가 다시 시작할 때 [공연도중의 휴식시간을 간막(entracte)이라 부른다]에는 종소리로 이를 알리게 된다. 이때를 이용하여 원한다면 공연장의 휴게실에 가서 간단한 음료를 마실 수 있다. 공연 도중이나 공연 종료 시 박수는 칠 수 있으나, 휘파람을 불어서는 안 된다. 공연이 훌륭하였을 경우 관객들은 박수로 배우들을 무대로 다시 불러낼 수 있다. 3번에서 5번 또는 그 이상 불러낼 수 있을 것이다. 콘서트의 경우 청중의 열화에 부응하기 위하여 지휘자는 공연한 곡들 가운데에서 짧게 뽑아 다시 연주하게 된다. 이를 "앙콜(bis)"라 부른다. 그러나 연극의 경우 열광하는 관객에 답하기 위하여 배우들이 수차에 걸쳐 다시 무대에 등장하는 것으로 끝낸다.

연극은 물론이고 콘서트 또는 무용발표장의 경우 관객이 늦게 도착했을 경우, 입장하지 못할 수 있다. 한 막이나 한 장이 끝날 때까지 기다린 다음에야 입장할 수 있을 것이다. 그런데 파리의 연극장의 경우 몇분 늦어도 괜찮을 수 있다. 왜냐하면 파리에서 연극은 15분 늦게 시작하는 것이 보통이기 때문이다. 이를 '파리의 15분(le quart d'heure parisien)' 이라 부른다.

1.2.9. 무지와 이해 또는 몰이해 (dire son ignorance, dire qu'on comprend/qu'on ne comprend pas quelque chose)

가. 모른다고 말하기

1. 공손한 대답

– Je suis désolé(e)	je ne sais pas. mais je ne peux pas vous le dire.

□ - Je l'ignore. (Excusez-moi.)

2. 성가신 질문에 대한 조급한 대답

- (Mais...) Je n'en sais rien, moi.

□ - Comment | voulez-vous / veux-tu | que je le sache ?

3. 전혀 아무 것도 모를 때

- Je n'ai pas la moindre idée.
- Je n'en sais (absolument) rien.
- Je ne sais pas du tout.

- Ça, je n'en sais rien.
- Je n'en ai aucune idée.
- Je n'en ai pas la moindre idée.

◇ - Aucune idée.

나. 이해한다고·이해하지 못한다고 말하기

- C'est clair ?
- D'accord ?
- Vous comprenez ce que je veux dire ?

- Vous voyez ?
- Oui, | je comprends.
  | j'ai compris.
- C'est clair.
- Pas de problème.
- Ah! Je comprends maintenant!
- Ah! Voilà!
- Je ne comprends | pas très bien.
  | pas du tout.
- Excusez-moi, | je n'ai pas très bien saisi.
  | je n'ai pas bien saisi. (saisi = compris)

◇ - Ah! J'y suis!

"Je n'ai pas très bien compris."는 조금 이해하였을 뿐 매우 잘은 이해하지 못했다는 것을 나타내며, "Je n'ai pas bien compris."는 잘 이해하지 못했다는 뜻이다.

- Je n'ai pas pu suivre (la conférence). (suivre = comprendre)

□ - Excusez-moi, je n'ai pas très bien compris.

◇ - J'ai rien pigé (à ce qu'il a dit). (pigé = compris)

"Ah bon"이란 표현은 좋다는 의미로만 쓰이는 것이 아니다. "Je comprends."이란 의미로 나쁜 소식에도 쓰일 수 있다.

- Il n'est pas venu, parce qu'il était malade.
- Ah bon!

억양을 사용하여 놀라움의 정도를 표시할 수있다.

- Ah bon! (매우 놀랐다라는 의미)
- Ah bon ? (약간 놀랐나라는 의미)

어떤 낱말이나 내용을 부분적으로 이해하지 못했을 경우 다음과 같이 표현할 수 있을 것이다.

- Je ne comprends pas ce mot.
- Qu'est-ce que ça veut dire ?

반복의 요구(1.2.10.)를 통해 이해하지 못했음을 간접적으로 표현할 수 있을 것이다.

1.2.10. 반복의 요구 (demander de répéter)

가. 이해하지 못했을 경우

- Comment ? | Je n'ai pas bien entendu.
- Pardon ? |

- Qu'est-ce que vous dites ? (= Je n'ai pas entendu. / Je n'ai pas compris.)
- Vous pouvez répéter, s'il vous plaît ?
- Qu'est-ce que tu viens de dire ?
- Qu'est-ce que vous voulez dire ? (= J'ai bien entendu mais ce que vous dites, c'est incompréhensible.)
- Je ne comprends pas ce que tu dis là. (위의 문장과 같은 의미로서 "내가 이해하지 못한 이유는 너의 잘못이다."라는 의미를 내포한다.)
- C'est-à-dire ?
- Je n'y comprends rien.
- Je n'ai pas bien compris.
- Je ne vois pas du tout où tu veux en venir.

□ - Pourriez-vous parler un peu | plus fort, / moins vite, | s'il vous plaît ?

◇ - Quoi ?
◇ - Hein ?

위의 표현 가운데 "Qu'est-ce que vous voulez dire ?"와 "Je ne comprends pas ce que tu dis là."는 "내가 이해하지 못한 이유는 너의 잘못이다."라는 의미가 함축되어 있다.

"Quoi ?"나 "Hein ?"은 친한 관계에서나 사용하는 표현이므로 그 사용에 유의해야 할 것이다.

나. 사람의 이름이나 장소 등을 잘못 들었을 때

- Qui ?
- Où ?
- Quand ?

- A quelle heure dites-vous ?
- Le (La/Les) quoi ?
- Le combien ?

◇ - Qui ça ?
◇ - Où ça ?
◇ - Quand ça ?

- Tiens, Carsac est passé hier.

◇ - Qui ça ?

- Il est allé à un congrès à Séoul.
- Où ça ?

- Il va falloir démonter le carburateur.
- Le quoi ?
- Comment avez-vous dit ?

"Comment ça ?"는 때로 설명을 요구하는 표현으로 사용될 수 있다.

잘못 들었을 경우 다음과 같이 다시 확인할 수 있다.

- Vous avez bien dit	200 euros ? trois heures ?	
- C'est bien	la deuxième porte la première cabine	que vous avez dit, non ?

상황에 따라서는 여러 가지 방법으로 반복을 요구할 수 있을 것이다.

- Je suis étranger, pouvez-vous parler moins vite ?
- Excusez-moi, je ne faisais pas attention.
- Mais qu'est-ce que tu racontes ?

1.2.11. 요약 (résumer)과 결론 (conclure)

가. 요약하기

이야기를 하거나 설명을 하면서 자세한 설명을 피하고자 할 경우 다음과 같은 표현들을 사용한다.

- Pour résumer, je dirai que ...
- Je résume en quelques mots ...

- En bref ...
- En peu de mots ...
- Donc ...
- Bref ...
- Enfin, bref ...
- En résumé, ...
- En somme, ...

□ - Grosso modo ...

◇ - En gros ...

나. 결론짓기

- En définitive, vous prenez cet appartement ou non ?
- En fin de compte, vous partez en juillet ou en août ?
- Finalement, il est parti avec eux ?

- En conclusion, il doit se reposer plus longtemps.
- Pour conclure, on peut dire que ce qu'il a prouvé est évident.

2. 상황설명 기능 (Fonction référentielle)

2.1. 지적 (désigner)

가. 사물에 대하여

보이는 물건에 대하여서는 손으로 지시하면서 다음과 같이 지적할 수 있다.

- Regardez (Regarde) ça.
- Voilà la veste que je veux.
- Montrez-moi ce disque-là, s'il vous plaît.
- Je prends cette bouteille-là.
- Ces pommes-là, elles sont mûres ?
- Non, celui-là est trop grand.
- Je préfère celle-là.
- Je préfère celle-ci...
- Rouen, c'est ma ville.

위의 "Rouen, c'est ma ville."라는 문장에서 'ville'이라는 낱말에 소유 형용사가 사용되었다 해서 이 문장의 의미가 Rouen이 내 소유라는 것을 의미하는 것이 아니고, "C'est la ville où j'habite." 또는 "C'est la ville où je suis né."라는 의미이다.

지적하는 명사가 여러 개일 경우 손으로 지적하면서 지시 대명사나 지시 형용사를 사용할 수 있지만 (예를 들어서 "Donne-moi ce journal!"), "Je ne connais pas cette ville."에서와 같이 그것이 하나 밖에 없거나 무엇인지를 알고 있을 경우는 손으로 지적하면서 말할 필요 없다.

- La semaine dernière, je suis allé à Rouen, c'est très joli
- Je ne connais pas **cette** ville.

물건이 지닌 특징을 표현하여 다음과 같이 지적할 수 있다.

1. 지시 대명사 + 형용사 구(절) (de + 형용사)

- Celui Celle Ceux Celles	de gauche de droite. d'en haut. d'en bas. du milieu ... de Pierre.

- Celui qui est en vitrine.
- Celle qui a un petit drapeau.

2. 명사적 용법의 형용사

Le vert. Le rouge. La blanche. Le grand. La petite.
Les gros. Le premier. La deuxième à droite.

- Voilà deux dictionnaires : le noir est plus épais que le bleu.

3. 형용사의 수식

- Le grand immeuble au coin de la rue.
- La petite maison verte près de la gare.

상점에서 물건을 살 경우, 다음과 같은 표현은 매우 유용하게 쓰인다.

- Un (deux ...) comme ça.
- Un (deux ...) de ceux-là.

예를 들어서 빵 가게에서 이름을 모르는 어떤 케이크를 사고자 할 경우 다음과 같은 표현을 사용할 수 있을 것이다.

- J'en voudrais un(e) comme ça, s'il vous plaît.

- Donnez-m'en deux de | ceux-là, / celles-là | s'il vous plaît.

나. 사람에 대하여

- Voilà Suzanne.
- C'est Suzanne.
- C'est | le frère / la soeur | de Suzanne.

명사적 용법의 형용사나 간단한 말로 수식하여 다음과 같이 표현할 수 있다.

le grand blond, la petite brune, le barbu,
la dame aux cheveux bruns, la jeune femme au pull blanc,
le monsieur au costume gris, le jeune homme aux cheveux frisés

'le gros'나 'le vieux' 같이 형용사의 명사적 용법으로 사람을 지적하는 것은 무례한 표현이다. 'le gros monsieur', 'le monsieur âgé' 역시 비난조의 냉소적인 표현이다. 보다 예의 바르게 표현하기 위해서는 뚱뚱한 남자에 대해서는 'un monsieur bien portant, un monsieur bien en chair'라고 해야 하고, 뚱뚱한 여자의 경우는 'une dame bien portante', 'une dame un peu ronde'라고 써야 한다. 또 나이 많은 사람에 대해서는 'un monsieur (une dame) d'un certain âge', 또는 'un monsieur (une dame) d'un âge mûr'라고 써야 한다.

'celui-ci'나 'celui-là'나 'celle-ci'나 'celle-là'로 대화 장소에 있는 사람을 지적할 경우, 매우 경멸적인 의미를 지닌다.

- Tu connais François Thibault ?
◇ - Ah, celui-là, j'peux pas le supporter.

- Et sa copine, Claude ?
◇ - Oh là là, celle-là, m'en parle pas.

위의 표현 중 'j'peux pas'는 [ʃpφpɑ]로 발음한다.

'Madame'이나 'Mademoiselle'는 호칭으로만 사용될 수 있는 반면, 'monsieur'는 호칭할 경우뿐만 아니라 사람을 지적할 경우에도 사용될 수 있다. 따라서 여자를 지적할 경우에는 'la dame', 'la jeune fille', 'la jeune femme'라는 표현을 사용해야 한다.

- Il s'appelle comment ce monsieur ?
- Elle s'appelle comment cette jeune fille ?
- Qu'est-ce qu'elle voulait cette dame ?

위의 표현 중 'cette dame' 대신 'cette femme'를 사용하면 비난조의 의미를 갖게 된다.

대화의 장소에서 볼 수 없는 사람에 대하여 다음과 같이 표현할 수 있다.

Le grand blond qui porte des lunettes.
La jeune Italienne qui est arrivée hier.
Le jeune homme sympa au guichet trois.

부정관사와 정관사의 사용에 주의하여야 한다. 부정관사는 여러 개가 있는 명사에 사용되고 정관사는 하나밖에 없는 명사에 쓰인다.

① Rouen, c'est **une** ville française.
② Rouen, c'est **une** grande ville de l'ouest de la France.
* ③ Rouen, c'est une ville où je suis né.
* ④ Paris est une capitale de la France.

즉 ①의 문장은 "Rouen appartient à l'ensemble des villes."이라는 뜻을 지니며, ②의 문장의 의미는 'Rouen'이란 프랑스의 서부에 있는 여러 대도시 중의 하나라는 뜻이다. ③과 ④의 문장은 잘못된 문장이다. 'Rouen'이나 'Paris"는 하나밖에 없는 도시이기 때문에 정관사를 써야 한다. 그러나 "Paris, c'est une capitale européenne."같은 경우는 부정관사를 사용해야 한다. 그 이유는 'Rome', 'Madrid', 'Londres' 등도 그 가운데 하나이기 때문이다.

2.2. 사물에 대한 묘사 (décrire les objets)

☞ 사람에 대한 묘사(2.3.), 이름이나 명칭을 모르는 사람이나 사물에 대한 표현(2.5.)

형용사를 사용하여 다음과 같은 사물의 특징을 묘사할 수 있다.

가. 색깔

- Il(Elle) est - C'est	de quelle couleur ?

- C'est	rouge (jaune, blanc, vert clair, orange, beige, marron, violet ...) vert foncé (bleu marine, rouge vif, vert pâle, bleu foncé, bleu délavé ...)

- La neige est blanche.
- Sa robe est bleu clair.

나. 규모와 무게

- Quelle est sa taille (sa longueur, sa largeur, sa hauteur, sa profondeur) ?
- Quel est le poids de ce meuble ?
- Il(Elle) pèse combien ?

- C'est	(très) (assez)	grand (gros, petit). haut (bas). long (court). lourd (léger).

- Ça fait deux mètres sur trois.
- Il mesure 60 m^2. (=soixante mètres carrés)
- Ça pèse 50 kilos.
- Elle pèse 15 kilos.
- Ça fait une tonne.

다. 형태

- Quelle est sa forme ?

- C'est	(assez)	grand (petit).
	(très)	mince (fin, épais, gros).
	(plutôt)	long (court).
		large (étroit).
		lourd (léger).
		majuscule (minuscule).
		carré (rectangulaire, rond, triangulaire, circulaire).
		rond (arrondi, ovale).
		haut (bas).

- Il est difforme.

위의 형용사들은 부가적 용법으로 사용될 때, 'petit', 'grand', 'gros'를 제외하고 명사 뒤에서 수식한다.

une table ovale	une assiette plate	une assiette creuse
une sauce épaisse	un meuble bas	un lit étroit
un grand lit	une grosse armoire	une petite assiette

라. 외양과 촉각

- C'est	dur (mûr, doux, mou, épineux ...)
	lisse (rugueux, inégal ...)

마. 재료

- C'est en quoi ?
- C'est fait en quoi ?
- C'est en quelle matière ?

- C'est en | bois (pierre).
  métal (or, platine, acier ...).
  plastique (céramique...).
  laine (coton, nylon ...).

MODE D'EMPLOI

물건의 재료는 흔히 'en + 관사 없는 재료의 명사'로 표현된다.

un jouet **en** bois	une table **en** verre	une montre **en** or
un mur **en** pierre	une robe **en** coton	un verre **en** plastique
une veste **en** cuir	une porte **en** fer	un sac **en** papier

때로는 'de'를 사용하기도 한다.

une robe **de** coton   un blouson **de** cuir   un mur **de** pierre

그러나 어느 경우나 다 'de'를 사용할 수 있는 것은 아니다.

une montre d'or (불가능)   un verre de plastique (불가능)

어떤 물건의 이름은 'de + 재료의 명사'로 이루어지기도 한다.

un cheval **de bois** (회전목마)   un fil **de fer** (철사),
un ver **de terre** (지렁이)

물건의 일부분을 지칭할 때는 'de'를 사용한다.

un **éclat** de verre (유리조각)   un **morceau** de bois (나무토막),
une **pépite** d'or (천연금괴)   un **bout** de papier (종이 끄트머리)

2.3. 사람에 대한 묘사 (décrire les personnes)

☞ 사물에 대한 묘사(2.2.), 지적(2.1.)

가. 외면적 특징

1. 첫 인상

- Il ressemble à sa soeur.
- Elle semble (paraît) sympathique.
- Il(Elle) a l'air aimable (l'air d'un intellectuel).
- Elle donne l'impression d'être distraite.
- Il a de drôles de manières.
- Elle fait bonne (mauvaise) impression.
- C'est une personne qui a beaucoup de qualités.

2. 외모

- Il a bon goût.
- Elle a du goût.
- Elle a de la grâce.
- Il est séduisant.
- Elle est attirante.
- Il a du charme (un charme fou).

☞ 좋아하는 것과 좋아하지 않는 것(3.10)과 판단(3.12)

3. 크기와 체형

- Comment est-il(elle) ?
- Quelle est sa taille ?
- Il(Elle) mesure combien ?

- Il	est	(très)	grand(e) [petit(e)].
- Elle		(assez)	fort(e) [gros(se), mince].
		(plutôt)	maigre (solide).
		◇	costaud(e) [= fort(e)].

- Il	pèse	(à peu près) 80 kilos.
- Elle	fait	

- Il	mesure	(à peu près) 1 m 70.
- Elle	fait	

'être gros(se)'라는 표현은 비아냥하는 표현으로 받아들여질 수 있다. 이를 피하기 위해

서는 'être bien en chair' 또는 'être fort(e)'라는 표현을 사용하면 될 것이다.

'kilogramme'은 'kilo'로 줄여서 표현할 수 있으나, 'kilomètre'는 'kilo'로 줄여서 표현할 수 없다. 위의 표현 중 '1 m 70'의 경우 'centimètres'는 덧붙일 필요 없다.

4. 머리칼이나 수염

- Il - Elle	a les cheveux	blonds(bruns, noirs, châtains, roux, gris, blancs...) frisés, (raides, souples). longs (mi-longs, courts).

- Il est	chauve. barbu .

- Il a une	(petite) (grande)	moustache. barbe.

5. 눈

- Il(Elle) a les yeux bleus (marron, gris, verts, noirs, bruns, noisette).
- Il(Elle) porte des lunettes (des lentilles).

6. 나이

- Quel âge a-t-il(elle)?
- Il(Elle) a quel âge ?
- Ça lui fait quel âge ?

- Il(Elle) a trente ans.

나이에 대한 대략적인 표현 방법은 다음과 같다.

- Il - Elle	est	(très) (assez) ◇	jeune. âgé(e). vieux(vieille).

- Il(Elle) est d'un certain âge. [= Il(Elle) est assez âgé(e).]
- Il(Elle) a la trentaine (la quarantaine, la soixantaine).
- Il(Elle) a une trentaine d'années.

âgé는 vieux에 대한 공손한 표현이다. vieux는 약간 냉소적인 의미가 내포되어 있다.

7. 가족관계

- Il est marié et a deux enfants.
- Il est célibataire (marié, divorcé, veuf).
- Elle est mariée (divorcée, veuve).
- Il a une petite amie (une copine).
- Elle a un petit ami (un copain).
- Il vit avec Marie.
- Ils vivent ensemble.

8. 입고 있는 의복

- Il	porte	un jean. [dʒin]
- Elle	a	un col roulé.
		un chapeau gris.
		un costume.
		des baskets.
		une chemise jaune.
		une tenue de sport.

나. 내면적 특징

1. 성격

- Il	est	(très)	gentil(le).
- Elle			timide.
			méchant(e).
		◇	sympa.

'méchant'이란 표현은 주로 어린아이에게 사용된다.

- Il	parle	beaucoup.
- Elle	sourit	peu.

- C'est une personne	ouverte.
	tolérante.
	compréhensive.

재미있고 익살스러운 성격에 대해서는 다음과 같이 표현할 수 있다.

☞ 판단(3.12.)에서 사람에 대한 표현

– Son copain (sa copine), il(elle) est vraiment ◇ – (Ce type, il est vraiment)	(très) amusant(e). (très) drôle. (très) marrant(e). ◇ rigolo (rigolote). ◇ vachement marrant(e) ◇◇ fou (folle). ◇ dingue.

◇ marrant(e) = drôle, ◇ rigolo = amusant, ◇◇ vachement = très, ◇ dingue = fou.

'fou'와 'dingue'는 성격이 비정상적이라는 의미를 지닌다. 따라서 비난조의 부정적 의미가 내포되어 있다.

이상의 표현들은 사물에 대해서도 쓰일 수 있다.

– Ah, ce film, il est très amusant.
◇ – La soirée chez Monique, c'était très marrant.

기호의 정도를 나타내는 표현들에 대해서는 그 차이가 어떻게 다른지에 대해서 유의해야 한다. ☞ 좋아하는 것과 좋아하지 않는 것(3.10.)의 도표

2. 정치적인 성향

– Il(Elle) est	de droite (de gauche). centriste. d'extrême droite (d'extrême gauche).

– Il(Elle) est conservateur (écologiste, libéral, socialiste).
– Il(Elle) est au PS (au Parti démocrate).

3. 여가 생활

– Il fait du cheval (de la natation).
– Elle joue au golf (au tennis).
– Il joue du piano (de la guitare).
– Elle collectionne les timbres (les cartes téléphoniques).

4. 취미와 습관

– Elle ne mange pas de poisson.
– Il est végétarien.

- Il ne boit que de la bière.
- Elle écoute du rock (du jazz, de la musique classique).

5. 지명도

- Il est connu (célèbre, populaire, prestigieux).
- Elle est renommée (réputée) pour son style.
- C'est un célébrité.
- Il a une bonne réputation.

6. 능력

- Elle a de l'esprit (du génie).
- Il a du mérite du talent.
- Elle est intelligente.
- Elle est compétente.
- C'est un expert.
- C'est un as. [ɑːs]

MODE D'EMPLOI

사람에 대한 신체 특징의 묘사는 대화의 장소에 그 대상이 없는 경우와 있는 경우로 나누어 볼 수 있다. 예를 들자면 역이나 공항에서 모르는 사람을 마중 나가야 할 상황에서 사람을 묘사하는 경우는 전자에 속한다. 다음의 표현은 그러한 상황에서 신체의 특징을 묘사하는 일례이다.

- Tu verras, c'est un grand blond avec une moustache et des cheveux longs. Il s'appelle Jean-Louis, il n'est pas très grand, il porte des lunettes, il a les cheveux courts, il s'habille toujours en noir.

대화 장소에서 볼 수 있는 사람을 묘사하는 경우는 후자에 속한다. 이 경우에는 다른 사람들과 비교하여 분명히 구별하는 것이 중요하다. 즉 그 사람이 지닌 신체적 특징을 묘사하는 것 이외에도 그가 어디에 있고, 무엇을 하고 있는지 등을 설명하여 다른 사람과 다른 특징을 구별하여 묘사할 필요가 있다.

- C'est la fille à lunettes qui allume une cigarette.

◇ - C'est la petite blonde qui est assise près de la fenêtre.

◇ - C'est le type en bleu qui parle avec Pierre.

가. 사람을 지적하는 표현

사람을 지적하는 낱말은 화계에 따라 여러 가지가 있을 수 있다. 표준어와 정교어로는 'l'homme,' 'la femme', 'la jeune femme', 'le garçon', 'le couple', 'l'enfant', 'le petit garçon', 'la petite fille' 등이 있고, 친숙어의 표현으로 남자에 대해서는 'le type', 'le gars [gɑ]' 등이 있고, 여자에 대하여서는 'la fille' 같은 낱말을 사용한다. 또 남자이든 여자이든 그 사람의 신체적 특징으로 지적할 수 있을 것인데, 그 표현은 친숙어의 표현이 된다. 저속어로는 'le mec', 'la nana', 'la nénette' 등이 있다.

◇ - Qui c'est **le gros** qui parle avec Pierre ?
◇ - Qui c'est **la petite blonde** qui parle avec Pierre ?

어린아이를 지적하는 친숙어의 표현들로는 'lc môme', 'la môme', 'le gosse', 'la gosse', 'le gamin', 'la gamine' 등이 있다.

◇ - Ils sont à qui ces **mômes** ?
◇ - Ils sont gentils ces **gosses**.
◇ - Qui c'est le **gamin** qui a un pull rouge ?

나. 신체의 특징을 나타내는 표현

1. 명사와 형용사

신체의 특징을 나타내는 형용사 가운데 색깔이나 형태, 국적 등을 나타내는 일반적인 형용사는 명사 뒤에 온다.

색깔 형용사

- Elle a les yeux **noirs**.
- Celle qui a un pantalon **blanc**.
- La fille **blonde**.

국적의 형용사

- J'ai un ami **allemand**.
- C'est une étudiante **hollandaise**.

형용사의 위치에 유의해야 한다. 'gros', 'grand', 'petit', 'beau', 'belle', 'jolie', 'vilain', 'vilaine'와 같은 형용사는 명사 앞에 온다.

la grosse dame　le grand type　la petite brune　un beau garçon
une belle femme　une jolie fille　un vilain garçon

명사구를 사용하여 다음과 같이 사람을 다양하게 묘사할 수 있다.

La jeune femme **à la robe rose.**
La femme **en bleu.**
◇ Le type **en costume.**
◇ La fille **avec des lunettes de soleil.**

2. qui와 que

'나의 이웃에 사는 사람'을 'L'homme qui habite à côté de chez moi'라고 표현하지 않고 간단히 'mon voisin' 으로 표현한다. 이렇게 간단히 표현할 수 있는 경우를 예시하면 다음과 같다.

Mon voisin d'en face (= le voisin qui habite en face de chez moi)
Mon voisin du dessus (= celui qui habite au-dessus de chez moi)
Mon voisin du dessous (= celui qui habite au-dessous de chez moi)
Mon voisin de palier (= celui qui habite sur le mêmc palier que moi)

그러나 어느 경우나 이런 식으로 표현할 수 있은 것은 아니다. 자세한 설명을 할 필요가 있는 경우에는 'qui'나 'que'를 사용해야 한다. 예를 들어서 "Le couple qui habite la petite maison blanche sur la place du village."의 표현과 같이 세부적으로 설명해야 할 경우는 간단히 줄여서 표현할 수 없다. 즉 이 표현은 대화자들이 묘사 대상의 인물을 잘 모른다는 특수한 의미를 내포하고 있다. 그 사람을 잘 알고 있다면 간단히 'les Dupont', 'Monsieur et Madame Dupont' 또는 'Pierre et Christine' 라는 표현을 사용했을 것이다. 이 표현은 또한 'couple'이란 단어를 사용함으로써 결혼을 했으리라 믿지만 혹시 결혼하지 않고 함께 사는 남녀일 수도 있다는 것과 이 마을에 살고 있는 다른 커플들 가운데에서도 마을의 조그만 하얀 집에서 산다는 세부적인 정보도 내포하고 있다. 또 이 표현은 대화자가 그 마을이 어떤 마을인지를 알고 있다는 것과 그 마을에 작은 하얀 집이 오직 하나뿐이라는 것을 전제로 한 표현이다. 또 다른 예를 들어서 'Le type que tu as rencontré ce matin à la cafétéria'라는 표현의 의미는 대화자들이 누구에 대한 것인지를 알고 있으며, 'type'란 단어의 사용을 통하여 대화자와 친밀한 관계를 맺고 있는 남자라는 것을 나타내고 있다. 그렇지 않다면 'l'homme', 'la personne', 'le monsieur', 'le jeune homme' 라는 표현을 사용했을 것이다. 또한 발화 시점과 같은 날에 만났다는 것을 의미하며(그렇지 않다면 화자는 'hier', 'samedi', 'la semaine dernière' 등으로 표현했을 것이다.), 'la cafétéria'가 어떤 카페인지 대화자도 알고 있다는 것을 전제로 한 표현이다.

사람을 자세하게 묘사하는 방법에 대한 이상의 내용을 요약하면 다음과 같다.

가) 대화자도 이름을 알고 있을 경우 이름을 사용한다.

- J'ai déjeuné avec **Pierre**.
- **Les Dupont** ont téléphoné.
- **Pierre et Mireille** se sont mariés.

나) 직업이나 대화자와의 관계를 나타내는 낱말들을 사용한다.

- **Ma mère** est malade.
- Le **propriétaire** a téléphoné.
- Le **professeur** n'est pas venu ce matin.
- Le **facteur** est déjà passé ?
- ◇ - Mon **voisin** est très sympa.

다) 세부적으로 보다 자세히 묘사하기 위해서는 'qui' 또는 'que'를 사용한다.

- Qui est la fille **qui t'a embrassé** au restaurant ?
- Il y a un étudiant **qui voudrait te voir**.
- J'ai un ami **qui a travaillé** pendant 10 ans au Maroc.
- C'est un Anglais **que j'ai connu** au cours d'un voyage en Australie.
- C'est quelqu'un **que j'aime** beaucoup.

GRAMMAIRE D'EMPLOI

형용사의 위치

형용사는 명사 앞에 놓이는 형용사, 명사 뒤에 놓이는 형용사, 그 위치에 따라 의미가 달라지는 형용사, 위치와 상관없이 의미가 변화하지 않는 형용사라는 네 범주로 나눌 수 있다.

가. 명사 앞에 오는 형용사

자주 사용되는 짧은 음절의 형용사들 (petit, grand, gros, beau, joli, vilain, bon, mauvais, vieux 등)은 보통 명사 앞에 놓인다. 그러나 이러한 형용사들은 'très', 'trop', 'plutôt', 'relativement' 같은 부사들이 앞에 올 경우에는 보통 명사 뒤에 놓인다.

- Il a un gros nez.
- Il a un nez **très gros**. (또는 Il a un très gros nez.)
- J'ai une petite voiture.
- J'ai une voiture **trop petite**. (또는 J'ai une trop petite voiture.)
- C'est une fille **plutôt jolie**.
- C'est une maison **relativement grande**.

또한 이들 형용사들이 'hyper'나 'super'와 합성될 경우에도 명사 뒤에 놓인다.

◇ - Il a un nez **hyper-gros**.
◇ - C'est une fille **super-jolie**.
◇ - C'est un appartement **hyper-grand**.

또 'plus - que', 'moins - que', 'le plus', 'le moins' 등과 더불어 쓰이면 보통 명사 뒤에 온다.

- Il a **la plus grosse** voiture du quartier.
- Il a une voiture **plus grosse** que la mienne.
- Il a un **plus petit** appartement que moi.

위치에 따라 형용사의 의미가 변화할 경우란 흔히 자주 쓰이는 형용사들에 한하며 일반적으로 사람을 수식할 경우에서이다.

un petit garçon (어린 아이)　un garçon petit (키가 작은 소년)
un grand homme (유명한 사람)　un homme grand (키가 큰 사람)

'petit'나 'grand' 같은 형용사는 'garçon', 'fille', 'homme' 같은 특정한 명사 앞에 놓일 경우 본래의 의미를 상실하여 비유적인 의미가 되며, 뒤에 올 경우 본래의 의미를 지닌다.

un petit garçon = un jeune garçon
De Gaulle était à la fois un grand homme et un homme grand (드골은 위대한 사람인 동시에 키가 큰 사람이었다.)

반면 이 형용사들이 일반적인 다른 명사를 수식할 경우 그 위치는 앞에 오며, 비유적인 의미를 지니지 않는다.

une petite table ('une table petite' 라고는 할 수 없다.)
une grande maison ('une maison grande' 라고 할 수 없다.)

'petit'나 'grand' 이외에도, 어떤 낱말과 결합해서 그 본래의 의미를 상실해 버리는 형용사들이 있다. 예를 들어 'bon(ne)'의 경우를 보면 다음과 같다.

◇◇ - Il y a une **bonne femme** qui a téléphoné, je n'ai pas compris ce qu'elle voulait.
◇◇ - Qui c'est ce **bonhomme** ?

즉 위 문장들에 사용된 'Un bonhomme', 'une bonne femme'의 표현은 명사 앞에 쓰여 매우 비난조의 저속한 의미를 지니게 된다. 명사의 뒤에 올 때 본래의 의미를 지니게 된다.

- C'est un homme bon (관대하고 친절함이 넘치는 사람)

이밖에도 'grand', 'petit', 'beau', 'belle'과 같은 형용사들은 'père', 'mère', 'fils', 'filles', 'enfants', 'frère', 'soeur', 'cousin', 'cousine', 'oncle', 'tante' 등과 같은 명사를 수식할 경우 가족 관계를 나타내는 의미를 지닌다. 즉 'mon grand-père'는 '키가 큰 나의 아버지' 라는 의미가 아니라, 할아버지를 의미하며, 'ma belle-soeur'는 나의 예쁜 누이가 아니라 나의 형수(제수)이다.

또한 서수 형용사(premier, deuxième, dernier)는 명사 앞에 온다. 그러나 'dernier'는 명사 뒤에 놓을 수 있는데, 이 경우에는 '최근의, 지난' 이라는 의미를 지닌다.

- La **première** fois que je l'ai vue.
- La **quatrième** dimension.
- Tu as vu son **dernier** film.

Le mois **dernier**. (= le mois précédent)
La semaine **dernière**. (= la semaine précédente)
L'année **dernière**. (= l'année précédente)

명사 앞에 놓인 'dernier'는 "Après cela, c'est fini."를 의미한다.

- C'est la **dernière** fois que je viens. (= Après cela, je ne viens plus.)
- J'ai pris le **dernier** train. (= Après ce train, il n'y a plus de train.)
- J'ai lu son **dernier** roman. (= Après ce roman, pour l'instant, il n'y en a pas d'autre.)

나. 명사 뒤에 오는 형용사

일반적으로 다음과 같은 의미를 지니는 형용사는 명사 뒤에 놓인다.

1. 색깔 형용사
   - Il a les yeux **bleus**.
   - Elle a les cheveux **bruns**.

2. 형태를 나타내는 형용사
   un visage **allongé** une porte **étroite** une pièce **ronde**

3. 국적을 가리키는 형용사
   un étudiant **allemand** une jeune fille française

4. 체제를 가리키는 형용사
   un pays **démocratique** un militant communiste

5. 과거분사 형태의 형용사
   un pays **appauvri** une maison **habitée** un choix **voulu**

과거분사 형태의 형용사는 명사 앞에 올 수 없다. 'parler' 동사를 그 예로 들자면, "L'anglais est une langue **parlée** dans de nombreux pays."의 문장을 "L'anglais est une parlée langue dans de nombreux pays."로 쓸 수 없다. 이 경우 형용사는 수동적 의미를 지닌다. 즉 "C'est une langue **parlée** par 100 millions de personnes."라는 문장의 의미는 "C'est une langue qui est **parlée** par 100 millions de personnes."이다.

이상의 범주에 속하는 형용사가 명사 앞에 오는 경우는 드물다. 그러나 작가나 시인이 특수한 문학적 효과를 의도적으로 내고자 할 경우 뒤에 오는 형용사를 앞에 쓸 수 있다. 따라서 일상적 대화에서 이런 식의 표현은 피해야 할 것이다.

- La **blanche** colombe.
- Il venait d'accomplir son **noir** dessein. (dessein = projet)
- Enfants voici les boeufs qui passent, cachez vos **rouges** tabliers.

다. 위치에 따라 의미가 달라지는 형용사

위치에 따라 다른 의미를 지니는 형용사들이 있다. 이 형용사들은 대개 명사 뒤에 놓일 경우 본래의 중요한 의미를 지닌다.

- J'ai acheté un appartement **ancien**. (ancien ≠ neuf, moderne).

형용사가 명사 앞에 놓일때, 그 형용사와 명사는 하나의 개념을 의미하기도 한다.

- Voici mon **ancien** appartement (내가 전에 살던 아파트)
- C'est un **faux** problème (존재하지 않는 문제)

위치에 따라 의미가 다른 형용사들

형용사	명사 앞	명사 뒤
certain	불명확한 양을 가리킴 un certain temps	= sûr un courage certain
fort	= important une forte majorité	≠ doux un alcool fort
léger	= petit, peu important une légère erreur	≠ lourd un meuble léger
sale	= mauvais au sens moral une sale histoire. un sale type.	≠ propre une pièce sale
seul	≠ 2, 3, 4, 5 un seul enfant et pas deux	= solitaire une personne seule qui vit seule.

이와 같이 형용사의 위치에 따라 그 의미가 달라지는 형용사들을 예시하면 다음과 같다.

ancien	âpre	authentique	bas	brave
bref	brillant	brusque	brutal	certain
cher	chic	classique	complet	court
curieux	différent	dur	entier	éternel
étroit	extrême	faible	fameux	faux
fier	fin	formidable	fort	fou
fragile	franc	furieux	futur	généreux
grave	gros	haut	heureux	honnête
intime	jeune	joyeux	juste	lâche
large	léger	légitime	libre	lointain
long	lourd	magistral	maigre	malheureux
malin	méchant	mince	mûr	net
nouveau	pâle	parfait	particulier	pauvre
précieux	proche	profond	pur	rare
riche	rude	sacré	sale	sérieux
seul	sévère	simple	solide	sombre
strict	tendre	unique	vague	vain
véritable	vif			

라. 위치가 바뀌어도 의미가 변하지 않는 형용사

다음의 형용사들은 일반적으로 구어에서 명사 뒤에 놓인다. 이 형용사들을 명사 뒤에 놓으면 큰 실수가 없다. 때로 이런 형용사들이 명사 앞에 사용될 수 있다. 이럴 경우란 일반적으로 정교어를 사용하는 구어 상황의 경우나 문어적 표현에서이다. 형용사가 앞에 온다 해서 의미가 변화하는 것은 아니고 단지 문체적 효과를 야기할 뿐이다. 이 문체적 효과는 신문이나 잡지 같은 글로 쓴 기사 속에서나, TV와 라디오 같은 구어의 기사 또는 소설, 단편소설, 수필 등과 같은 문학서와 약간은 격식을 갖추어 청중 앞에서 하는 연설의 상황에서 종종 사용된다.

- Le **terrible** accident ferroviaire de lundi a provoqué une **vive** émotion.
- Nous accueillons ce soir le **sympathique** auteur de “la vie à pleines dents”.

위의 첫 번째 예문에서 ‘Le terrible accident ferroviaire’ 처럼 사용된 것은 ‘ferroviaire’란 형용사는 명사 뒤에 오는 형용사이나 ‘terrible’이란 형용사는 명사 앞 또는 뒤에 놓일 수 있는 유동적인 형용사이기 때문이다. 또 ‘명사 + de + 명사’의 형식을 이루는 표현을 형용사로 수식하는 경우 수식하는 형용사는 대개 명사 앞에 온다. 즉 ‘la fille sympathique du milliardaire américain’ 같이 쓰기보다는 ‘La sympathique fille du milliardaire américain’으로 쓴다. 따라서 두 번째의 예문 속에 ‘sympathique’가 명사 앞에 온 것이다. 그러나 명사 뒤에만 올 수 있는 형용사는 이 경우에도 명사 앞에 올 수 없다. 즉 ‘La fille adoptive du milliardaire américain.’의 경우 ‘adoptif’라는 형용사를 명사 앞에 놓을 수 없다. 왜냐하면 이 형용사는 언제나 명사 뒤에 쓰이는 형용사이기 때문이다.

‘trouver’, ‘juger’, ‘estimer’와 같이 목적격 속사를 이끄는 동사의 구문에서 형용사는 반드시 명사 뒤에 와야 한다.

- Je trouve ce travail **intéressant**.
- Je trouve ce pays **magnifique**.

위치가 변하여도 의미가 변하지 않는 형용사

amusant	angoissant	anormal	antipathique
anxieux	apparent	appréciable	arbitraire
artificiel	astucieux	athlétique	atroce
attachant	attentif	attrayant	audacieux
aventureux	banal	bienveillant	bizarre
bouleversant	bruyant	calme	capricieux
captivant	catastrophique	célèbre	chaleureux
charmant	chaud	chômage	choquant
complexe	confortable	considérable	constant

continuel copieux coquet cordial
coupable courageux coûteux criminel
croissant cruel dangereux décourageant
délicat délicieux déplorable désagréable
désastreux désolant détestable difficile
discret douloureux dramatique éclatant
effarant efficace effrayant effroyable
élégant élémentaire émouvant encombrant
encourageant ennuyeux énorme épais
épisodique épouvantable étonnant éventuel
évident excellent exceptionnel excessif
extraordinaire extravagant fâcheux fantastique
farouche fastidieux fidèle fraternel
fréquent froid fructueux infructueux
futile gênant génial gentil
gigantesque grotesque habile habituel
hasardeux hâtif horrible horrifiant
hypothétique ignoble immense impardonnable
impeccable imperceptible imperturbable impitoyable
important impressionnant imprévisible (im)probable
(im)prudent incessant incomparable incompréhensible
incontestable incroyable indéniable indescriptible
indicible indiscutable indispensable indistinct
indubitable inégal inestimable inévitable
inexplicable infatigable infect infime
influent ingénieux inhumain inimaginable
inimitable injuste injustifiable innocent
innombrable inoubliable inqualifiable inquiétant
insensible insolent instinctif insupportable
intelligent intense intéressant interminable
intolérable inutile invariable involontaire
invraisemblable ironique irréparable irrépressible
irréprochable irrésistible irresponsable judicieux
lamentable lent luxueux magnifique
maladroit malencontreux médiocre mémorable
méprisable merveilleux minuscule minutieux
miraculeux modique monstrueux multiple
mutuel mystérieux navrant négligent
nombreux obscur odieux opaque
paisible passionnant patient pénible
pesant phénoménal pittoresque plantureux
possible prévisible principal probable

prodigieux	progressif	prudent	puissant
rapide	ravissant	récent	redoutable
réel	regrettable	relatif	remarquable
ridicule	rigoureux	robuste	sain
sanglant	sauvage	savant	scandaleux
séduisant	sensible	sincère	singulier
sommaire	spectaculaire	splendide	stupéfiant
stupide	superbe	surprenant	sympathique
talentueux	tardif	terrible	timide
total	tragique	triomphal	triste
troublant	ultime	vigoureux	volumineux

2.4. 신체의 상태 (parler de son état physique)

가. 건강 상태를 묻는 표현 (나쁠 것 같다는 생각에서)

- Qu'est-ce que tu as ?
- Qu'est-ce qui ne va pas ?
- Qu'est-ce qu'il y a ?
- Où est-ce que tu as mal ?
- Tu as très mal ? (J'appelle un médecin ?)
- Quelque chose ne va pas ?
- Tu ne te portes pas bien ?

나. 건강할 경우 답하기

- Ça va (très) bien, merci.
- Je vais (très) bien.
- Je me porte | (très) bien.
- Elle se porte |
- Je suis | en (pleine) forme.
- Il est |
- Je ne vais pas trop mal, tu vois. (= Ça va bien.)
- Je me sens bien en ce moment.

- Je me sens mieux. (상태가 호전되었을 경우)
- Ça marche très fort!
- ◇ - C'est le pied. (= Tout va très bien.)

건강해 보일 때 "Tu as bonne mine aujourd'hui."라고 칭찬하며 말할 수 있겠으나, 건강해 보이지 않는 다고해서 "Tu n'as pas bonne mine aujourd'hui! Tu as l'air fatigué." 라는 식으로 표현하는 것은 아주 친한 사이라 해도 피하는 것이 좋을 것이다.

다. 건강하지 않을 경우 답하기

- Ça ne va pas bien (du tout).
- Je me sens | mal.
faible.
- Je ne me sens pas très bien.
- Je ne suis pas / - Elle n'est pas | en forme.
- Je suis / - Il(Elle) est | fatigué(e). / malade. / souffrant(e).

"Ma mère est malade."의 의미는 나의 어머니가 중병에 걸려 있다는 의미를 지닐 수 있지만, "Ma mère est souffrante."는 중병이 아니라 곧 나을 수 있는 병을 뜻한다.

- J'ai mal | à la tête.
à la gorge.
à l'estomac.
au ventre.
aux dents.
aux reins.
au foie.
au coeur.

건강 상태를 표현하는 불어의 표현은 대개 글자 그대로의 의미를 지니지 않는 경우가 많다. 예를 들어서 "J'ai mal au coeur!"라는 표현은 심장이 아프다는 의미가 아니고 역겨움을 느껴 토할 것 같다(avoir envie de vomir)는 의미 정도이다. 또 "J'ai eu une crise de foie hier soir."라는 표현은 중병에 걸려 있었다는 것을 의미하는 것이 아니라 단순한 소화불량 정도를 의미한다. 또 'avoir mal aux reins'은 신장이 아프다는 것을 의미하는 것은 아니고 허리가 아프다는 것을 의미한다.

- Je n'ai pas d'appétit.
- Je digère mal.
- J'ai de la fièvre.
- Je tousse.
- J'ai pris froid.
- J'ai des palpitations. (심장병을 의미한다.)
- J'ai le coeur qui palpite. (= Je suis impatient.)
- Il(Elle) a | un rhume. / la grippe.
- Il(Elle) est blessé(e) | à la tête. / au bras.
- Il(Elle) s'est cassé un bras.
- Il est dans un état grave.
- Il(Elle) a attrapé la crève. (la crève = un fort rhume, une grippe)
- Il se rétablit lentement.
- Elle est rétablie.

◇ - J'ai une fièvre de cheval. (39 ~ 40도의 고열을 의미한다.)
◇ - Il(Elle) a la crève.

라. 고통을 표현하기

- Ça fait mal.
- Ça pique.
- Aie! Ma tête!
- Ouille! Mon pied!

마. 다이어트 중일 때

- Il(Elle) est à la diète.
- Il(Elle) est au régime.
- Il(Elle) fait (suit) un régime.

사. 출산을 앞두고 있을 때

- Elle attend un bébé.
- Elle est enceinte de trois mois.
- Elle va accoucher dans un mois.
- Bernard et Nicole vont avoir un bébé.

2.5. 이름이나 명칭을 모르는 사람이나 사물에 대한 표현 (s'exprimer quand on ne connaît pas le nom)

☞ 사람에 대한 묘사(2.3.), 사물에 대한 묘사(2.2.), 물건의 사용법과 용도(2.6.)

가. 사람에 대하여

- Dis donc, hier j'ai vu	le monsieur	qui ...
	la dame	que ...
	la jeune fille	dont ...
	la jeune femme	
	le jeune homme.	
	la fille.	
◇	le type.	
◇◇	le mec.	
◇	Monsieur Machin.	
◇	Mlle Machine.	
◇	Mme Machine.	

'Machin(e)'이 사람을 지적할 경우에는 대문자를 쓰고 사물을 지적할 경우에는 소문자를 사용한다. 이 표현은 특히 중등학생들 사이에서 이름을 모를 경우 이름은 대신하여 친구를 부르는데 사용된다.

나. 물건에 대하여

◇ - Je voudrais le ... euh ... j'sais pas comment ça s'appelle, mais

c'est le (petit) truc c'est le (petit) machin	qu'on utilise pour ... qu'il m'a donné pour ...

◇ - Passe-moi ce bidule.

MODE D'EMPLOI

지적해야 할 사물의 명칭을 모르거나 순간적으로 생각이 나지 않을 때 이로 인하여 난처한 경우가 종종 있게 된다. 이에 대비할 수 있는 표현들로는 'une chose', 'quelque chose', ◇'un truc', ◇'un machin' 등이 있다. 특히 'truc'과 'machin'은 친숙어에서 빈번히 사용된다. 이런 표현들은 보이는 곳에 있거나 제스처로 지적할 수 있는 사물에 대하여서 또는 방금 언급한 물건에 대하여서나 사용할 수 있는 것이지, 이것이 무엇을 지칭하는지 알 수 없는 상황에서 사용할 수 없다.

◇ - Je voudrais un **truc** pour déboucher un lavabo.
◇ - Comment ça s'appelle en français le **truc** qui sert à pendre les vêtements dans une armoire ?
◇ - Donne-moi ce **truc**.
◇ - Qu'est-ce que c'est que **ce machin** ?

또한 그 물건을 사용할 때 하는 몸짓을 흉내 내거나 제스처를 하면서 표현한다면 상대방이 그것이 무엇인지 보다 쉽게 이해할 것이다. 또 그 물건이 어떤 곳에 쓰이는 지를 설명하여 명칭을 모르는 물건을 지칭할 수도 있을 것이다. 이 경우 'servir à + 부정법', 'utiliser', 'pour + 부정법' 같은 표현을 사용한다.

- Ça **sert à** changer une roue de voiture.
- Ça s'appelle comment en français, la chose qu'on **utilise** quand il pleut ?
- Je voudrais quelque chose **pour nettoyer** les chaussures.

2.6. 물건 사용법과 용도 (dire comment faire et comment utiliser)

가. 수행방법 말하기

- Tenez-vous en équilibre, la tête bien droite!

- Tu tiens ta raquette trop près du corps, allonge le bras.
- Pour prononcer 'u', avancez les lèvres, comme pour siffler.
- Là, tu enfonces bien la clé, tu la tournes et tu tires la porte vers toi.
- Non, non et non! C'est comme ça qu'il faut faire!

- Pour téléphoner, il faut mettre une télécarte.

나. 물건의 용도 말하기

- A quoi ça sert ?
- Ça sert à quoi ?
- C'est pour faire quoi ?

- Ça sert à - C'est pour	enlever les mauvaises herbes. régler les bougies d'une voiture.

- C'est fait pour faciliter le travail.
- On l'utilise pour sécuriser le courrier électronique.
- On s'en sert pour ouvrir les huîtres.

◇ - C'est	un truc un gadget	pour	desserrer les vis coincées.

다른 사물과 비교하여 사물을 묘사하는 것은 때로 매우 유용한 표현법이 될 수 있다.

- C'est comme - Ça ressemble à	une omelette. un grand lapin.

- On dirait	un grand pain. de la gelée.

- C'est une sorte de	grand pain. gelée.

MODE D'EMPLOI

물건의 용도는 'à + 명사'의 표현을 사용하여 나타낼 수 있다.

un verre **à** vin (술잔)	une tasse **à** café (커피잔)
un plat **à** tarte (따르뜨 요리)	une assiette **à** dessert (후식접시)
une cuillère **à** soupe (국 수저)	une pince **à** linge (빨래 집게)
un ciseau **à** bois (끌)	une boîte **à** outils (도구상자)
de la pâte **à** modeler (밀가루 반죽)	de la poudre **à** récurer (분말세제)

만약 그 물건이 무엇인가를 담을 수 있는 용기라면 'de'를 사용할 수도 있겠는데 이 때

그 의미의 차이를 주의해야 한다.

un verre **à** vin (포도주 유리잔)　un verre **de** vin (포도주가 든 유리잔)
une tasse **à** café (커피 잔)　　une tasse **de** café (커피가 든 잔)

즉 'un verre à vin'이나 'un verre à eau'에 포도주를 넣으면 'un verre de vin'이 되고, 물을 넣으면 'un verre d'eau'가 된다.

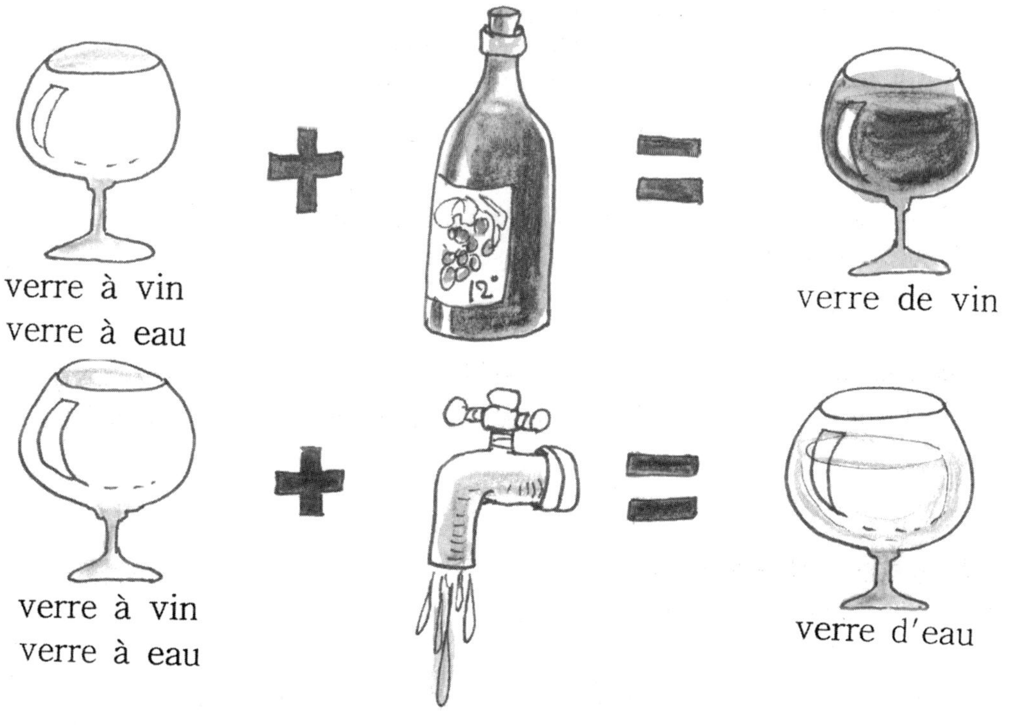

2.7. 소식 (annoncer une nouvelle)

가. 소식 알리기

- Tu sais que - Je vous annonce que - On vous annonce que - Vous connaissez la nouvelle ? - Tu connais la nouvelle ? - J'ai quelque chose à te dire. - Tu es au courant ? - J'ai une bonne / mauvaise nouvelle à t'annoncer.	M. Kim va se marier. Martine a donné sa démission.

- Tu savais que Pierre était rentré ?
- On m'annonce à l'instant que Madame Evette est élue.
- Ah! il faut que je vous dise: la douche ne marche pas.

- Tu ne sais pas ? - Tu sais ?	J'ai rencontré ton frère.

- Tu connais la meilleure ? Ma mère se présente aux élections!

◇ - Figure-toi que je pars pour Paris la semaine prochaine.

◇ - J'ai un truc à te dire.

"Tu connais la meilleure ?"라는 표현은 재미있거나 놀라운 소식을 전달하고자 할 경우에 쓰이며, "Figure-toi que ..."의 표현은 놀라운 소식을 전달하고자 할 경우에 쓰인다.

나. 난처한 소식 알리기

- Ça me gêne de te dire ça, mais (je me suis brouillé(e) / fâché(e) / disputé(e) avec ta soeur).

☞ 이 밖의 다른 표현들에 대해서는 난처함(3.18.)을 참고할 것.

다. 공식적인 소식 알리기

- Je vous informe que j'ai l'intention de quitter mon appartement au mois de ...

- J'ai le plaisir de vous informer que nous sommes en mesure de vous offrir le poste de ...

- Nous vous **informons que** | le train n° 547 à destination de Lyon partira du quai 8.
  le vol Paris-New-York est annulé!

2.8. 행선지 (demander son chemin)

가. 말걸기

☞ 부르기(1.1.5), 감사(1.1.7.), 장소설정(5.5)

말을 거는 대상이 누구인가에 따라 그 표현법은 다르다.

1. 모르는 사람에게

- Pardon, Monsieur ...
- S'il vous plaît, Madame ...
- Excusez-moi, Mademoiselle ...

2. 친한 사람이나 아이들에게

- S'il te plaît, ...
- Excuse-moi, ...
- Dis, ...

- Dis donc, tu peux me dire (ce que ça veut dire) ?
- Dis, tu ne sais pas (quand il faut avoir terminé ce dossier) ?

나. 길묻기

- Est-ce que vous pourriez	me dire m'expliquer m'indiquer	où se trouve la poste ? où est la rue Gambetta ?

- J'aimerais - Je voudrais	savoir	s'il y a un bureau de poste près d'ici.

- Où est la gare, s'il vous plaît ?
- Il y a un bureau de poste par ici ?
- Je ne trouve pas la rue Balzac.
- Pouvez-vous me dire comment aller au Centre Pompidou ?
- Je voudrais téléphoner. Savez-vous où est la cabine ?

MODE D'EMPLOI

정중하고 공손하게 길을 묻기 위해서는 조건법을 사용한다.

- Pardon monsieur, est-ce que vous **pourriez** me dire où se trouve la poste ?
- **J'aurais voulu** savoir si le magasin est près d'ici.

길 묻기 뿐만이 아니라 다른 것에 대하여서도 공손하게 묻거나 요구하기 위하여 조건법을 쓸 수 있다. 이러한 용법으로 사용될 수 있는 동사는 'vouloir', 'pouvoir', 'aimer', 'avoir' 등이다.

- S'il vous plaît, Mademoiselle, je **voudrais** savoir si l'avion de Tokyo est arrivé.
- Excusez-moi, Mademoiselle, j'**aimerais** faire une réservation ...
- Tu pourrais m'expliquer comment ça marche ?
- Est-ce que vous connaissez un endroit où je **pourrais** faire de la gym ?

그러나 친구 사이, 젊은이들 사이 또는 상하 신분 관계가 없는 사람들 사이에서는 조건법을 사용하지 않고도 정보를 물을 수 있다.

- S'il te plaît, tu **peux** me dire où se trouve la poste ?
- Est-ce que vous **pouvez** m'expliquer comment faire pour aller à la gare ?

다. 길묻기에 답하기

- Vous allez tout droit Vous continuez tout droit Vous suivez cette rue	puis vous prenez

la première la deuxième	rue	à gauche à droite	ensuite

vous continuez vous allez	tout droit jusqu'	au Parc Rousseau au carrefour Rousseau à la place Rousseau	et

la gare,	c'est	tout droit.	
le bureau de poste,		sur votre	droite.
			gauche.
	vous y arrivez.		
	vous tombez dessus.		

- Vous tournez à droite, vous prenez le quai et vous arrivez à la gare.

그 위치를 모른다면 다음과 같이 답할 수 있을 것이다.

- Je suis désolé(e), je ne suis pas d'ici.

MODE D'EMPLOI

가. 위치를 설명하는데 사용되는 동사들

aller	Vous allez tout droit.
	Vous allez jusqu'à la grande place.
tourner	Vous tournez à gauche.
	Vous tournez à droite.
continuer	Vous continuez tout droit.
	Vous continuez jusqu'à la gare.
prendre	Vous prenez la première rue à gauche.
	Vous prenez la deuxième rue à droite.
traverser	Vous traversez l'avenue.
	Vous traversez la place.
passer	Vous passez devant la poste.
	Vous passez devant une fontaine.
voir	Vous verrez un grand bâtiment.
	Vous verrez une petite ruelle sur votre gauche.

길 묻기에 대한 대답으로 사용되는 표현에서 'voir'동사는 흔히 단순미래로 쓰인다.

위치를 표현하는데 사용되는 동사로는 'être'나 'habiter', 'vivre', 'résider', 'se trouver' 등과 같은 비운동 동사와 'aller', 'venir', 'tourner', 'passer' 등과 같이 이동의 의미를 지니는 운동 동사가 있는데, 운동 동사나 비운동 동사는 동일한 전치사를 사용한다.

- Je **suis à** Paris. (= Je fais un séjour à Paris.)
- J'**habite à** Paris. (= J'ai un appartement, je vis, je travaille à Paris.)
- Je **vais à** Bordeaux.
- Je **pars au** travail.

사람이나 사물에 대한 출신지나 출처에 대해서는 'de'를 쓴다.

- Je viens **de** Bordeaux.
- C'est un vin **de** Bordeaux.
- Je suis **de** Bordeaux. (= Je suis originaire **de** Bordeaux.)
- J'arrive **de** Paris.
- Le Tour **de** France part **de** Strasbourg.

'habiter' 동사는 전치사 없이 쓸 수도 있다.

- J'**habite à** Paris.
- J'**habite** Paris.

'retourner', 'revenir' 동사는 말하고 있는 장소로의 복귀를 의미한다.

- Je suis allé à Paris la semaine dernière, j'y **retourne** samedi.

- Je vais prendre un café, je **reviens** dans 5 minutes.

'rentrer' 동사는 평소에 살고 있는 장소로 되돌아온다는 의미를 지닌다.

- Je **rentre** à la maison.
- Je **rentre** aux Etats-Unis. (= Je vis aux Etats-Unis.)

'passer'와 'traverser' 동사는 여정 가운데 있는 한 지점의 경유를 의미한다.

- Pour aller à Lille, je **passe par** Paris.
- En venant ici, j'ai **traversé** Dijon.

☞ 장소에 사용되는 전치사에 대한 보다 자세한 사용법에 대해서는 장소의 설정 (5.5.)을 참조할 것.

4. 위치를 설명하는데 포함되는 내용

1. 상대방의 기준에서의 방향 또는 어떤 기점을 중심으로 한 방위

- C'est où exactement, | le bureau de poste ? | Marseille ? | Strasbourg ?

- Vous verrez un grand bâtiment **sur votre droite**.
- Marseille, c'est **au sud de** Lyon.
- Strasbourg, c'est **à l'est de** Nancy.

방위를 사용하여 위치를 설명하는 표현 방법을 요약하면 다음과 같다.

au nord	de	Madrid
au sud	de	Rome
à l'est	du	Pérou
à l'ouest	de la	France (de l'Espagne)

프랑스어의 방위의 순서는 'le nord', 'le sud', 'l'est', 'l'ouest'이다. 이 표현들은 프랑스의 지역을 나타내기도 하는데 이 경우에는 전치사 'dans'을 쓴다.

- J'habite **dans** le nord de la France.

"J'habite au nord de la France." 라는 문장에서처럼 'dans'을 쓰지 않는다면, 프랑스의 북쪽 지방이 아니라 벨기에 같이 북쪽에 위치한 나라를 의미한다.

2. 다른 장소를 기준으로 위치를 말하기

다른 장소를 기점으로 어느 위치를 설명하기 위하여 다음과 같은 표현들이 사용된다.

- Vous verrez un escalier **en face de** vous.
- C'est **en face du** cinéma.
- C'est **à côté de** la gare.
- C'est un petit village situé **au coeur** (= au centre) de la Bavière.
- C'est un village situé **en plein** désert. (= au coeur, au milieu du désert, dans le désert)
- J'habite **en plein** coeur de Paris. (= au centre de Paris)
- J'habite **à la frontière** du Mexique et des Etats-Unis. (= à la limite du Mexique et des Etats-Unis.)
- Je vais **au bord de** la mer.
- J'habite **dans la banlieue** parisienne. (= à la périphérie de Paris)
- J'habite **en banlieue**.

3. 발화 장소에서 그곳까지의 거리

- C'est **tout près d'ici**. ('ici'는 발화 장소를 가리킨다.)
- C'est **tout près de** la cathédrale.
- Ce n'est **pas tout près**. (= C'est loin d'ici.)
- C'est **juste à côté**. (= C'est tout près d'ici.)
- C'est assez **loin d'ici**.
- C'est **à 2 minutes**. (= C'est tout près.)
- Vous y êtes. (= C'est ici.)
- C'est **à 50 mètres de** la place du Marché.

MODE D'EMPLOI

가. 막연하게 거리를 나타내는 표현법

1. près de

- C'est tout **près de** Paris.
- J'habite **près de** la Suisse.

2. du côté de

- C'est un petit village **du côté de** Grenoble.

3. pas loin, pas très loin de

- Ce n'est **pas loin de** la frontière allemande.
- Ce n'est **pas très loin de** Besançon.

이러한 표현을 강조하기 위하여 전치사구들 앞에 'tout', 'très', 'juste'같은 부사를 사용할 수 있다.

- Le théâtre, c'est **juste à côté de** la poste.
- C'est **très loin** d'ici.

또한 'vers'를 이용해서 말하고자 하는 곳의 대략적인 위치를 표현할 수 있지만 사람에 대하여서는 쓸 수 없다.

- Le théâtre, c'est **vers** la Faculté.

4. 분명하게 거리를 나타내는 표현법

거리를 분명히 나타내기 위해서는 '**à + 수치 + 시간의 단위 (또는 거리의 단위) + de + 장소**'라는 표현법을 사용한다.

- C'est **à** 5 **minutes à** pied.
- C'est **à** 2 **heures de** train de Lyon.
- La rue de la Poste, c'est **à 10 minutes d'ici**.
- Le café de Commerce, c'est **à 200 mètres**.
- C'est à 20 **kilomètres de** la ville.
- C'est à 500 **kilomètres** du théâtre.
- Lyon, c'est **à** 400 **kms de** Paris.

소요 시간으로 위치를 표현할 경우에는 사용하는 교통수단을 명시해야 한다.

- Lyon, c'est **à** 2 **heures de train** de Paris.
- C'est **à une heure d'avion**.
- C'est **à** 5 **minutes à pied**.
- C'est **à deux heures de voiture** d'ici.

이러한 표현법을 사용하면서도 대략적으로 거리를 나타낼 수 있다.

- C'est **à environ** 5 minutes d'ici.
- C'est **à une dizaine de** minutes d'ici.
- C'est à 100 kms **à peu près**.

라. 묻고 나서 끝맺기

모르는 사람에 대하여서는 다음과 같이 감사를 표하면서 대화를 마칠 수 있다.

- Je vous remercie ...
- Merci beaucoup. Au revoir Monsieur (Madame X).

설명을 끝맺기 위하여 'voilà'를 사용할 수 있고, 이에 대한 감사를 표현하기 앞서 'bon', 'Bien ... et bien' (bien은 흔히 [bɛ̃]으로 발음한다.) 등을 쓸 수 있다.

- Pardon Madame, savez-vous où est le Boulevard Saint-Michel ?
- Oui, vous allez tout droit et vous tournez à gauche après le feu. Voilà.
- **Bon, et bien** je vous remercie.
- Je vous en prie.
- De rien.

'tutoyer'하는 친한 사이에서는 다음과 같이 표현할 수 있다.

- Je te remercie.
- Merci beaucoup!

LANGUE CULTURE

프랑스의 교통수단

가. 지하철과 수도권 고속전철(Métro et Réseau Express Régional : RER)

파리의 전철 안에서 파리 사람들의 웃는 얼굴을 보기 어려운 것은 놀랄 만한 일이 못된다. 대도시가 주는 스트레스로 말미암아 여유가 없이 각박하게 생활하고 있다는 인상을 받는다. 어떤 생각에 몰두하거나, 어딘가 가기에 바쁘고, 반복적인 일상생활에 포로가 되어 있는 듯하다. 전철타고 일터에 나가고 돌아와 잠자기(métro, boulot, dodo) 바쁜 것이 파리의 실생활이다.

열차의 객실에서 실직자들이나 주거지가 일정하지 않은 사람들(SDF : personnes sans domicile fixe)이 신문을 팔거나 구걸하는 것을 볼 수 있을 것이다. 이러한 행위는 불법적인 것이지만, 관용되고 있다. 이에 대하여 어떻게 판단하여 행동할 것인지는 사람들 마다 다르다. 이들에게 미소나 시선을 보내는 것은 별의미가 없을 것이다.

파리에서 며칠만 이라도 보내기만 하면 파리 사람들의 이 같은 생활 리듬에 익숙해진다. 지하철 환승구간의 긴 낭하를 바쁘게 빠른 걸음으로 걸어가는 파리 사람들의 모습대로 닮아가는 자신을 발견하게 될 것이다.

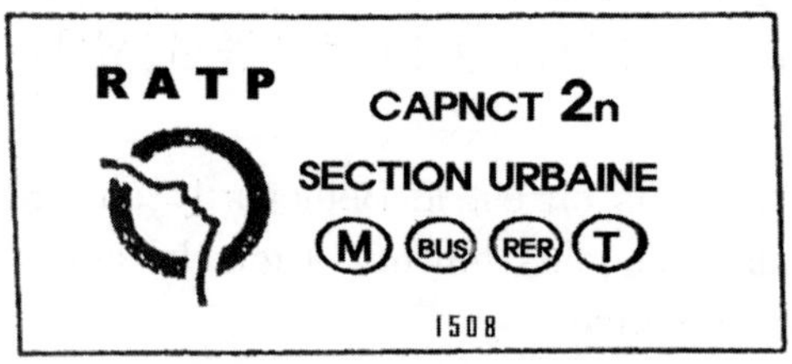

(표를 한 장 씩 또는 10장 묶음으로 살 수 있다.)

자리에 앉기 전에 그 자리가 노약자들을 위해 예비 된 자리가 아닌지를 확인해야 할 것이다(자리의 위쪽에 이에 대한 표지가 있음).

모든 좌석에 자리가 없는 상태에서 좌석에 앉아 있을 때, 임신한 부인이나 팔에 어린아이를 안고 있는 부인 또는 나이 많은 사람이 있을 경우, “Vous voulez vous asseoir, madame ?” 또는 “Je vous en prie, prenez ma place monsieur.”라고 말하면서 자리를 양보하는 미덕을 지녀야 할 것이다.

출퇴근 혼잡 시간대에 어린아이와 동승하여 좌석에 앉아 있을 경우, 다른 사람이 자리에 앉을 수 있도록 무릎 위에 어린아이를 앉혀 갈 필요도 있을 것이다. 마찬가지로 좌석 위에 여행용 가방이나 물건 꾸러미를 놓지 않도록 해야 할 것이고, 좌석에 발을 올려놓지 않도록 해야 할 것이다.

모든 사람이 서 있을 때, 출입문 가까이에 설치되어 있는 접을 수 있는 접의자에서 일어나, 설 수 있는 공간을 넓히고, 출입에 방해가 되지 않도록 의자를 접어야 할 것이다.

열차에 승객이 붐빌 경우, 여유를 가지고 문 쪽으로 나아가야 할 것이다. 내릴 승강장에

도착하기 이전에 조금씩 문 쪽으로 나간다. 필요할 경우 나갈 여유를 부탁하기 위하여 "Excusez-moi, je descends à la prochaine."라고 말하면 되겠다. 혹 다른 사람을 밀칠 경우, "Pardon!" 또는 "Excusez-moi!"라 하면서 실례를 구할 수 있을 것이다.

지하철 안에서 가야할 방향을 찾는 데는 어려움이 없을 것이다. 왜냐하면 각 승강장마다 안팎으로 안내 지도가 있겠기 때문이다. 뿐만 아니라 객실 안에도 노선도가 있기 때문에 가야할 길을 안내 받을 수 있고 어떤 역에서 내리는 것이 좋은 지를 준비할 수 있을 것이다.

(자주 지하철을 이용해야 하는 경우라면, 이 카드를 이용할 때, 할인된 금액으로 이용할 수 있다. 카드에는 주간 카드와 월간 카드가 있다.)

4. 시내버스(autobus)

지하철이 파리를 돌아다니는데 가장 빠른 교통수단이긴 하지만, 시내버스는 도시의 여러 거리와 기념물들을 감상할 수 있게 하는 좋은 이점을 지닌다. 특히 승강구가 딸린 시내버스의 경우가 그러한데, 이 버스는 뒤편의 문이 간단한 체인으로 되어 있고, 외부와 개방되어 있기 때문이다.

무엇보다도 먼저 가고자 하는 방향이나 노선이 정확한지를 확인해야 할 것이다. 이를 위해 정거장에 마련된 게시물을 참조하면 될 것이다. 그래도 의심쩍으면 다른 승객이나 기사에게 "C'est bien le bus qui va à ... ?" 또는 "Cet autobus s'arrête à ... ?"라는 식으로 물어볼 필요도 있을 것이다.

지하철에서 지켜야 할 예절은 마찬가지로 적용된다. 출퇴근의 혼잡 시간대에는 가능한 버스의 중앙 통로 안쪽으로 깊숙이 들어가도록 하여 승객의 통행을 돕고 내리려는 사람들의 통행을 방해하지 않도록 한다. 하차하기 위해서는 내려야 할 곳에 버스가 정차할 수 있도록 정차 단추를 눌러야 할 것이다. 그렇지 않으면 승강장에 승객이 없을 경우 그대로 지나칠 수 있다.

다. 기차(train)

기차는 호수가 있는 차량들로 연결되어 있고, 그 차량들은 객실들(금연 객실과 끽연 객실)로 구분되어 있다. 야간에는 간이침대(각 객실에 6개의 간이침대가 설치되어 있다)와 침대객실(각 객실에는 2-3개의 침대가 있는데 앞의 것보다 안락하다)을 이용할 수 있다. TGV(Train à Grande Vitesse)의 경우는 반드시 예약해야 하는데, 예약은 역의 창구에서나 미니텔 또는 인터넷을 통해 할 수 있다. 예약은 하든 안 하든 그것은 선택이지만, 일단 기차를 타면 기차표에 대한 개찰은 반드시 해야 한다. 개찰이란 승강장입구에 설치된 노란 색의 작은 기계에 기차표를 밀어 넣어 유효 날짜를 기록하는 것을 말한다.

매표소의 직원에게 보다 자세한 정보를 물어보는데 주저해서는 안 된다. 매표소의 직원들이 때로 승객의 질문에 적극적이지 아닐지라도, 가야할 목적지에 대한 표를 사고 이에 대한 정확한 정보를 얻기 위해서는 다음과 같은 표현들은 불가피할 것이다. 다음은 이에 대한 표현의 예시이다.

- Je voudrais un aller-retour Paris-Marseille en seconde classe.
- Quels sont les horaires de départ des trains pour Dijon ?
- Sur quelle voie arrive le train en provenance de Strasbourg ?
- C'est un train direct ?
- Où est-ce que je dois changer ?

지켜야 할 모든 예의범절의 규칙들은 지하철이나 버스, 열차에 마찬가지로 적용된다. 이는 다른 승객들의 평온함을 존중해야 한다는 것으로 요약된다. 여행 도중 객실 내에서 길게 눕는 행위를 피해야 할 것이고, 카세트에서 나오는 소리나, 나들이를 위해 준비한 소시지나 치즈의 냄새가 다른 사람들에게 피해를 주지 않도록 해야 한다. 어린아이가 칭얼대고 갑갑해할 경우, 복도를 아이와 함께 한 바퀴 도는 것은 큰 도움이 될 것이다.

라. 택시(taxi)

파리의 택시는 지방과 마찬가지로 색깔로 구분할 수 없다. 단지 지붕 위에 설치된 'taxi'라는 불빛 표지로 구별할 수 있다. 그것이 켜져 있으면 현재 업무 중이라는 것을 의미하고, 꺼져 있으면 업무 중이 아니라는 것을 의미한다. 이러한 표지 말고도 노란 빛의 불이 켜져 있다면, 현재 승객이 탑승 중이라는 것을 의미한다.

택시를 타기 위한 가장 간단한 방법은 가장 가까운 택시 승강장으로 가서 줄에 서는 것이다. 그렇지 않으면 전화로 불러 타는 방법이 있겠다. 이 경우 원하는 주소로 택시를 부르면 된다. 가장 흔한 방법으로는 가고자하는 방향의 도로 쪽에 서서 빈 택시를 손을 들어 소리쳐 부르는 방법이다. 이 경우 택시가 비어 있는데도 그냥 지나칠 수 있을 것이데, 예컨대 다른 손님을 데리러 가려고 할 경우 그럴 것이다.

택시 기사들은 승객에 대한 안전과 신뢰를 이유로 승객이 앞좌석에 앉는 것을 좋아 하지 않거나 철저히 거부하기도 한다. 뒷좌석에는 최대 3명까지 탈 수 있고, 개를 데리고 탈 경우 의자에 앉혀서는 안 되고 바닥에 얌전히 있게 해야 한다.

택시 기사들의 기질은 다양하다. 어떤 사람은 말이 많은 반면 어떤 이는 말이 없기도 하고, 어떤 이는 친절한 반면 무뚝뚝해 보이기도 한다. 그러나 대화를 하려고 한다면 이들은 정보들을 알려주는데 마다하지 않을 것이다.

택시 요금에 대해서는 흥정하지 않는다. 그 요금은 규정에 따라 정해져 있기 때문이다. 그러나 택시를 타기 전에 목적지까지 그 비용이 대략 얼마나 나오는지는 "Combien prenez-vous pour aller à ... ?"라는 식으로 물어볼 수 있을 것이다. 봉사료(팁)는 반드시 지불해야 하는 것은 아니지만, 잔돈을 받지 않고 지불할 수 있을 것이다. 필요할 경우 영수증을 요구할 수 있다.

마. 자가 운전(voiture)

자동차 등록증(carte grise), 자동차 보험증(carte verte), 자동차 운전면허증(permis de conduire), 자동차 납세필증(récépissé de vignette)은 항상 소지하고 있어야 한다(납세필증이란 자동차에 대한 연례 세금을 납부하였다는 것을 보여주기 위해 자동차 앞 유리창에 붙이는 스티커를 말한다). 경찰은 검문을 할 때, "Vos papiers, s'il vous plaît!"라는 식으로 이것을 요구할 것이기 때문이다.

경찰의 서류 검문 시 이것을 제시하지 못할 경우 벌금을 내야 한다. 또한 사고가 날 경우 그 처리를 위하여 보험회사가 제공한 사고 합의서를 가지고 있는 지도 확인하여 할 것이다. 이는 차후 있을지도 모를 모든 논란의 여지를 사전에 막기 위하여 사고 현장에서 작성해야 하는 서류이다.

프랑스에서는 우리나라와 마찬가지로 다행히 자동차는 우측통행을 하지만, 신호등이 길 중앙에 있지 않고 우측 길가에 있으며 일방통행 도로가 많으므로 운전하기 전에 이에 익숙해야 할 것이다.

프랑스의 운전자들 가운데에는 상대 운전자들에 대하여 몸짓과 욕설로 공격성을 표현하는 사람들을 종종 볼 수 있을 것이고, 또 보행자의 안전을 위해 파란 불에도 천천히 운전하는 자동차에 대하여 뒤를 따르는 자동차가 시끄럽게 경적을 울리면서 참지 못해하는 운전자들을 종종 볼 수도 있을 것이다. 운전대에 앉으면 성격이 험악해지고 다급해지고 예의가 실종되는 듯한 인상을 받게 되겠지만, 이에 대해 크게 신경 쓸 필요는 없을 것이고, 교통 법규를 잘 지키면 될 것이다. 특히 보행자들은 항상 교통 규칙을 잘 지키는 것은 아니고 언제 어디서나 불쑥 길을 횡단하는 경향이 있기 때문에 항상 세심한 주의를 기울여야 할 것이다.

교통 예의규범의 제1의 규칙은 간단히 말하자면 교통 체계의 규칙을 준수하는 일이다. 도로 표지판의 의미를 알고 준수해야 할 것이며, 특히 오른편에서 오는 자동차의 우선성을 준행해야 한다. 교통법규를 위반할 때 외국인이라고 해서 용서를 더 해주는 것은 없다. 만약 경찰이 정지를 요구한다면, 공손한 어조로 답하는 것이 좋다. 그렇다고 비굴하게 아첨할 필요는 없겠고, 차분히 상황을 설명해야 할 것이다. 경찰도 그 잘못이 큰 것이 아니라면 정상을 참작해 주기 때문이다.

2.9. 장소 묘사 (décrire un lieu)

- C'est grand(loin, comment) ?

- C'est	beaucoup	plus	grand	que	la France.
	5 fois		petit		la Corée.
◇	pas				le Japon.
					le Québec.

- C'est une grande ville. (= une ville immense)
- C'est une petite ville. (= une ville minuscule)
- C'est grand comme la Suisse.
- C'est à dix heures de vol.
- C'est un peu comme la Provence.
- C'est pittoresque (romantique, typique).
- C'est un coin charmant.
- C'est un paradis.
- C'est une belle région.
- C'est un paysage splendide.
- Le climat est plus (moins) agréable qu'ici.
- Le cadre est exceptionnel.
- La vue est superbe.
- Je me sens bien ici.
- J'aime (beaucoup) la culture (la gastronomie) d'ici.
- Il fait plus froid (chaud) qu'ici.
- Il y a beaucoup de différences (similarité) entre ici et mon pays.
- C'est un endroit que j'aime beaucoup.
- C'est un pays où il y a des plages magnifiques.

어떤 장소를 묘사하는 방법으로는 형용사를 사용하는 경우와 문장으로 수식하는 경우로 나누어 볼 수 있다. 문장으로 수식할 경우는 형용사만으로는 설명하고자 하는 내용이 부족하고 자세히 묘사할 수 없을 경우이다. 이 경우 'qui', 'que', 'où'와 같은 관계사의 사용이 불가피하다. 그러나 어떤 경우에는 관계사를 사용하지 않고 단순히 형용사를 사용해야 할 경우가 있다. 예를 들어서 "J'habite un pays qui est chaud."나 "J'habite une petite ville qui est située au bord de la mer."같은 표현은 "J'habite un pays chaud."나 "J'habite une petite ville au bord de la mer."로 써야 한다. 일반적으로 '명사 + qui + être + 형용사의 구문'은 간단히 '명사 + 형용사'로 줄여 쓸 수 있다. 그러나 'qui' 다음의 동사가 'être'가 아닌 경우에는 이와 같이 줄여 쓸 수 없다.

- C'est un pays qui connaît actuellement de graves difficultés économiques.
- L'Argentine, c'est le pays qui a inventé le tango.
- C'est une région que les Français connaissent mal.

'où'는 장소를 묘사하는데 가장 많이 활용되는 관계부사이다.

- C'est	un pays	où	il fait bon vivre.
	une région		il y a des paysages magnifiques.
	une ville		les gens sont très gentils.
	un endroit		il y a de gros problèmes économiques.
			je vais chaque année.
			on s'amuse beaucoup.
			j'ai beaucoup d'amis.

GRAMMAIRE D'EMPLOI

장소를 수식하는 형용사의 위치

명사 앞에 쓰이는 형용사와 뒤에 쓰이는 형용사가 있다.
☞ 사람에 대한 묘사(2.3.)의 GRAMMAIRE D'EMPLOI를 참조할 것.

- C'est un pays vieux, un tiers de sa population a plus de 50 ans.
- C'est un pays jeune, plus de la moitié de sa population a moins de 25 ans.
- Brasilia, la nouvelle capitale du Brésil est une ville nouvelle.
- L'ancienne capitale du Brésil, Rio de Janeiro, est célèbre pour son carnaval...
- C'est une belle région.

- C'est un paysage splendide.
- Il y a des couchers de soleil magnifiques.
- C'est une ville affreuse.

명사 앞에 쓰이는 형용사들이라 하더라도 이 형용사를 'très', 'le plus' 등이 수식할 경우에는 명사 뒤에 온다.

- C'est une ville **très grande**.
- C'est un pays **très petit**.
- C'est le pays **le plus** grand du monde.
- C'est une région **très** belle.
- Un quartier **très** vieux.
- Le quartier **le plus** vieux de la ville.
- Il y a une église **très jolie**.
- C'est le village **le plus joli** de la région.

또한 명사 뒤에 놓이는 어떤 형용사들이라 하더라도 문체나 텍스트의 효과를 내기 위하여 명사 앞에 올 수 있다.

형용사가 수반하는 전치사는 형용사에 따라 디르므로 (de, à, pour, par 등) 형용사와 전치사를 함께 외어 두어야 한다.

- C'est une petite ville **proche de** la frontière.
- C'est une région **difficile à** visiter.
- Cette région est célèbre **pour** ses vins.

위의 문장에서 'pour'는 'grâce à'와 비슷한 의미를 지니며 원인과 결과의 관계를 나타낸다.

MODE D'EMPLOI

'il y a'의 표현법

어떤 나라, 도시, 지방에 대하여 보다 구체적인 정보를 나타내기 위하여 'il y a'의 표현을 사용한다.

- A cinquante kilomètres de chez moi, **il y a** un grand lac.

- En Finlande, **il y a des** milliers de lacs.
- Dans mon village, **il y a une** vieille église du 15e siècle.
- Dans ma rue, **il y a un** très bon restaurant indien.

이상의 표현에서 보는 바와 같이 'il y a' 다음에는 부정관사가 일반적으로 쓰이나 때로는 수사를 사용하여 수량의 표현을 분명히 나타낼 수 있다.

- Actuellement, **il y a** 18 millions d'habitants à Mexico.
- Sur la place du marché, **il y a** deux restaurants pas chers.
- **Il y a** trois possibilités pour aller de Lyon à Marseille: par le train, par la route, ou en avion.
- Le dimanche, **il y a** beaucoup de circulation.

복수 형용사가 복수 명사 앞에 있으면 "il y a des ..."가 아니라 "il y a de ..." 라고 써야 한다. 예를 들자면 다음과 같다. "A Lyon, **il y a de très bons** restaurants." 그러나 회화체에서 이 규칙이 잘 시켜지지 않고, 형용사 앞에서도 'des'를 쓰는 경향이 있다.

- Il y a **des** belles fleurs dans le jardin.

가. 셀 수 있는 명사에 대하여

1. une dizaine (douzaine ...) de ..., des dizaines (centaines, milliers, dizaines de milliers, centaines de milliers) de ...

- A Strasbourg, **il y a une dizaine de** bars sympas.
- Chaque année en France, **il y a des milliers** d'accidents sur les routes.
- A Paris, **il y a des centaines** de restaurants pas chers.

2. plusieurs

- En France, **il y a plusieurs** centaines de fromages différents.
- A Paris, **il y a plusieurs** gares.

3. beaucoup de

- C'est une région où **il y a beaucoup de** lacs.

4. plus de, moins de, beaucoup plus de, beaucoup moins de

- Depuis 2 ans **il y a beaucoup moins de** touristes qu'avant.
- Avec la nouvelle route, **il y a moins d'**accidents (qu'avec l'ancienne route)

5. un grand nombre de, une grande quantité de, une énorme quantité de

- C'est une route où il y a toujours **un grand nombre d'**accidents.

6. une foule de, ◇ un tas de, ◇ un paquet de (= une grande quantité de)

- En Bretagne, il y a **un tas de** petites plages tranquilles.

7. pas de, pas un seul

- A Besançon, il n'y a **pas un seul** bar ouvert après 2 heures du matin.
- Il faut faire du camping, car il n'y a **pas d'**hôtel.

8. plus de

- Après 1 heure, il n'y a **plus de** métro.

드물게는 "il y a ..." 다음에 '정관사 + 명사'가 오기도 한다.

- En face de chez moi **il y a la** tour Eiffel.
- **Il y a l'**eau et l'électricité.
- En Provence, **il y a le** soleil, **la** mer et **la** montagne.
- En mars, **il y a le** carnaval.

나. 셀 수 없는 명사에 대하여

그 양을 정확하게 헤아릴 수 없는 명사에 대하여서는 부분관사를 사용한다.

- **Il y a du** vent.
- **Il y a du** soleil.

특수한 경우 말고는 'deux vents', 'deux soleils' 라고 표현할 수 없다. "Il contemplait les deux soleils d'Alpha du Centaure."와 같은 문장은 공상 과학 소설에서나 가능할 수 있겠고, "Dans la vallée du Rhône, il y a deux vents différents : le mistral et la tramontane."와 같은 문장은 지리학 서적에서나 가능한 표현이다. 이런 특수한 예를 제외하고는 "Il y a **de la** neige en hiver."나 "Il y a **du** soleil toute l'année."와 같이 사용한다. 물론 양의 표현을 다음과 같이 분명히 표현할 수 있다.

- C'est un pays où il y a beaucoup de soleil.
- En hiver, il y a beaucoup de neige.
- En hiver, il y a très peu de monde dans les rues.

2.10. 시간 (parler du temps)

가. 시간 말하기

1. 묻기

- Vous avez l'heure, - Quelle heure est-il, - Il est quelle heure, - On arrive à quelle heure, - A quelle heure est la réunion, - A quelle heure est-ce que ça commence,	s'il vous plaît ?

나. 답하기

- (Oui,) Il est	10 heures et quart. tout juste 8 heures. midi et demi. sept heures pile.

- (Oui,) Moi, j'ai deux heures et quart.
- Il(Elle) est à 20h 30.
- C'est à 20h.

"Vous avez l'heure, s'il vous plaît ?"는 의문사가 없는 의문문이기 때문에 "Oui."로 우선 답한 다음 시간을 말해야 한다.

또한 "C'est à ..."로 답하는 경우와 "Il(Elle) est à ..."로 답하는 경우는 다르다. "A quelle heure est le film (la classe) ?"라는 질문에 대해서는 "Il(Elle) est à ..."로 답해야 한다. 왜냐하면 대명사 'il'과 'elle'은 명사를 대신하기 때문이다. 반면 "A quelle heure est-ce que ça commence ?"라는 질문에는 "Il est à ..."로 답해서는 안되고 "C'est à ..."로 답해야 한다. 왜냐하면 'ce'의 의미는 "ça commence"를 지적하기 때문이다. 또 다른 예를 들어서 기차나 비행기의 시간을 물을 경우 "C'est à quelle heure ?" 라는 표현을 사용해야 한다. 왜냐하면 'ce'가 비행기의 출발을 의미하기 때문이다.

대략적인 시점을 나타내기 위해서는 시점의 표현 앞에 'vers'를 사용하거나, 'avant, après + 시간' 앞에 'un peu' 또는 'un petit peu'를 사용하여 대략적인 시간을 좀더 정확히 나타낼 수 있다.

- Je lui ai téléphoné **vers midi**.
- Il m'a appelé **vers 3 heures**.

- Je suis parti **un petit peu** après trois heures.
- Il est venu **un peu** avant midi.

일상생활에서 "Il est arrivé à 8 heures." 식으로 표현하는 것이 보통이다. 그러나 이 표현으로는 그 시간이 오전인지 오후인지를 분명히 알 수 없으므로 이를 분명히 지적하기 위해서 이 표현에 'du matin' 또는 'du soir'를 덧붙여 "Je pars à 8 heures du matin (또는 8 heures du soir)." 식으로 표현한다. 반면 역이나 공항 또는 라디오 방송 등에서는 오전과 오후를 구별하기 위하여 "Le train part à 8 heures.", "Il est 20 heures." 식으로 표현한다.

시간에 대한 일상의 표현과 공적인 표현의 차이점은 다음과 같다.

	일상적인 표현	공적인 표현
8h 05 mn	huit heures cinq	huit heures zéro cinq
8h 15 mn	huit heures et quart	huit heures quinze
8h 25 mn	huit heures vingt-cinq	huit heures vingt-cinq
8h 30 mn	huit heures et demie	huit heures trente
8h 45 mn	neuf heures moins le quart	huit heures quarante-cinq
8h 50 mn	neuf heures moins dix	huit heures cinquante
9h.	neuf heures	neuf heures
12h	midi	douze heures
12h 10 mn	midi dix	douze heures dix
0h	minuit	zéro heure
0h 15 mn	minuit et quart	zéro heure quinze
14h 10 mn	deux heures dix (de l'après-midi)	quatorze heures dix

'et quart', 'et demie', 'moins le quart'는 일상적인 표현이기 때문에, 오후 시간을 12 heures, 13 heures ... 식의 공적인 표현과 함께 쓸 수 없고, 분을 숫자로 표현해야 한다. 'midi', 'minuit'는 일상적인 표현이기 때문에 함께 쓸 수 있다.

- Je suis arrivé **à midi et demi.**
- L'accident **a eu lieu à 16 heures 30.**

지속되는 시간에 대한 표현법은 다음과 같다.

15 minutes	un quart d'heure
30 minutes	une demi-heure
45 minutes	trois quarts d'heure
1h 15 minutes	une heure et quart
1h 30 minutes	une heure et demie

- Nous sommes restés **une demi-heure** à t'attendre!
- Mais non, je n'ai qu'**un quart d'heure** de retard.

나. 요일 말하기

- On est quel jour ?
- Quel jour sommes-nous ?
- Quel jour on est ?

- Nous sommes dimanche.
- On est jeudi.

다. 날짜 말하기

- Quel est la date aujourd'hui ?
- On est le combien ?

- Nous sommes le 19 octobre.
- On est le premier septembre.

2.11. 날씨 (parler de la météo)

날씨에 대하여 말하기

- Quel temps fait-il ?
- Que dit la météo ?
- Qu'est-ce que prévoit la météo ?
- Il fait combien ?
- Il fait | beau (mauvais) ?
  froid (chaud) ?
  frais ?

- Oh oui!
- Oh, non!
- Oh, pas tellement.
- Il y a une averse (un orage, de la tempête, du soleil).
- Le ciel est bleu (gris).
- Il va pleuvoir (neiger).
- On va avoir du beau temps.
- Ça dépend de la région.

Au nord | il fait ...
Au sud
A l'est
A l'ouest
Au centre
Dans les montagnes
Sur la côte

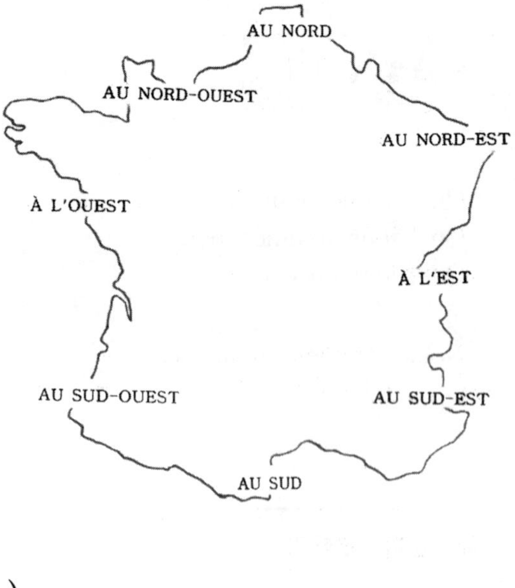

- Il fait | 16 (degrés).
  moins 4 (degrés).

2.12. 쇼핑 (faire des achats)

가. 점원에게 정보 묻기

백화점이나 상점 또는 식당에서 점원이나 거기서 일하는 사람을 다음과 같이 부를 수 있다. ☞ 부르기(1.1.5.)와 행선지(2.8.)

- Monsieur (Madame, Mademoiselle), s'il vous plaît!
- Monsieur!
- S'il vous plaît!

상황에 따라서는 이상과 같은 표현을 사용하지 않고 직접 다음과 같이 용건을 말할 수도 있다.

- Où est le rayon prêt-à-porter, s'il vous plaît ?
- Savez-vous où sont les boissons ?
- Où est-ce que je peux trouver les fruits et les légumes ?
- Le rayon lingerie, s'il vous plaît ?
- Quand est-ce que la séance commence ?
- Comment je dois faire pour envoyer un mandat lettre ?

점원이 손님을 맞이하는 표현들은 다음과 같다.

- Monsieur (Madame, Mademoiselle) ?
- Je peux vous aider ?
- Vous désirez un renseignement ?
- Vous désirez ?
- Vous cherchez ?
- Qu'est-ce que vous désirez ?
- Qu'est-ce que je vous sers ? (카페나 식당에서)
- Je vous écoute.
- Et pour Monsieur (Madame) ? (이 표현은 줄을 서서 기다리고 있는 손님에 대한 표현이다.)

나 물건 사기

1. 원하는 것을 말하기

- **Je voudrais** | une tarte aux pommes. (à la boulangerie)
un steak-frites. (au restaurant)
- **Je veux** une robe. (au grand magasin)

- **Est-ce qu'il y a**	des carnets ? (à la papeterie)
- **Vous avez**	des timbres fiscaux ? (à la poste)

- **Donnez-moi**	de l'aspirine,	**s'il vous plaît.** (à la pharmacie)
- **Il me faut**	une bière,	(au bar)

- **Il me faudrait une bière.** (au bar)

- Moi,	**je prends**	une crème au caramel. (au restaurant)
	je vais prendre	un grand crème. (au café)

상황에 따라서는 단지 사고자하는 물건의 이름만을 말할 수 있다.

- Un kilo de pommes, s'il vous plaît. (à l'épicerie)
- Du papier quadrillé, s'il vous plaît. (à la papeterie)
- Une baguette, s'il vous plaît. (à la boulangerie)
- Trois aérogrammes, s'il vous plaît. (à la poste)
- Un de ces petits blocs-notes là-haut, à droite. (à la papeterie)
- Un billet de première classe pour Paris, s'il vous plaît. (à la gare)

2. 원하는 물건이 없거나 품절일 경우

이 경우 점원은 다음과 같이 말할 수 있다.

- Désolé(e), ça ne se fait plus.

- Je suis désolé(e),	nous n'en avons pas.
	il n'y en a plus.

- Ah! Je n'en ai plus.

이에 대하여 다음과 같은 방법으로 답할 수 있다.

- Est-ce que vous savez quand vous allez en recevoir ?
- Est-ce que vous savez où je pourrai en trouver ?
- Vous ne savez pas qui en vend dans le quartier ?
- Tant pis! Alors, je prends autre chose. Avez-vous ... ?
- (C'est) Dommage! Est-ce que vous savez où je pourrais en trouver ?

"Tant pis!"는 그 상점(또는 음식점)을 떠나지 않고 그 대신에 다른 물건을 사겠다는 의미를 지니는 반면, "Dommage!"는 그 물건을 사기 위하여 다른 곳으로 가겠다는 의미를 지닌다.

3. 점원이 도움을 제안하는 표현들

- Qu'est-ce que je peux faire pour vous ?
- Je vous fais un paquet ?
- Je vous coupe cette viande en morceaux ? (à la boucherie)
- Voulez-vous une livraison à domicile ?

- Vous voulez - Je peux vous donner	un renseignement ?

이러한 제안에 대하여 다음과 같이 답할 수 있다.

- (Oui,)	s'il vous plaît. merci. d'accord.

□ - Oui, c'est très aimable	de votre part. à vous.

이러한 제안을 거부하고자 할 경우 다음과 같은 표현을 사용한다.

- (Non),	merci. ça va, merci. ça va aller, merci. ce n'est pas la peine.	
	ce n'est pas	nécessaire.
◇	c'est pas	

4. 점원이 어떤 물건을 권할 경우 이에 대한 수락과 거절

☞ 제안의 거절(4.7.), 음식 권하기의 거절(4.6.)

예를 들어서 "Vous prenez cette robe ?"라고 권할 경우 이에 대한 수락을 다음과 같이 표현할 수 있다.

- Oui, c'est d'accord.
- Oui, je prends celle-là.
- Oui, ça me plaît beaucoup.
- Oui, je vous dois combien ?

점원이 집요하게 사기를 요구할 때 흔히 다음과 같은 이유를 들어서 딱 잘라 거부할 수 있다.

- Non, elle ne me va pas.
- Non, elle est un peu trop chère.

결정을 연기하고자 한다면 다음과 같이 표현할 수 있다.

- Je vais réfléchir.
- Je repasserai plus tard.
- Je ne sais pas encore.
- J'hésite encore.
- Je vais voir.
- Je reviendrai.

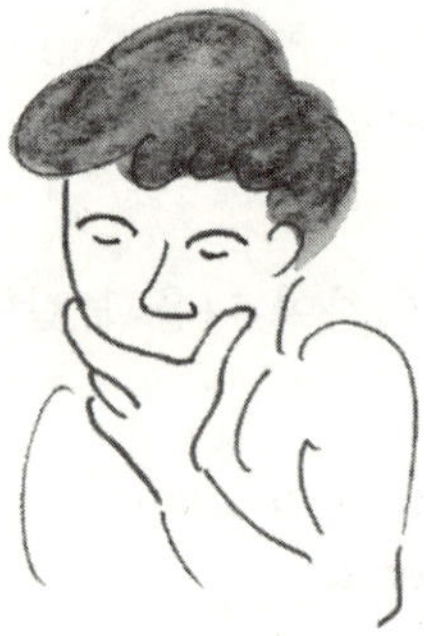

다. 가격 묻기

1. 백화점, 시장, 기타 상점에서

- C'est combien, les bananes ?
- C'est combien, ça ?
- Ça coûte combien ?
- Il fait combien ?
- Vous pouvez (pourriez) me dire le prix de cette statuette ?
- Je voudrais savoir le prix de cette bague, s'il vous plaît.
- Quel est le prix de cette robe, s'il vous plaît ?
- Est-ce que vous acceptez les chèques ?
- Je peux payer avec une carte de crédit ?
- Vous prenez la carte bleue ?
- Est-ce que je peux payer en plusieurs mensualités ?

2. 식당에서

- Je vous dois combien ?
- L'addition, s'il vous plaît.
- Ça fait combien ?
- Monsieur, je peux avoir l'addition ?
- Madame, pouvez-vous apporter l'addition ?

다음은 물건 값을 묻고 답하는 구체적인 상황의 예시이다.

(Entre amis à la librairie)
◇ - C'est combien le bouquin que tu as là ?

- Ben, c'est marqué 5 euros. Il est soldé.

(Entre amis à la classe)
- Dis donc, il est joli, ton sac. Ça a dû te coûter cher!
- Oh oui, alors. Je l'ai payé 70 euros.

(Dans un magasin, au marché)
Commerçant(e) - Voilà les pommes. Et avec ça ?
Client(e) - C'est tout. Ça fait combien ?
Commerçant(e) - Alors, ça vous | fait / fera | 10 euros.

Client(e) - Vous avez la monnaie de 100 euros ?
Commerçant(e) - Oui, Monsieur ...

MODE D'EMPLOI

수량의 표현법

어떤 정보를 묻거나 대답할 때, 어떤 경우는 수량에 대한 언급이 불필요할 수 있지만(예를 들어서 카페에서 동석한 한 사람이 "Tu veux du café ?"라고 물을 경우), 어떤 경우에는 수량을 표현하지 않으면 안 되는 경우가 있을 수 있다. 예를 들어 빵집에서 손님이 "Je voudrais des baguettes."라고 말한다면, 빵집 주인은 "Combien ?" 이라고 반드시 되물을 것이고, 정육점에서 "Je voudrais du jambon."이라고 하면, 정육점 주인은 "Vous en voulez combien ?"라고 되물을 것인데, 이와 같이 분명히 수량을 표현해야 할 경우가 있다. 수량을 나타내는 표현법들은 다음과 같다.

가. 숫자를 사용하여

- Je voudrais **deux** cafés.
- **Trois** bières, s'il vous plaît!

무엇에 대한 것인가에 따라 표현법들은 다르다. 예를 들어서 계란에 대한 수량화의 단위는 'douzaine'(12개), 'demi-douzaine'(6개)이다. 'quinze jours' 라는 말은 2주, 즉 14일을 뜻한다.

나. 측정 단위를 사용하여

물건의 유형에 따라 그것을 측정하는 단위는 다르다. 측정 단위들을 예시하면 다음과 같다.

- Je voudrais un **demi-litre** de lait.
- Donnez-moi **une livre et demie** de boeuf.
- Achète **un kilo** de sucre!

액체로 된 것은 'un litre', 'un demi-litre', 'un quart de litre', '2 litres', '3 litres' 식으로 표현한다. 고체인 물건은 '100 grammes', '600 grammes', 'un kilo' (un kilo = 1.000 grammes)로 표현한다. 'une livre'는 500 grammes이고, 'une demi-livre'는 250 grammes이며, 'une livre et demie'는 750 grammes이다.

프랑스 술집에서 'un formidable'은 '1 litre (= 100 centilitres)'를 의미하며 'un baron'은 'un demi litre (= 50 centilitres)'를, 'un demi'는 '25 centilitres'를 의미한다.

다. 전체의 일부분을 지적하는 어휘들을 사용하여

une **tranche** de jambon
un **morceau** de pain
une **part** de gâteau
une **tête** de laitue
une **botte** de poireaux

라. 물건을 담는 용기를 사용하여

un **verre** de lait
une **tasse** de café
une **assiette** de frites
une **bouteille** de vin
une **cuillère** de sirop

마. 부분관사를 사용하여

품질명사에 대한 약간의 양을 지적하고자 할 경우 부분관사를 사용한다.

- Donnez-moi **du** pain, s'il vous plaît.
- Vous voulez **du** café ?
- Je vais acheter **de l'**essence.

- Tu as **des** cigarettes ?

- Aujourd'hui, il y a **du** soleil.
- Hier, il y avait **du** vent.

품질명사에 대한 양을 명시할 필요가 있을 경우에는 다음과 같은 표현법을 사용한다.

- Donne-moi **un morceau de** pain.
- Donne-moi **une tranche de** pain.

때로는 부분관사 대신 정관사를 쓸 수 있는데 이 경우에는 일부가 아닌 전체를 가리킨다. 즉 "Donne-moi le pain."의 의미는 그 빵의 전부를 달라는 것이고, "Donne-moi du pain."은 그 빵의 일부를 달라는 의미이다. 또 의미에 따라서는 부정관사 또는 정관사를 사용할 수 있다.

- **Le fromage** est riche en calcium.
- Nous mangeons souvent **du fromage**.
- Le Munster est **un fromage fort**.

품질 명사에 사용된 부분관사는 대략적인 양을 지적하지만, 다음과 같은 표현들을 사용하여 그 구체적인 양을 표현할 수 있다.

- Aujourd'hui, il y a	**beaucoup de** **peu de** **un peu de** **autant de**	vent.

2.13. 할 수 있는 것과 할 수 없는 것 (dire/demander ce qu'on peut faire/ce qu'on ne peut pas faire)

가. 행위 면에서 할 수 있는 것과 할 수 없는 것

1. 할 수 있는 것

- Je peux	venir demain. vous aider.

- Ça me paraît possible.
- C'est faisable.

2. 할 수 없는 것

- Je suis désolé(e),	je **ne peux pas**	venir demain.
		vous aider.
	ça me paraît impossible.	
	ce n'est pas possible.	

배워서 할 수 있는 것과 그렇지 않고도 할 수 있는 것과 구별하여 사용해야 한다. 즉 "Je ne sais pas"와 "Je ne peux pas"의 용법이 다르다.

-Je **ne sais pas** nager (parce que je n'ai pas appris).
-Je **ne peux pas** nager (parce que j'ai mal aux oreilles).

배웠기 때문에 할 수 있는 것과 배우지 않았기 때문에 할 수 없는 것에 관련된 표현들을 예시하면 다음과 같다.

- Je (ne) **sais** (pas)	conduire.
	nager.
	jouer de la guitare.

- Je suis incapable de conduire la voiture.
- (L'informatique), je n'y connais rien.

- Je (ne) **suis** (pas)	très **doué**(e)	pour les maths.
- Il (n')**est** (pas)		pour les affaires.
- Elle (n')**est** (pas)		

- Il(Elle) est	fort(e)	en français.
	faible	en gym.(=gymnastique)

◇ - Il(Elle) est nul(le)	en latin.
	en maths.(=mathématiques)

나. 신체적이거나 지적인 능력 면에서 할 수 있는 것과 없는 것

1. 능력 있음

- Je	suis capable de peux	m'occuper d'elle tout seul.

- Je	suis assez en forme pour peux	faire cette promenade.

2. 능력 없음

- Je	suis incapable de ne suis pas assez en forme pour n'y arrive pas.	traduire ce texte. faire partie de l'équipe.

다. 할 수 있는 것에 대한 요청과 응답

1. 요청

- (Est-ce que/qu')	je peux on peut je peux j'ai le droit de	manger ici ? sortir par là ? m'inscrire en troisième année ?

- Est-ce qu'il serait possible d'ouvrir la fenêtre ?

2, 이에 대한 대답

- Oui, vous pouvez - Oui, vous avez le droit de - Non, vous ne pouvez pas - Non, vous n'avez pas le droit de	sortir. le faire. manger.

2.14. 기억 (dire qu'on se souvient/qu'on ne souvient pas de quelque chose)

기억한다고 또는 기억이 나지 않는다고 말하기

- Je me souviens encore - Je ne me souviens plus - Tu te souviens encore			d'elle. d'eux. des vacances que nous avons passées ensemble.
- J'ai de (très)	bons mauvais	souvenirs	

- Je me rappelle - Je ne me rappelle plus	cette personne. les vacances de l'année passée.

- Je ne l'oublierai pas.

이에 대한 질문과 답

- Tu t'en souviens ?

- Oui, je m'en souviens.

- Non, je (ne) m'en souviens	pas. plus.

- Non, je ne me rappelle pas.
- Non, ça ne me dit rien.

기억이 막연하다면 다음과 같이 답할 수 있을 것이다.

- Oui,	ça ce nom-là	me dit quelque chose.

- Oui, j'en ai entendu parler ...

2.15. 사건의 연속 (raconter une suite d'événements)

연속된 사건들을 말하기

사건이 연속적으로 일어난 상황을 표현하고자 할 경우 다음과 같은 표현들을 사용한다.

- D'abord ... - Au début ... - Quand (il est arrivé) ...	et puis ... alors ... ensuite ... après ... au bout d'un moment ... au même moment ... en même temps ...	enfin ... finalement ... en fin de compte... à la fin ...

그 사용의 예시를 보이면 다음과 같다.

- **D'abord,** il ne disait rien, il restait tout seul dans son coin. Alors, je l'ai présenté à ma cousine. **Au bout d'un moment,** il avait l'air heureux. **Ensuite,** je les ai vus en train de danser ensemble. **A la fin,** il s'amusait tellement qu'il ne voulait pas rentrer.

과거의 사건이나 상황을 설명하기 위해서는 시간의 표지어 사용법과 현재, 복합과거, 반과거, 대과거 등의 시제의 용법을 알아야 한다. 특히 사건과 사건 사이의 시제 관계를 알아야 할 것이다.

☞ 현재 사실이나 상황(5.7.), 과거 사실이나 상황(5.8.)

3. 표현 기능 (Fonction expressive)

3.1. 견해나 의견 (exprimer une opinion/demander son avis à quelqu'un)

☞ 동의와 반대(3.5.), 판단(3.12.)

가. 견해나 의견 묻기

- Comment vous le (la) trouvez ?
- Comment tu trouves ça ?
- Qu'est-ce que vous en pensez ? (Qu'en pensez-vous ?)
- Qu'est-ce que vous dites de ça ?
- J'aimerais avoir votre avis.
- Qu'est-ce que tu en dis ?
- Quel est votre avis ?
- Ça te plaît ?
- Vous trouvez que c'est bon (mauvais) ?
- C'est bien, comme ça ?
- Qu'est-ce que tu ferais à ma place ?

'penser' 동사를 사용하여 의견을 물을 경우, 사물에 대해서는 'en'을 쓰고 사람에 대해서는 'de lui'를 쓴다.

- On fait une partie d'échecs ?
- Qu'est-ce que tu **en** penses ? (= Qu'est-ce que tu penses de ça ?)
- Qu'est-ce que tu penses **de lui** ? (= Qu'est-ce que tu penses de Pierre ?)

'penser', 'croire' 동사나 'à votre avis', 'd'après vous', 'selon vous' 등의 표현을 사용하여 의견을 물을 경우에는 그것이 무엇에 대한 것인지를 분명하게 지적해야 한다.

- Est-ce que **vous croyez** qu'il va faire beau ?
- Est-ce que **vous pensez** qu'il faut continuer ?
- **D'après toi,** il faut prendre un parapluie ?
- **A ton avis,** il va pleuvoir ?
- **Selon vous,** est-ce qu'il faut continuer ?

상황에 따라서 의견을 묻는 표현들을 예시하면 다음과 같다.

- Lequel achèteras-tu ?
- Tu me conseilles de la prendre en rouge ou en vert ?
- Comment faire pour le prévenir ?
- J'ai raison ou pas ?
- Qu'est-ce que je dois faire, tu crois ?
- Qu'est-ce qu'on pourrait lui offrir ?
- Pouvez-vous m'expliquer pourquoi il a fait cela ?

나. 견해나 의견 표명

1. 개인적인 견해임을 나타내는 표현들

개인적 견해나 관심을 나타내는 동사로는 "Je crois que ... (..., je crois.)", "Je pense que ... (...,je pense.)", "Je trouve que ...", "Je suis sûr que ...", "Je suis persuadé que ..." 같은 표현들이 있다.

- **Je crois que** Louis est très intelligent.
- Louis est très intelligent, **je crois.**
- **Je pense qu'**il a raison.

- Je trouve que Louis est très intelligent.
- Je suis sûr qu'il a raison.
- Je suis persuadé qu'il a raison.

그러나 이 동사들을 부정문으로 사용할 경우에는 'que' 다음에 접속법으로 써야한다. 그러나 프랑스 사람들은 친숙어에서 이 규칙을 지키지 않는 경향이 있다.

- Je ne suis pas sûr que vous m'ayez compris.
- Je ne suis pas persuadé que ce soit une bonne solution.
- Je ne trouve pas qu'il soit très en forme.
- Je ne crois pas qu'il ait compris.

- Je ne pense pas qu'il vienne.

◊ - Je ne crois pas qu'il viendra.

이러한 동사들 말고도 의견을 나타내는 동사들이 있는데 이 경우에는 긍정문에도 접속법을 사용해야 한다. 그 예를 들면 다음과 같다.

가) aimer

- Je n'aime pas qu'on me mente.
- J'aime qu'on vienne me voir.

나) détester

- Je déteste qu'on me prenne pour un imbécile.
- Je ne déteste pas qu'on me fasse un petit cadeau.

다) avoir horreur

- J'ai horreur qu'on me fasse attendre.

동사의 표현 이외에도 'à mon avis', 'd'après moi (lui)', 'selon moi (lui)', 'pour moi', 'pour ma part', 'en ce qui me concerne' 같은 표현을 사용하여 견해나 의견을 나타낼 수 있다.

- D'après moi, Louis est très intelligent.
- A mon avis, c'est le premier le meilleur.
- Pour ma part, je préfère le train.
- En ce qui me concerne, je n'aime pas la chasse.
- A mon avis, c'est le plus grand musicien du vingtième siècle!

다소 불명확한 견해를 표명하고자 할 때 다음과 같이 말할 수 있겠다.

- **J'ai l'impression que**	Pierre ne s'entend pas avec le nouveau
- **Il me semble que**	chef de service.

- Cela ne m'étonnerait pas qu'il soit malade.
- Elle a l'air en forme, vous ne trouvez pas ?

또한 'devoir'와 'pouvoir' 동사의 조건법을 사용하여 이를 나타낼 수 있다. 즉 "Je pense qu'il viendra."나 "Je crois qu'il se fâchera."라는 문장의 경우 직설법 대신에 다음과 같이 'devoir나 pouvoir의 조건법 + 부정법'을 사용하여 불명확한 견해를 표현할 수 있다.

- Je pense qu'il **devrait** venir.
- Je crois qu'il **pourrait** se fâcher.

2. 개인적 의견임을 강조하기

가) Moi, je ...

- **Moi, je** suis sûr qu'il est fâché.

나) personnellement

- **Personnellement,** je pense qu'il n'a rien compris.
- Moi, **personnellement,** je suis sûr qu'il ne viendra pas.

다) Ce qui (ce que) ..., c'est ...

- Moi, **ce qui** me plaît chez ce garçon, **c'est** sa douceur.
- **Personnellement, ce** que je n'aime pas, **c'est** son attitude agressive.

위의 예시문들은 앞에서 제시한 표현들('moi', 'personnellement', 'ce qui')을 중복적으로 사용한 것으로, 개인적 견해에 대한 강조를 나타낸다.

"Ce qui (Ce que) ..., c'est que..."의 표현을 사용하여 강조할 수 있는 것은 명사뿐만 아니라 문장도 될 수 있다.

- Ce que je déteste, c'est le mensonge. (명사)
- Ce que je ne supporte pas, c'est qu'on me prenne pour un imbécile! (문장)

3.2 강조 (insister)

☞ 부정 대답(1.2.2.), 견해나 의견(3.1.), 화법(5.3.)

가. 상대방이 믿지 않으려고 할 경우

- (Mais)	je vous assure	que c'est vrai!
	je vous jure	
	je te garantis	
	je te dis	

◇ - Sans blague! (= Je ne plaisante pas. / Je dis la vérité.)
◇ - Non, mais sans blague!

나. 부정 대답을 강조하기

- Non, vraiment.
- C'est non!
- J'ai déjà dit "Non"!
- Quand je dis "Non", c'est non.
- Ce n'est pas la peine d'insister.
- Inutile d'insister. (= C'est toujours non.)

상황에 따라 여러 의사소통 기능들을 다음과 같이 강조할 수 있다.

- Allez viens!
- Mais si, viens!
- Vous ne pouvez pas me refuser ça!
- Allons, faites-moi plaisir, reprenez un peu de poulet.
- Si, si, j'insiste, on ne peut pas faire ça sans vous!
- Vous n'allez pas refuser mon invitation, quand même!
- Permettez-moi d'insister.

3.3. 확실성, 개연성, 가능성, 불가능성, 의심 (exprimer lacertitude, la probabilité, la possibilité, l'impossiblilté et le doute)

어떤 사건이나 상황이 발생할 수 있는 확률의 관점에서 확실성(certitude), 개연성(probabilité), 가능성(possibilité), 불가능성(impossibilité), 의심(doute)으로 구분하여 표현할 수 있을 것이다.

가. 이에 대해 질문하기

- C'est vrai ?
- Croyez-vous vraiment qu'il sait ?
- Vous êtes sur ?
- Pas possible ?
- Tu (en) es sûr(e) ?

나. 확실성을 표현하기

확실성이란 이루어질 가능성이 의심의 여지가 없음을 의미한다.

- C'est - Il est	sûr certain sûr et certain clair évident	qu'elle le sait. que son travail s'améliore.

- Elle le sait, c'est	sûr. certain. clair. évident.

- Je suis sûr de son innocence.
- J'en suis sûr.

- Bien sûr, - Evidemment,	vous ne pouvez pas tout faire aujourd'hui.

- Vous ne pouvez pas tout faire aujourd'hui,	bien sûr. évidemment.

- Je suis convaincu(e) - Je suis persuadé(e)	que c'est son écriture.

- C'est son écriture, j'en suis	convaincu(e). persuadé(e).

- Il n'y a pas de doute.
- Je vous assure.
- Oui, sans aucun doute.

□ - Il est incontestable que cet homme est innocent.

'sans aucun doute'와 'sans doute', 'sûrement'과 혼동하지 말 것. 전자는 전혀 의심이 없이 확실하다는 것을 의미하지만, 후자는 그럴 수도 있다는 것을 의미한다.

즉 "Je viendrai sans doute te voir demain."은 "Je viendrai te voir demain, si c'est possible"이라는 의미이지만, Je viendrai sans aucun doute te voir demain.은 "Je viendrai te voir demain, je t'assure."라는 의미이다.

다. 개연성을 표현하기

개연성이란 확실하지 않지만 거의 그럴 수 있다는 것을 의미한다.

1. 객관적인 관점에서의 개연성

- **Sans doute** qu'il s'est perdu.
- Il s'est perdu **sans doute.**

- Tu crois qu'il s'est perdu ?
- **Sans doute.**

- Il a **dû** se perdre.
- Elle **doit** être sortie. J'ai téléphoné, mais elle ne répond pas.

2. 주관적인 관점에서의 개연성

- **Il semble bien** | qu'on lui a dit la nouvelle.
- **Il me semble** |

□ - **Il semble que** ce tableau ne soit pas de La Tour.

'devoir' 동사는 강한 개연성(... 임에 틀림없다.)을 나타내는 데 사용된다.

- Tu le vois ?
  Non, mais normalement, il doit être là. (= Je suis presque certain(e) qu'il est là.)

- Comment, elle est déjà là ?
- Oui, elle a dû partir avant la fin de son cours. (= Il est vraisemble qu'elle est partie, mais je ne peux pas être sûr(e). 또는 Elle est sans doute partie avant la fin de son cours. 또는 Je suis presque certain(e) qu'elle est partie avant la fin de son cours.)

'devoir' 동사가 개연성의 의미로 사용되는 경우와 필요성(... 하지 않을 수 없나.)을 나타내는 경우를 혼동해서는 안 된다.

- Je dois lui rendre ce livre avant demain.
- Il est arrivé en retard. J'ai dû attendre une demi-heure. (= J'ai été obligé(e) d'attendre.)

라. 가능성을 표현하기

가능성이란 실현될 가망성이 있을 수 있다는 것을 의미한다.

- C'est bien **possible.**
- **Peut-être qu'**il fera beau demain.
- Il fera beau demain **peut-être.**
- Il fera beau **peut-être** demain.

구어에서 흔히 'peut-être'는 [ptɛt]로 발음한다.

- Il | **peut** / **pourra** / **pourrait** | faire beau demain.
- Il est (bien) **possible que** cela se soit passé ainsi.
- Il **n'est pas impossible qu'**il dise la vérité.
- Eventuellement.
- C'est faisable.
- **Y a des chances qu'**il pleuve ce soir. (= Il est possible qu'il pleuve ce soir.)

□ - **Il se peut qu'**
□ - **Il se pourrait qu'**
◇ - **Ça se pourrait qu'** | il fasse beau demain.

◇ - **Paraît que (qu')** | t'étais malade. / tu t'es marié. / tu as acheté une bagnole. / ils vont augmenter les impôts.

'paraître' 동사는 가능성을 표현하는데 흔히 사용되는 동사이나, 문맥에 따라 다른 의미로 사용될 수 있다.

- Il **paraît** malade. (= Il a l'air malade.)
- Il **paraît** qu'il est malade. (= On dit qu'il est malade.)

마. 불가능성을 표현하기

불가능성이란 실현될 가능성이 거의 없다는 것을 의미한다.

- Tu crois qu'il pourra le faire avant ce soir ?

- C'est	totalement complètement tout à fait	exclu.

- Il est exclu qu'il fasse partie de notre équipe de travail.

- Il m'est - Il lui est	impossible de faire tout cela avant ce soir.

- Il est impossible - Il n'est pas possible	qu'il y ait une erreur dans ces chiffres.

- C'est hors de question.
- Il y a peu de chances que cela arrive.

□	- Ce m'est impossible de - Ça m'est impossible	venir.

◇	- C'est pas - Non, ce n'est pas	possible.

바. 의심을 표현하기

의심은 그럴 가능성이 없고 불확실하다는 것을 의미한다.

- Je ne (le) crois pas.
- Je ne (le) pense pas.

- Je ne crois pas - Je ne pense pas - Ça m'étonnerait	qu'il vienne.

- Ça dépend.
- Pas forcément.
- J'hésite.
- J'ai un doute.
- J'en doute.
- Je ne suis pas convaincu(e).

- Je ne suis pas sûr(e).
- Je suis sceptique.
- C'est surprenant!

"C'est surprenant!", "Ça m'étonne.", "Ça m'étonnerait."는 강한 의심을 나타낸다.

'douter'와 'se douter'는 거의 반대 의미를 지니므로 혼동해서는 안 된다.

- Je doute qu'il vienne. (= Je ne pense pas qu'il vienne.)
- Il est venu ? Je m'en doutais. (= J'étais presque sûr(e) qu'il viendrait.)

3.4. 필요성 (exprimer la nécessité/l'obligation de faire quelque chose)

해야 할 필요성이나 의무를 표현하기

- C'est nécessaire.
- C'est obligatoire.
- Il est important qu'il vienne.
- Il est temps de partir.

- Je dois	m'en aller.
- Impossible de ne pas	terminer ce travail.
- Je suis obligé(e) / tenu(e) / ◇ forcé(e) de	
- Je ne peux pas ne pas	
□ - Je me trouve dans l'obligation de	

- J'ai besoin de votre réponse immédiatement.
- On m'a obligé(e) à me taire.

- Impossible de	faire autrement.
- Pas moyen de	dire autrement.
- Je ne vois pas comment je pourrais	quitter la réunion avant la fin.

- J'ai | un devoir / ce travail | à | terminer. / faire.

- Il faut que / - Il est indispensable que ◇ | je parte. / tu t'en ailles. / tu files.

필요성을 변명의 의미를 포함시켜 다음과 같이 표현할 수 있을 것이다.

- Je n'ai pas le choix.
  Je ne peux pas faire autrement.
- Je suis contraint(e) de(d') / - Pas moyen de(d') / □ - Nous nous voyons dans l'obligation de(d') | accepter. / faire autrement.

"Il faut partir."라는 문장은 떠나야 할 사람이 누구인지 알 수 없으므로 이를 분명히 하려면, "il faut que + partir의 접속법"의 구문을 써야 한다.

- Il faut que | je parte. / tu partes. / nous partions. / vous partiez.

'obligatoire'와 'facultatif'는 의무나 불필요성을 나타내는 사법 또는 행정적 표현에서 흔히 쓰인다.

- La réservation est **obligatoire** dans les trains à grande vitesse (TGV). (= On ne peut pas y monter si on n'a pas réservé.)
- Pour le diplôme X, le cours de grammaire est **obligatoire**, mais le cours de traduction est **facultatif**.

3.5. 동의와 반대 (dire qu'on est d'accord/qu'on n'est pas d'accord)

☞ 견해나 의견(3.1.), 자발적 행위의 수락과 거절(4.9.), 초대(1.1.6.), 도움의 제안(4.7.)

가. 동의 여부 묻기

- C'est bien comme ça ?
- J'ai bien fait, non ?
- Vous êtes d'accord avec moi ?
- D'accord ?

나. 동의하기

동의 표명은 그 정도에 따라 다음과 같이 표현할 수 있다.

1. 전적인 동의

- Ah! ça oui!
- Bien sûr que oui.
- C'est vrai!
- Ça, c'est vrai!
- Et comment!
- Tout à fait!
- A qui le dis-tu! (= Tu me le dis à moi qui sais bien ce que tu dis. 또는 Je sais bien ce que tu dis.)
- C'est sûr!
- C'est certain!
- C'est sûr et certain!
- Absolument!
- Exactement.
- (C'est) exact.
- Bien entendu. (= Evidemment.)
- Je suis d'accord | pour partir le 20 octobre.
- D'accord |
- Sans aucun doute.
- Vous avez (tout à fait) raison.
- Vous avez bien fait.
- Je suis (tout à fait) de votre avis.

2. 부분적 동의

- (Oui...) | C'est (bien) possible.
  Peut-être (bien).
  Si vous voulez.
  Sans doute.
  Ça se peut.
  Si tu le dis.
- Je n'ai rien contre.
- Je suis partiellement d'accord.

◇ - Mouais!

다. 반대하기

1. 부분적 반대

- (Non ...) pas | vraiment.
  tellement.
  toujours.
  tout à fait.
- Je ne suis pas tout à fait d'accord.
- Je ne suis pas très convaincu(e).
- Je n'en suis pas sûr(e).
- Je me le demande.
- Ce n'est pas | sûr.
  certain.
- C'est à voir.
- Quand même! (= Il ne faut pas exagérer!)
- Tu es sûr(e) de ce que tu dis ?

□ - Je n'en suis pas convaincu(e).

2. 전적인 반대

- Je ne suis pas d'accord.
- Je crois que non.
- J'en doute.
- Je ne partage pas votre avis.
- Ce n'est pas vrai.

- Absolument pas!
- Pas du tout!
- Bien sûr que non.
- Nous n'avons pas la même opinion.
- Vous vous moquez de moi!
- Tu plaisantes!
- Tu as tort.
- Tu te trompes.
- Mon oeil! (= Je ne te crois pas, tu mens)

□ - Je ne suis absolument pas de votre avis.
◇ - Quelle drôle d'idée!
◇ - Tu rigoles!
◇ - Tu te fiches de moi ?!
◇ - Ça va pas, non ?!

라. 중립적인 입장을 표명하기

- Ça m'est égal.
- Ça n'a pas d'importance.
- Peu importe!
- Je ne sais pas.

3.6. 옳음과 그름 (dire que l'autre personne a raison/a tort)

가. 어떤 주장을 받아들이거나 거부하기

- Vous êtes le mari de Madame Lauriston ?
- (Oui,) | c'est (bien) ça.
  | c'est exact.

- (Non,) | vous faites erreur.
  | vous vous trompez.

- La politique n'a rien à voir avec le sport.

- (Oui,) | vous avez raison.
  | effectivement.
  | c'est vrai.

- (Non,) | ce n'est pas vrai.
  | vous avez tort.

☞ 긍정 대답(1.2.1.), 부정 대답(1.2.2.), 동의와 반대(3.5.)

나. 옳다고 주장하기

- Vous êtes sûr(e) de ce que vous dites ?

- Oui, j'en suis sûr(e).
- Oui, c'est bien ça.
- Oui, je t'assure!
- Absolument!

◇ - Mais puisque je te le dis!

위의 표현 가운데 'je te le dis'는 [ʃtəldi]로 발음한다.

다. 잘못을 인정하기

- (Ah non,) | je me trompe.
  | j'ai tort.

- (Excusez-moi,) | je n'ai rien dit. (= Oubliez ce que j'ai dit.)
□ | je fais erreur.

'avoir raison'과 'avoir tort'는 복합과거로 사용하면, 칭찬이나 비난의 의미를 지닐 수 있다.

- **J'ai eu** bien **raison** de ne pas attendre, parce qu'il avait oublié le rendez-vous.

- **J'ai eu** | **tort** de lui dire ça. Elle l'a mal pris.
- **Tu as eu** |

'se tromper'는 전화번호를 잘못 돌렸다든지 아파트 문을 잘못 두드렸을 때 흔히 쓴다.

- Excusez-moi. Je **me suis trompé(e)** de numéro.
- Excusez-moi. **Je me suis trompé(e)** de porte.

MODE D'EMPLOI

가. 의견이나 주장에 대하여 반대하는 표현법

상대방의 의견이나 주장에 대한 반대의 표현을 형용사나 부사 또는 접속사를 사용하여 나타낼 수 있다.

1. 형용사

- C'est **beau.**
- Non, c'est **affreux.**

- C'est **joli.**

◇ - Je trouve ça plutôt **moche.**

- C'est **bien.**

◇ - C'est pas **terrible.**

- C'est **affreux.**

◇ - Oh, c'est pas si mal que ça.

- C'est horrible.
- Ça pourrait être pire.

이상의 예시들은 미추에 관련된 형용사들(beau, magnifique, splendide, joli, laid, affreux, horrible, moche 등) 가운데 대립되는 형용사로 상대방의 의견에 대한 반대를 표현한 것이다. 이와 같이 반대 뜻을 지닌 형용사를 사용하여 반대 의견을 표현할 경우에는 형용사가 지닌 의미의 차이점을 잘 알고 사용해야 한다. 그러나 어떤 주장이 형용사로 표현되었다 해서 반드시 형용사를 사용하여 반대 주장을 표현해야 하는 것은 아니고, 다른 표현을 사용하여 이를 나타낼 수도 있다.

☞ 불평과 유감(3.8.)

2. 부사나 접속사

가) mais, poutant

이 표현은 상대방의 주장을 인정하지만 이 주장을 제한적으로 인정하고자 할 경우에 사용한다. 특히 'penser que', 'dire que'와 같은 표현을 사용하여 상대방이 의견을 표현할 경우 이에 대한 반대 의견을 나타내기 위하여 사용된다.

- C'est beau.
- Mais c'est cher.

- C'est mauvais.
- Mais c'est bon pour la santé.

- Qu'est-ce qu'il t'a dit ?
- Il m'a dit que Pierre devrait travailler un peu plus.
- Pourtant il a souvent de bonnes notes

◇ - Tiens, j'ai rencontré le prof de maths de Pierre.

나) trop, ne ... pas assez

1) trop+ 형용사, ne ... pas assez + 형용사

- C'est trop bruyant.
- C'est trop grand.
- Ce n'est pas assez confortable.
- Ce n'est pas assez grand.

2) trop (pas assez) de + 명사

- Il y a **trop** de bruit.
- Il mange **trop de** chocolat.
- Il n'y a **pas** assez **de** lumière.
- Il n'y a **pas** assez **de** travail.

'trop'는 수용할 수 있는 한계를 넘어섰음을 의미하며, 'pas assez'는 수용할 수 있는 한계에 미치지 못함을 의미한다. 즉 "C'est trop cher."는 "Je ne peux pas l'acheter."를 의미하며, "Je n'ai pas assez d'argent."은 "Il me manque de l'argent."을 의미한다.

다) même, même pas

'même'는 긍정적 의미든 부정적 의미든 이미 언급한 정보에 또 다른 보충적 정보를 덧붙이고자 할 경우에 사용된다.

- C'est grand.
◇ - C'est cher mais il y a **même** une terrasse.

- C'est petit.
- Ce n'est pas cher et il n'y a **même** pas de salle de bains.

라) quand même

'quand même'는 부정적인 견해를 긍정적인 견해로 바꾸는데 사용된다.

- Il n'y a même pas de salle de bains.
- Il y a **quand même** une douche.

- Cette voiture n'est pas très rapide.
- Elle peut **quand même** rouler à 150 Km/heure.

마) si

'si'는 어떤 사항을 결정하는 과정에서 긍정적이거나 부정적 이유를 표명하는데 사용될 수 있다. 다음은 'si'를 활용하여 동의와 반대 의견을 표시한 예문이다.

- **Si** on s'installe à la campagne, il faudra acheter une voiture. (부정적 이유)
- **Si** l'on va à la campagne, ça fera du bien aux enfants. (긍정적 이유)

다음은 어떤 마을에 대한 상반된 의견을 이상의 표현들을 이용하여 나타내고 있는 일련의 대화이다.

① - C'est tout petit. (부정적인 의견)
② - **Il** y a **quand même** 2.000 habitants. (긍정적인 의견)
③ - Il n'y a pas de cinéma. (부정적인 의견)
④ - Oui, **mais** c'est tranquille. (긍정적인 의견)
⑤ - C'est à 50 kms de la ville. (부정적인 의견)
⑥ - **Mais** les gens sont plus gentils qu'en ville. (긍정적인 의견)

이상의 대화는 부정적 의견과 긍정적 의견이 교차하면서 전개되고 있다. 자신의 견해를 계속적으로 주장하기 위하여 상대방의 의견에 대한 반대 이유를 설명하고 있다. 위의 대화에서 보는 바와 같이 의견을 형용사로 표현하고 있지만, 그 반대 의견을 형용사로 표현하고 있지 않다. 즉 ①의 문장에서 'petit'라는 부정적 견해에 대한 반대 견해를 ②의 문장에서 'quand même'라는 부사와 '2.000 habitants'이라는 명사로 표명하고 있고, 이것은 ③과 ④의 문장의 경우에서도 마찬가지이다. 즉 반대 의견의 표시는 관련된 상관 어군만으로 표현되는 것은 아니다.

나. 토론을 종결하는 표현법

서로 다른 의견이나 주장을 표명한 뒤 대화를 종결하기 위하여 다음과 같은 표현들을 사용할 수 있다.

1. finalement

'finalement'은 토론을 동의로 종결짓는데 사용된다.

- **Finalement,** tu as raison.
- **Finalement,** c'est assez joli.

2. Ce n'est pas si (aussi) ... que ...

이 표현은 이미 앞서 표명했던 의견을 다시 언급하는데 사용된다. 예를 들어서 어떤 사람에 대해 "C'est un imbécile." 라고 말한 것에 대하여 상대방이 이에 동의하지 않을 경우 대화자들이 서로의 반대 의견을 나눈 후 상대방의 의견에 동의하게 된다면, 다음과 같이 이를 표현할 것이다.

- Finalement, il **n'est pas si** bête.

- Il n'est pas aussi bête que ça.

위 예문에서 'que ça'는 'que je (tu) le disais' 또는 'que je (tu) le pensais'를 의미한다.

3. moins ... que, aussi ... que

이 표현은 주장하였던 것을 변경하여 표현하고자 할 경우에 사용된다.

- C'est **moins** bruyant **que** je le pensais.
- Il est **plus** sympa **que** je le pensais.

이미 앞서 언급한 것을 다시 언급할 경우 'pensais', 'disais', 'croyais' 등과 같은 반과거를 쓴다.

4. de toute façon

이 표현은 반대 의견이나 주장이 어떻든 이를 무시한다는 의미를 지닌다. 예를 들어서 "**De toute façon**, on n'a pas le choix."라는 표현은 토론할 가치가 없이 선택의 여지가 없다는 것을 의미하며, "**De toute façon**, il pleut."라는 표현은 비가 오고 있기 때문에 옥외 활동에 대한 제안에 반대한다는 것이 소용이 없고 옥내 활동에 동의하지 않을 수 없다는 것을 의미한다. 또 이와 비슷하게 "**De toute façon**, il est trop tard pour aller au cinéma." 라는 표현은 늦었기 때문에 영화를 보러 가지 말자라는 의견을 내보아야 소용이 없고 다른 의견에 동의 할 수밖에 없다는 것을 의미한다.

3.7. 만족 (dire qu'on est content)과 불만 (dire qu'on est mécontent)

☞ 타인의 행위에 대한 질책과 비난(3.9.)

가. 만족한다고 말하기

- Je suis	content(e)	de te voir.
	heureux(se)	de les revoir.
	enchanté(e)	qu'elle soit arrivée.
	ravi(e)	
	satisfait(e).	
	fou(folle) de joie	

- Ça me plaît.
- Ça me convient.
- Ça me va.
- C'est (très) bien.
- C'est parfait.
- C'est satisfaisant.
- Formidable!
- Tant mieux!

◇ - Chouette!
◇ - Ça me ravit.

'enchanté'는 상대방을 처음 만나는 상황에서 만족을 나타내는 정중한 표현이고, 'satisfait'는 윗사람이 아래 사람에 대한 만족을 표현하는데 일반적으로 쓰인다. 그러나 이 경우에 'satisfait'를 쓰지 않고 'enchanté'를 쓴다면 완전한 만족을 의미한다.

☞ 소개(1.1.4.)

- Le professeur est **satisfait** du travail des élèves.
- Un patron est **enchanté** du travail de ses employés.

나. 불만이라고 말하기

- Je suis	mécontent.
- Il(Elle) est	agacé(e).
	ennuyé(e).
	fâché(e).
	en colère.
	furieux(euse).
◇	furax.

Ça	m'agace.
	m'ennuie.
	m'enquiquine.
	m'exaspère.
◇	me casse les pieds.
◇◇	m'emmerde.

◇ - Zut!
◇◇ - Merde!

"Ça me plaît (beaucoup) (de revoir ce film)."나 "Ça me déplaît (d'attendre trop longtemps)."과 같은 표현은 감정에 바탕을 둔 (불)만족을 나타낸다.

'ennuyer' 동사는 문맥에 따라 여러 가지 다른 의미로 쓰일 수 있다.

- Ce film m'ennuie. (= Ce film m'endort.)
- Il m'ennuie avec son impatience. (= Il m'agace.)
- Ça m'ennuie de vous demander ça. (= Ça me gêne.)
- Ça m'ennuie de refaire ce travail. (= Ça me déplaît.)

"Je m'ennuie."와 "Je suis ennuyeux."의 차이점에 유의해야 한다. "Vous êtes ennuyeux." 라는 문장의 의미는 "A cause de vous, je m'ennuie."라는 뜻이고, "지루하십니까 ?" 라고 물을 경우에는 "Vous vous ennuyez ?" 로 표현해야 한다.

3.8. 불평 (se plaindre et plaindre)과 유감 (dire son regret)

가. 타인이나 자신에 대하여 불평하기

상황에 따라서 불평을 다음과 같이 표현할 수 있다.

- Zut! On m'a volé ma mobylette!
- J'en ai assez d'attendre.
- Il y a trop de bruit dans l'immeuble, je n'en peux plus.
- Je suis débordé(e) de travail!
- Oh non! Quelle circulation!
- Si ça continue, je démissionne!
- Il ne me comprend pas et il ne me comprendra jamais!
- Vous vous rendez compte! Il ne fait jamais ses devoirs avant dix heures.
- Tu ne peux pas faire attention!
- Mais qu'est-ce que j'ai ? (= Je ne suis pas dans mon état normal.) J'oublie tout, en ce moment.
- Oh là là, ce qu'il peut être embêtant, celui-là!
- Oh là là, ce que j'ai mal à la tête!
- Quelle odeur, c'est insupportable!
- Des fleurs, vous croyez qu'il m'en offrirait!

◇ - Mince! J'ai perdu mon sac!

◇ - Je n'y arrive plus, je suis crevé! (crevé = très fatigué)
◇ - Merde! J'ai été collé(e) à l'examen. (시험에 합격하였다는 뜻이 아니라 그 반대로 불합격했다는 뜻임을 주의할 것)

이러한 불평에 대하여 다음과 같이 대답할 수 있다.

- Ce n'est pas drôle.
- C'est triste, ça!
- Tu n'as vraiment pas de chance!

◇ - Tu n'as vraiment pas de veine! (= Tu n'as vraiment pas de chance!)
◇ - C'est moche, ça! (= C'est ennuyeux, ça.)
◇ - C'est pas drôle.

나. 유감을 표현하기

- C'est (vraiment) dommage!
- Dommage!
- Quel dommage!
- Hélas!
- Malheureusement!

- **Je regrette**	la vie à la campagne. d'avoir dit cela (ça). qu'elle ne soit pas venue.

- Malheureusement □ - Hélas	elle n'est pas venue!

- **C'est** (vraiment)	**dommage**	que tu sois obligé de partir si tôt.
◇	**bête**	de ne pas y aller.

- **Je suis désolé(e)** - **Quel dommage**	que tu ne puisses pas venir!

- Je suis **désolé(e)** de ne pas la voir.

◇ - C'est bête (idiot, stupide)!
◇◇ - C'est con!

3.9. 타인의 행위에 대한 질책과 비난 (désapprouver les actions d'une autre personne, les lui reprocher)

☞ 좋아하는 것과 좋아하지 않는 것(3.10.), 과거 행위에 대한 자책(3.16.)

가. 대수롭지 않은 행위나 망각

- Tu n'aurais pas dû | laisser la fenêtre ouverte.
- Il ne fallait pas |

- Tu as eu tort | de lui parler comme ça.
- Ce n'était pas bien |
- ◇ C'était pas bien |

나. 난처하게 하거나 기분을 상하게 하는 보다 심각한 행위

- Tu as décidé sans me demander mon avis!
- Comment as-tu pu faire ça ?
- Tu ne penses qu'à toi!
- Je t'ai déjà dit plusieurs fois de ne pas agir ainsi!
- Tu as eu tort.
- Tu exagères!
- C'est | très grave.
  | scandaleux.
  | inadmissible.
- Vous n'avez pas à dire des choses pareilles!
- Tu aurais mieux fait de te taire.
- Tu as eu tort de partir sans elle.
- Ne roule pas trop vite, je n'aime pas ça.
- Il est 11 heures! C'est à cette heure-ci que tu rentres ?
- Il fallait venir plus tôt.
- Il y a une demi-heure que j'attends.
- C'est toujours toi qui arrives le dernier.
- Tu sais, ce n'est pas très gentil d'arriver si tard.
- Si tu avais réparé la voiture, je serais déjà parti!

- Pourquoi ne m'as-tu pas téléphoné à 8 heures comme convenu ?
- Tiens, il n'y a plus de chocolat! Et tu dis que tu n'en manges pas!
- Tu aurais dû m'en parler.

□ - Il dit toujours du mal des autres, je déteste ce genre de comportement.
□ - Comment osez-vous me dire ça!
□ - J'ai un reproche à vous faire. (상급자가 하급자에게)

상대방이 과거에 저지른 잘못을 비난하기 위해서는 'devoir'동사의 조건법 과거 부정문을 사용한다. 자신의 행위에 대하여 이 구문을 사용하면 후회의 의미를 지닌다. ☞ 가정(5.2.)

- Tu n'aurais **pas dû** dire ça!
- Je n'aurais **pas dû** lui dire ça.

3.10. 좋아하는 것과 좋아하지 않는 것 (dire ce qu'on aime/ce qu'on n'aime pas)

☞ 보다 좋아 하는 것(3.11.), 관심과 무관심(3.21.)

가. 사물에 대하여

- J'adore		le cinéma.
- J'aime beaucoup		la cuisine chinoise.
- J'aime bien		la musique arabe.
- Je n'aime pas	beaucoup	le rugby.
	tellement	Bruxelles.
- Je n'aime pas du tout		
- Je déteste		

-Le tennis, ça me plaît	beaucoup.
	bien.

◇ - Je suis	fou (folle)	de westerns.
◇	un(e) fana	

◇ - Pierre est dingue de moto.

위의 표현에서 'fana'는 'fanatique'의 줄임말로서 어떤 것에 열광적인 사람을 뜻한다.

- Ça te plaît ?

- Oui, beaucoup.
- Oh, oui.
- Oh, pas tellement. (= pas beaucoup)
- Pas vraiment. (= pas beaucoup)
- (Non,) pas du tout.
- Non, c'est sans (aucun) intérêt.
- Non, ça me laisse froid.

◇ - Bof! (= pas beaucoup)

나. 사람에 대하여

1. 우정을 표현할 경우

- Christine me plaît	beaucoup.
	bien.

- Je t'aime bien.
- J'aime bien Christine.

- Christine est	une amie.
	une copine.
	ma meilleure amie.

- Je suis très	ami(e)	avec Christine.
	copain (copine)	

2. 사랑을 표현할 경우

- Christine me plaît.
- Je t'aime.

- Il(Elle) est amoureux(euse) de	Dominique.
- Il(Elle) aime	
- Il(Elle) adore	
-Il(Elle) est fou (folle) de	

- Ils sont | fous / amoureux | l'un de l'autre.

Ils | s'aiment / s'adorent | l'un l'autre.

- Ils sont ensemble.
- Ils sortent ensemble.
- Ce n'est qu'un flirt.
- Il(Elle) est amoureux (amoureuse).
- Ils sont tombés amoureux (l'un de l'autre).
- Il est passionné. Elle est très tendre. Il est très affectueux.
- Ils flirtent.
- C'est ma petite copine (amie).

오늘날에는 "C'est son amant." 또는 "C'est sa maîtresse."라는 표현은 거의 사용하지 않는다. 또한 프랑스 사람들은 애인을 부르는데 있어서도, 오늘날에는 'Ma chérie'나 'Mon chéri'라는 표현을 많이 사용하지 않고 있는 대신, 'mon lapin', 'mon canard', 'mon poussin'과 같이 동물 명칭을 사용하여 부르는데 주저하지 않는다.

3. 반감을 표현할 경우

- Il(Elle) n'est pas sympa.
- Je le(la) déteste.
- Je ne peux pas le(la) | voir. / sentir. / ◇ l'encadrer. / ◇ pif(f)er.
- Je n'aime pas du tout son attitude.
- Il ne me plaît pas du tout.
- Je trouve cela stupide.

□ - Je suis vraiment insensible à son charme.

"Je t'aime."라는 표현은 사랑을 나타내지만, "Je t'aime beaucoup."는 사랑 말고도 우정을 의미할 수 있는 반면, "Je t'aime bien."이라는 표현은 사랑을 의미하지 않고, 호감이나 우정 또는 존경 정도를 의미한다.

"Je suis allé(e) au cinéma avec mon ami(e)."라는 표현에서 'ami(e)'의 의미는 친구가 아니라 애인이다. 소유형용사 대신 부정관사를 사용하여 'un ami', 'une amie'라는 표현을 썼다면 그것은 애인이 아니라 친구이다. 그러나 'mon ami Christian' 또는 'mon amie Evelyne' 이라고 한다면, 그것은 친구나 애인이 될 수 있다.

지나간 일에 대하여서는 다음과 같이 묻고 답할 수 있을 것이다.

영화나 연극에 대하여

- Ça t'a plu ?
- Oui, ça m'a plu.
- Non, ça (ne) m'a pas plu.

외출이나 휴가에 대하여

- Tu t'es amusé(e) ?
- Oui, je me suis (beaucoup) amusé(e).
- Non, je (ne) me suis pas amusé(e) (du tout).

'S'amuser'와 'être amusant'의 차이점을 유의할 것.

- Pierre est amusant. (= Grâce à Pierre, je m'amuse bien.)

MODE D'EMPLOI

좋아하는 것과 싫어하는 것을 나타내는 표현

좋아하는 정도를 나타내는 동사와 형용사, 부사의 사용법은 다음과 같다.

가. 동사

좋아한다는 의미를 지니는 동사로부터 싫어한다는 의미를 지니는 동사들을 순차적으로 제시하면 다음과 같다.

긍정적인 의미	raffoler de, être fou de adorer aimer apprécier	+ + + + + + +
부정적인 의미	ne pas aimer ne pas supporter détester haïr avoir horreur de exécrer	– – – – – – – – – – – – – – – – – –

'raffoler'와 'exécrer'를 제외하고 이 동사(구)들은 명사(사물 혹은 사람)나 부정법을 취할 수 있다. 'exécrer'는 일상어에서 거의 사용되지 않는다.

명사(사물)	명사(인물)	부정법
J'aime le cinéma. J'adore le soleil.	J'aime Pierre. J'adore mes enfants.	J'aime voyager. J'adore me lever à midi.
Il est fou de football.	Elle est folle de lui.	없음
Il déteste le fromage. Je hais le travail.	Elle déteste mon frère. Je hais cette fille.	Je déteste parler. 없음
Je ne supporte pas le froid.	Je ne supporte pas ce type.	Je ne supporte pas d'être dérangé.
J'ai horreur du bruit.	J'ai horreur des enfants.	J'ai horreur de mentir.

위의 동사들은 또한 'que + 접속법 동사'의 구문으로 사용될 수도 있다.

- J'ai horreur qu'on me fasse attendre.

나. 형용사

좋아하지 않는다는 것을 표현하기 위해서 "J'aime ça"를 부정문으로 하여 "Je n'aime pas ça." 라고 하든지 또는 'aimer'의 반대 의미를 지닌 'détester' 동사를 사용하여 "Je déteste ça."라고 할 수 있다. 형용사를 사용하여 이를 표현할 경우에도 마찬가지로 "C'est bon."의 부정문인 "Ce n'est pas bon."이라고 하든지 'bon'의 반대말인 'mauvais'를 사용하여 "C'est mauvais."로 표현할 수 있다. 그러나 부정문을 사용하여 좋아하지 않는다는 것을 표현하는 것과 반대 의미를 지니는 낱말을 사용하여 이를 표현하는 것 사이에는 의미의 차이가 있음을 주의해야 한다. 왜냐하면 어떤 낱말들의 반대말이 그 낱말의 부정 표현의 의미와 일치하지 않을 수 있기 때문이다. 예를 들어 'détester'라는 동사는 'ne pas aimer'와 같은 뜻을 지니지 않으며, 'mauvais'는 'ne pas être bon'과 같은 뜻이 아니다. 'détester'의 반대말은 'adorer'이고, 'ne pas être mauvais'의 동의어는 'être assez bon'이다. 이러한 차이점을 유의해야 한다.

다음은 맛, 모습, 크기를 나타내는 형용사, 미추를 나타내는 형용사, 좋고 나쁨을 나타내는 일련의 형용사들에 대하여 그 정도의 차이를 긍정적 의미와 부정적 의미의 관점에서 제시한 것이다.

1. 음식 맛과 얼굴 모습, 물체의 크기를 나타내는 형용사

	음식 맛		얼굴 모습		물체의 크기	
긍정적 의미	succulent délicieux excellent bon	+ + + + + + + + + +	magnifique splendide beau joli	+ + + + + + + + + + +	gigantesque énorme immense grand	+ + + + + + + + + +
부정적 의미	mauvais horrible détestable infect	– – – – – – – – – –	laid affreux horrible épouvantable	– – – – – – – – – –	petit minuscule microscopique	– – – – – –

'bon'과 'beau'를 나타내는 친숙어의 어휘들은 매우 다양하다. 예를 들자면 'chouette', 'super', 'extra', 'moche', 'dégueulasse' 등과 같은 어휘들이 있다. 'dégueulasse'를 음식에 대하여 쓸 경우 'infect'보다 강한 의미(구역질이 나서 토할 것 같은)를 지니는 저속어이다.

2. 아름다움과 추함을 나타내는 형용사

긍정적 의미	◇ super beau	+ + + + + + + + + +
	◇ super chouette	+ + + + + + + + + +
	◇◇ vachement beau	+ + + + + + + + + +
	◇◇ vachement chouette	+ + + + + + + + + +
	splendide	+ + + + + + + + +
	magnifique	+ + + + + + + +
	vraiment très très beau	+ + + + + + + +
	◇ vraiment très très chouette	+ + + + + + + +
	très beau	+ + + + + + +
	◇ très chouette	+ + + + + + +
	beau	+ + + + + +
	◇ chouette	+ + + + + +
	très joli	+ + + + + +
	plutôt beau	+ + + + +
	assez beau	+ + + + +
	joli	+ + + + +
	assez joli	+ + + +
	mignon	+ + + +
	pas mal	+ + +
	pas trop mal	+ +
	pas si laid	+

부정적 의미	pas trop horrible	-
	pas très beau	-
	◇ pas très chouette	-
	plutôt laid	- -
	◇ plutôt moche	- -
	pas beau	- - -
	pas joli	- - - -
	laid	- - - -
	◇ moche	- - - - -
	très laid	- - - - -
	◇ très moche	- - - - - -
	horrible	- - - - - - -
	affreux	- - - - - - -
	◇ super laid	- - - - - - - -
	◇ super moche	- - - - - - - - -

3. 좋고 나쁨을 나타내는 형용사

긍정적 의미	◇ super-bon	+ + + + + +
	◇ extra	+ + + + + +
	◇◇ vachement bon	+ + + + + +
	excellent	+ + + + +
	magnifique	+ + + + +
	vraiment très très bon	+ + + + +
	vraiment très bon	+ + + +
	fameux	+ + + +
	très bon	+ + +
	plutôt bon	+ +
	assez bon	+ +
	bon	+
	pas trop mauvais	+
	pas mauvais	+
부정적 의미	pas très bon	-
	plutôt mauvais	- -
	assez mauvais	
	pas fameux	- - -
	pas bon	- - -
	mauvais	- - -
	très mauvais	- - - -
	très très mauvais	- - - - -
	horrible	- - - - - -
	◇◇ dégueulasse	- - - - - - -

다. 부사

좋고 싫음을 나타내는 동사나 형용사는 다음과 같은 부사를 사용하여 그 정도를 다양하게 나타낼 수 있다.

1. très

형용사 앞에 위치한 'très'는 그 형용사의 긍정 또는 부정적 의미를 강조한다. "C'est très joli."는 "C'est joli."보다 더 긍정적이다. 반대로 "C'est très laid."가 "C'est laid."보다 더 부정적이다. 그러나 부정문에서 'très'를 사용한다면, 부정의 의미는 매우 완화된다. 예를 들어 "Ce n'est pas très bon."라는 문장은 "Ce n'est pas bon."보다 덜 부정적 의미를 지니며, "매우 좋지는 않다."라는 뜻이다. 반면 부정적인 의미를 지니는 형용사를 부정문으로 쓸 경우에는 'très'를 사용할 수 없다. 즉 "Ce n'est pas très mauvais."는 쓸 수 없는 문장이다. 그러나 이와 같이 부정적 의미를 지니는 형용사에 대하여 "Ce n'est pas trop mauvais."와 같이 'trop'를 사용하여 표현할 수 있는데, 이 때의 의미는 "Ce n'est pas très bon."보다도 긍정적 의미를 지닌다. 그리고 'magnifique', 'merveilleux'처럼 매우 강한 의미를 포함하는 형용사에 대해서는 'très'를 사용할 수 없고, 그래도 이를 강조하고자 할 경우, 'vraiment'을 사용한다.

- C'est **vraiment** | magnifique.
merveilleux.
parfait.

2. vraiment très

'vraiment'이란 부사가 다시 'très' 앞에 쓰여 이 표현은 형용사의 부정적 또는 긍정적 의미를 한층 더 강조한다.

- C'est **vraiment très** | joli.
laid.

3. très très

특히 구어에서 'très'를 반복 사용하여 형용사의 긍정적 혹은 부정적 의미를 또한 강화시킨다. 3회 이상은 반복할 수 없다.

- C'est **très très** bon.
- C'est **très très** laid.
- C'est **très très très** joli.

4. super

이 표현은 젊은이들 사이에서 흔히 사용되는 친숙어로 다른 단어와 함께 쓰여 그 단어가 지닌 긍정적 의미나 부정적 의미를 강조한다.

◇ - C'est **super** beau.
◇ - C'est un **super** film (이를 "C'est un film **super**."로 표현할 수 있는데, 이것은 "C'est un très bon film." 또는 "C'est un excellent film."를 의미한다.)

5. bon과 bien

'bien'은 부사이기 때문에 동사를 수식하고, 'bon'은 형용사이기 때문에 명사를 수식한다.

- Il travaille bien.
  Il a de bons résultats.

그러나 구경거리 등과 같이 많은 경우에 대하여 "C'est bien."이나 "C'est bon."을 모두 쓸 수 있다. 그러나 추상적인 것에 대한 것은 전자를 사용하고, 요리 등과 같이 구체적인 것에 대해서는 후자를 사용한다.

- C'est bien de dire la vérité.
- C'est bon de rester tranquillement au soleil.

6. 'aimer' 동사와 함께 사용되는 부사들

'aimer' 동사와 함께 쓰여 좋아하는 정도를 나타내는 부사들을 긍정적 의미와 부정적 의미로 나누어 순차적으로 나타내면 다음과 같다.

긍정적 의미	énormément	+ + + + +
	vraiment beaucoup	+ + + +
	beaucoup	+ + +
	vraiment	+ + +
	bien	+ +
	assez	+
부정적 의미	pas trop	-
	pas beaucoup	- -
	pas vraiment	- -
	pas tellement	- -
	vraiment pas	- - - -
	absolument pas	- - - -
	pas du tout	- - - -
	vraiment pas du tout	- - - - -

- J'ai **vraiment beaucoup** aimé ce film.
- Je n'aime **pas du tout** ça.
- J'aime **énormément** ce livre.
- Je t'aime un peu, beaucoup, passionnément, à la folie, pas du tout, un peu ...

이 표현은 젊은 애인들 사이에서 그들의 사랑을 재미있게 점으로 알아보기 위해서 꽃잎 따위를 떼어가며 사용하는 표현이다.

3.11. 보다 좋아하는 것 (dire ce qu'on préfère)

- C'est | mon peintre favori. / ma chanteuse favorite
- C'est | mon écrivain préféré / ma saison préférée.
- **Je préfère** | Simone.
- **J'aime mieux** | le beurre doux.

- **J'aimerais mieux**	que tu viennes avec moi.
- **Il vaut mieux**	partir avant les autres.

- Je donne la préférence à la première option.
- Il a ma préférence.

□ - **Il est préférable**	que tu viennes avec moi.
	de partir avant les autres.

'aimer mieux'나 'préférer'는 발화 상황 속에서 항상 비교의 의미가 함축되어 있다.

Une personne offre à une autre personne du vin rouge.
- Non, merci, je **préfère** le blanc.

- **J'aime** beaucoup Michel.
- Moi, **j'aime** mieux Alain.

- Voilà deux modèles. Lequel **préférez**-vous, celui-ci ou celui-là ?

GRAMMAIRE D'EMPLOI

좋고 싫음을 나타내는 동사의 직접목적어

기호를 나타내는 'aimer', 'adorer', 'apprécier', 'détester', 'ne pas supporter', 'connaître' 등의 동사가 직접목적어와 함께 쓰일 경우 대명사의 사용법에 유의해야 한다. 목적어가 무엇

인가에 따라 그것을 대신하는 대명사는 다르다.

가. 사람일 경우

사람이나 친숙한 동물은 직접목적보어를 쓰며, 동사가 'de'를 수반하는 동사구일 경우에는 'de + lui(elle)'을 쓴다.

- Qu'est-ce que tu penses de Jean-Louis ?
- Je **le** déteste. (사람)

- Tu l'aimes bien, ton petit chat ?
- Je l'adore. (친숙한 동물)

- Il te plaît, Pierre ?
- J'ai peur **de lui**. ('de'를 수반하는 동사구)

'préférer' 동사는 비교 대상이 있을 경우에 한하여 직접목적보어를 쓸 수 있다.

- Qu'est-ce que tu penses des Dupont ?
- Je **les** préfère aux Durand.

즉 위의 질문의 답을 비교 대상을 지적함이 없이 단순히 "Je les préfère."라고 할 수 없다.

나. 사물일 경우

직접목적어가 사물이면 'ça'를 쓰고, 'de'를 수반하는 동사구의 경우에는 'de + ça'를 쓴다.

- Tu aimes le fromage ?
- J'adore **ça**. (사물)

- Tu veux une bière ?

◇ - Non, merci, j'aime pas **ça**. (사물)

- Un whisky ?
- Non, j'ai horreur **de ça**. ('de'를 수반하는 동사구)

□ - Moi, j'en raffole.

다. 도시나 나라일 경우

직접목적어가 장소일 경우는 그 명칭을 다시 반복하든지 그 장소를 나타내는 다른 단어를 사용해야 하고, 이를 직접목적보어로 대신할 수 없다.

- Tu aimes l'Espagne ?
- Oui, j'aime ce pays.

즉 위의 대답을 "Oui, je l'aime."로 할 수 없다. 나라명은 다른 단어로 대신해야 한다.

- Ça te plaît Miami ?
- Non, je déteste cette ville. (도시명에 대한 다른 단어의 사용)

3.12. 판단 (porter un jugement sur quelque chose ou quelqu'un)

☞ 좋아하는 것과 좋아하지 않는 것(3.10.), 감탄(3.20.)

가. 영화, 연극, 서적, 모임 등에 대하여

1. 매우 대단히 마음에 들 경우

- C'était - (Moi...) j'ai trouvé ça	magnifique. formidable. superbe.

- C'est un très bon film.

2. 매우 마음에 들 경우

- C'était - (Moi...) j'ai trouvé ça	(très) bien (très) beau. (très) agréable. (très) intéressant.
◇	pas mal du tout.

3. 약간 마음에 들 경우

- C'était	◇	pas mal.
- (Moi...) j'ai trouvé ça		(assez) bien.
		(assez) beau.
		(assez) intéressant.
		(assez) agréable.

4. 대단히 마음에 들지 않을 경우

	- (Moi...) je n'ai pas trouvé ça	(très) bien.
	- Ce n'était pas	extraordinaire.
◇	- C'était pas	(très) agréable.
◇	- J'ai pas trouvé ça	(très) intéressant.

◇ - Je n'ai pas trouvé ça terrible.

- J'ai trouvé ça		(assez) ennuyeux.
	◇	plutôt moche.

5. 전혀 마음에 들지 않을 경우

- Je trouve cela stupide!

- C'était		sans intérêt.
- (Moi...) j'ai trouvé ça		affreux.
		(très) ennuyeux.
		stupide
	◇	moche.
	◇	rasoir. (= ennuyeux)
	◇	barbant. (= ennuyeux)
	◇	casse-pieds. (= ennuyeux)

☐ - Cela n'avait aucun intérêt.

나. 사물에 대하여

1. 그림이나 자동차에 대하여 말할 경우

'ennuyeux'의 동의어인 'rasoir, barbant, casse-pieds'를 제외하고 상기의 모든 표현을 사용할 수 있다.

Je trouve ça - C'est	formidable. (très) beau.	긍정적 의미
◇	pas mal.	
◇	affreux. (plutôt) moche.	부정적 의미

☐ - N'est-ce pas merveilleux ?

2. 음식에 대하여

- C'est - Ça a l'air	délicieux. (très) bon. mauvais. dégoûtant.
◇◇	dégueulasse.(= très mauvais)

- Ça n'a pas l'air très bon.
- Délicieux, ce gâteau!

☞ 좋고 나쁨을 나타내는 형용사에 대해서는 좋아하는 것과 좋아하지 않는 것(3.10.)의 MODE D'EMPLOI를 참조할 것.

다. 사람에 대하여

1. 인품이나 성격에 대하여

가) 마음에 들 때

- Il(Elle) est		très bien.
- Je le(la) trouve ◇		sympa.
- C'est	une fille ◇	super.
	un garçon ◇	chouette.
◇	un type	très gentil(le).

◇ - C'est un chic type.

나) 신뢰감을 느낄 때

- J'ai confiance en lui (elle).
- Je lui fais (entièrement) confiance.
- Je suis confiant(e).
- Je me fie à vous.
- Je te fais confiance.

다) 마음에 들지 않을 때

- Il(Elle) est	assez désagréable.
◇	pas (très) sympa.
◇	pas (très) chouette.

- C'est	une fille assez	ennuyeux(se).
	un garçon ◇	barbant(e).
◇	un type ◇	rasoir.
◇◇	un mec ◇	casse-pieds.
◇◇	une nana.	

◇ - Je le(la) trouve pas terrible. (pas terrible = pas très beau (belle))

라) 신뢰감을 느끼지 못할 때

- Je me méfie de lui (d'elle).
- Je suis méfiant(e).
- Je ne lui fais pas confiance.
- J'ai beaucoup de méfiance envers lui.

마) 전혀 마음에 들지 않을 때

- Il(Elle) est	très désagréable.
- Je le(la) trouve	méchant(e).
	insupportable.
◇	pas (du tout) sympa.
◇	pas sympa (du tout).
◇	rasoir.
◇	barbant(e).

- Il est complètement	fou.
◇	cinglé.

◇ - Il(Elle) me casse les pieds!

2. 신체적 외양에 대하여

- Il(Elle) est	(très) beau/belle.
- Je le(la) trouve	magnifique.

- Elle est	(très) jolie.
- Je le(la) trouve	ravissante.

- Il(Elle) est	(assez) beau/belle.
- Je le(la) trouve	pas mal.

- Il(Elle) est	pas très beau/belle.
- Je le(la) trouve	pas terrible.

- Il(Elle) est	laid(e).
- Je le(la) trouve	affreux(se).
◇	plutôt moche.
◇	moche.

☞ 아름다움과 추함을 나타내는 형용사에 대해서는 좋아하는 것과 좋아하지 않는 것 (3.10.)의 MODE D'EMPLOI를 참조할 것.

MODE D'EMPLOI

친숙어로 사람에 대한 판단을 나타내는 표현들로는 다음과 같은 것들이 있다.

◇ - Il est complètement bouché. (= Il ne comprend rien. Il est bête.)
◇ - Il est cinglé. (= Il est fou.)
◇ - Il est chouette. (= Il est intéressant, sympathique, gentil.)
◇ - Il est moche. (= Il n'est pas beau. Il est laid.)
◇◇ - Il est con. (= Il n'est pas très intelligent.)

사람에 대한 판단을 친숙어로 표현할 경우 다음과 같은 표현들에 대해서는 그 의미에 주의해야 한다.

◇ - C'est un type pauvre. (= Il n'a pas d'argent.)
◇ - C'est un pauvre type. (= Il n'est pas très intelligent. Il n'a pas de chance dans la vie.)
◇ - C'est un type sale. (= Il n'est pas propre. Il ne se lave pas.)
◇ - C'est un sale type. (= Il n'est pas très honnête. Il n'est pas gentil.)
◇ - C'est une femme chic. (= Elle est bien habillée.)
◇ - C'est un chic type, c'est une chic fille. (= Il/Elle est sympathique.)
◇ - Il n'est pas très doué. (= Il n'est pas très intelligent.)
◇◇ - Il est chiant, emmerdant. (= Il est ennuyeux, insupportable.)

위의 표현들은 일례에 불과하다. 사람에 대한 견해를 친숙어로 나타내는 표현법은 매우 다양하다. 새로운 표현들이 계속해서 만들어지고 있다.

LANGUE-CULTURE

프랑스 학교에서 성적 평가 방법은 초등학교에서 대학교에 이르기까지 20점을 만점으로 하여 다음과 같은 단계로 이루어지고 있는 것이 일반적이다.

점수 (20점 만점)	평어
8 - 9	médiocre
10 - 11	moyen 또는 passable
12 - 13	assez bien
14 - 15	bien
16 - 20	très bien

3.13. 비교 (comparer)

사람, 사물, 사실들을 어떤 다른 것과 비교하면서 이에 대한 상태, 기호, 느낌, 판단 등을 표현할 수 있다.

가. 사람을 비교하기

- Elle est plus jolie qu'avant.
- Il est aussi compétent que toi.
- Elle est moins bête que lui.

이 제스처는 어린아이들이 하는 것이지 성인들은 하지 않는다.

나. 사물이나 사건을 비교하기

- Il y a plus de monde qu'hier.

- Il y a moins de touristes qu'en juillet.
- Il y a autant de problèmes en France qu'en Allemagne pour trouver du travail.

- Ta voiture consomme plus que la mienne.
- Il travaille autant que moi.
- Il travaille moins que moi.

- Il fait un petit peu plus chaud qu'hier.
- Il est rusé comme un renard.

◇ - C'est le plus sympa de tous.

다. 유사점과 차이점을 표현하기

- Ça ressemble à quoi ?
- C'est la même chose.
- Ça revient au même.
- Ils sont semblables (identiques, analogues).
- Ça ressemble à ...
- On dirait ...
- Ce n'est pas la même chose.
- C'est différent.
- Ça n'a rien à voir.

GRAMMAIRE D'EMPLOI

가. 비교급

비교급에는 우등 비교급, 동등 비교급, 열등 비교급이 있다. 형용사에 대한 것인가, 아니면 명사나 동사 혹은 부사에 대한 것인가에 따라 그 표현법이 다르다.

	형용사, 부사	명사	동사
우등(+)	plus - que	plus de - que	plus - que
동등(=)	aussi - que	autant de - que	autant - que
열등(-)	moins - que	moins de - que	moins - que

- Vous ferez **plus** facilement cet exercice avec un dictionnaire.

- Il parle **plus de** langues **que** moi.
- Je suis **aussi** fatigué **que** Pierre.
- Ils ont **autant de** problèmes **que** nous.
- Il mange **autant que** moi.
- Il parle **moins que** toi.

'bon'과 'bien'은 동등 비교급과 열등 비교급에서는 'aussi bon', 'aussi bien', 'moins bon', 'moins bien'으로 쓰지만, 우등 비교급에서는 'plus bon'과 'plus bien'이 라고 쓸 수 없고 'meilleur'와 'mieux'로 써야 한다.

- Son accent est aussi **bon que** le mien.
- Son accent est moins **bon que** le mien.
- Aujourd'hui le temps est **meilleur.**
- Maintenant je comprends **mieux.**

비교 대상이 무엇인지를 알고 있을 경우에는 비교 제 2항은 생략할 수 있다.

- Téléphoner, c'est plus rapide. ('qu'écrire'같은 표현의 생략)
- Aujourd'hui, il fait moins chaud. ('qu'hier' 생략)
- Ce mois-ci, il y a moins de monde. ('que le mois dernier' 생략)
- Ici, c'est plus tranquille. ('que là-bas'의 생략)
- Ma voiture est plus rapide. ('que la tienne'의 생략)

비교급을 부정문으로 사용할 경우 의미의 변화에 유의해야 한다.

- Il **ne** fait **pas aussi** chaud **qu'**en France. (= Il fait moins chaud qu'en France.)
- Il **ne** fait **pas plus** chaud **qu'**hier. (= Il fait aussi chaud, ou moins chaud qu'hier.)
- Il **ne** travaille **pas plus que** moi. (= Il travaille autant, ou moins que moi.)
- Je ne suis **pas moins** compétent **que** lui. (= Je suis aussi, ou plus compétent que lui.)

'un peu', 'un tout petit peu', 'presque', 'à peine', 'beaucoup' 등을 사용하여 비교급을 수식할 수 있다.

- Il est **un peu plus** intelligent.
- Il travaille **beaucoup** moins que toi.
- Il fait **un petit peu** plus chaud qu'hier
- Il est **presque** aussi grand que toi.
- Il est **à peine** moins grand que l'autre.

나. 최상급

최상급은 어떤 사물이나 어떤 사람에 대한 특징을 부각시키기 위한 표현으로 동등 최상급은 없다.

	형용사	부사	명사
우등(+) 열등(-)	le(la) plus ... de le(la) moins ... de	le plus ... de le moins ... de	le plus de ... de le moins de ... de

- C'est **la plus** grande ville du monde.
- C'est lui qui est **le plus** grand.
- C'est en été qu'il y a **le plus de** touristes.
- C'est Marie qui a **le moins d'**argent.
- C'est toujours lui qui a **le plus de** chance.
- C'est lui qui travaille **le plus.**
- Pierre, c'est **le plus** intelligent.
- C'est lui qui a compris **le plus** vite.

MODE D'EMPLOI

비교의 표현들

비교급의 표현법을 사용하지 않고도 다음과 같은 표현들을 사용하여 비교할 수 있다.

가. le (la) même (autre) ...que...

- Il a dit **la même** chose **que** moi.
- Il a pris **le même** train **que** moi.
- Son opinion est tout **autre que** la mienne.

나. comme

- Ici, c'est **comme** en France.
- Les animaux **comme** le chien et le chat vivent facilement avec les hommes.
- Il pense **comme** moi.

다. 'comme'를 사용하여 사람을 묘사하기

1. 동물들과의 비교

동물들이 지닌 특징(장점이나 결점)에 비유하여 사람을 묘사하는 표현들을 보면 다음과 같다.

- Il est malin comme un singe. (= Il est très malin.)
- Il est rusé comme un renard.
- Je serai muet comme une carpe. (= Je ne dirai rien, je me tairai.)
- Il est comme un poisson dans l'eau. (= Il est dans son élément, il est à l'aise.)
- Elle est gaie comme un pinson. (= Elle est toujours de bonne humeur, joyeuse.)
- Je suis malade comme un chien. (= Je suis très malade.)
- Ils sont comme chien et chat. (= Ils se disputent sans arrêt.)
- Il est doux comme un agneau. (= Il est calme, gentil.)

◇ - Elle jacasse comme une pie. (= Elle parle beaucoup.)
◇ - Il est têtu commme un âne. (comme une bourrique / comme une mule.)
◇ - Il est laid comme un pou.
◇ - Il est gras comme un cochon.
◇ - Il est myope comme une taupe. (= Il a une très mauvaise vue.)
◇ - Elle est bête comme une oie. (= Elle est très bête.)

어떤 동물은 긍정적인 의미를 지니는 반면 어떤 동물은 부정적 의미를 지닌다. 따라서 사람을 동물과 비교할 경우 부정적 의미를 지니는 동물은 대개 친숙어에서 쓰이므로 그 사용에 유의해야 한다. 프랑스 사람들에게서 여우(renard), 원숭이(singe), 개(chien), 양(agneau) 등은 일반적으로 긍정적 의미를 지니는 동물인 반면, 돼지(cochon), 당나귀(âne), 뱀(serpent) 등은 부정적 의미를 지니는 동물이다.

어떤 표현들은 동물이 지닌 특징을 'comme'를 사용하지 않고도 사람의 특징을 설명하기도 한다.

- Il a un regard d'aigle. (= Il a le regard perçant.)
- Il a un oeil de lynx. (= Il a une vue perçante.)
- Il a versé des larmes de crocodile. (= Il a fait semblant d'être triste, c'est un hypocrite.)
- C'est un troupeau de moutons. (= Ils obéissent sans réfléchir, ils sont dociles, soumis.)

- Il a une fièvre de cheval. (= Il a une très grosse fièvre.)
- J'ai une faim de loup. (= J'ai très faim.)
- Elle a un appétit d'oiseau. (= Elle ne mange pas beaucoup.)
- Il a un appétit d'ogre. (= Il a très faim.)
- Il fait un froid de canard. (= Il fait très froid.)
- C'est une langue de vipère. (= Il est médisant.)
- Ils jouent au chat et à la souris. (= Ils s'évitent, se fuient.)

◇ - C'est une tête de mule. (= Il est têtu, obstiné.)
◇ - C'est une tête de cochon. (= Il est têtu, irritable.)
◇ - C'est une tête de linotte. (= Elle oublie tout, elle est étourdie, distraite.)

사람에 대한 묘사는 동물만의 비교에 국한되지 않고, 물건이나 음식 또는 역사적 인물과도 비교한다.

2. 물건과의 비교

- Il est gai comme une porte de prison. (= Il est très triste, pas très agréable à rencontrer.)
- Elle est jolie comme un coeur. (= Elle est mignonne.)
- Il est chauve comme une boule de billard. (= Il n'a pas un seul cheveu sur la tête.)
- Il était blanc comme un linge. (= Il était très pâle, il a eu très peur.)
- Il est rapide comme l'éclair. (= Il est très rapide.)
- C'est une armoire à glace. (= Il est très fort, très robuste, de grande taille.)

◇ - Elle est maigre comme un clou. (= Elle est très maigre.)
◇ - Il est gros comme une barrique. (= Il est très gros.)
◇ - Il est «con» comme un balai.
◇ - Il est beau comme un camion. (= Il est très beau. 비꼬는 말)
◇ - Il est rond comme une queue de pelle. (= Il est complètement ivre.)
◇ - Il travaille comme un pied. (= Il n'est pas très habile.)

3. 과일, 야채, 음식과의 비교

- C'est bête comme chou. (= C'est très facile, très simple)
- Elle est rouge comme une tomate. (= Elle a rougi, elle est intimidée, confuse.)
- Il est haut comme trois pommes. (= Il est tout petit.)
- Il m'a pris pour une poire. (= Il a cru que j'étais naïf, pas très malin.)
- Il tremblait comme une feuille. (= Il avait très peur.)
- Ça tient dans un mouchoir de poche. (= C'est très petit.)
- Il fait une chaleur d'enfer. (= Il fait très chaud.)

◇ - Il est chauve comme un oeuf. (= Il n'a pas un seul cheveu sur la tête.)
◇ - Je suis fauché comme les blés. (= Je n'ai pas un sou.)

4. 역사나 신화의 인물들과의 비교

- Il est pauvre comme Job. (= Il est très pauvre.)
- Il est riche comme Crésus. (= Il est très riche.)
- Il est vieux comme Mathusalem. (= Il est très vieux.)
- Il est fier comme Artaban. (= Il est très fier.)
- Il est beau comme un Dieu. (= Il est très beau.)
- Il est fort comme un Turc. (= Il est très fort.)

◇ - Il se débrouille comme un chef. (= Il se débrouille très bien.)

3.14. 하고자 하는 것 : 계획, 의도, 희망, 소원 (dire ce qu'on veut faire : projet, intention, espoir, souhait)

하고자 하는 것을 계획(projet), 의도(intention), 희망(espoir)이나 소원(souhait)의 구분으로 분명히 구분한다는 것은 용이하지 않다. 여기에서는 계획과 의도는 가까운 미래에 실현시킬 것이라는 화자의 의지를 지닌 행위로 분류하였고, 희망과 소원은 먼 미래에 이루어지기를 막연히 소원하는 행위 정도로 분류하였다.

가. 계획이나 의도를 말하기

1. 계획이나 의도에 대하여 묻기

Qu'est-ce que vous voulez faire ?
Qu'est-ce que vous envisagez de faire ?
- Qu'est ce que tu penses faire ?
- Qu'est-ce que tu aimerais faire plus tard ?
- Qu'est-ce que tu comptes faire ?
- Quelles sont vos intentions ?
- Quels sont vos objectifs ?
- Quels sont vos projets ?
- Quels sont tes plans ?

2. 이에 긍정으로 답하기

- Je voudrais - J'aimerais - J'ai l'intention de(d') - J'espère - Je pense - Je tiens à - Je compte - J'ai envie de(d') - Je vais essayer de(d') - Je vais tâcher de(d') - Il faut que j'essaie de(d') - J'ai décidé de (d') - J'envisage de(d')	écrire un roman. prendre mes vacances en mai. changer d'appartement. visiter les Etats-Unis. faire le tour du monde. faire un grand voyage au cours des prochaines années. faire du ski cet hiver. changer de travail.

- Mon objectif, c'est de devenir avocat(e).
- Je tiens à ce que vous assistiez à cette réunion.
- Je voudrais que vous m'écoutiez cinq minutes.
- J'aimerais que tu me laisses tranquille.

가까운 미래에 의지를 가지고 실현시킬 행위를 다음과 같이 현재나 근접미래, 단순미래의 시제를 사용하여 표현할 수 있다. ☞ 곧 하게 될 것 (3.15.)

- Nous songeons à avoir un enfant.
- Je vais chercher un autre appartement.
- Je passerai sans doute chez toi ce soir.

그런데 미래에 있을 일을 표현할 경우 미래의 시기가 멀면 멀수록 실제로 그 일이 성취될 가능성은 그만큼 적게 된다. 예를 들어서 “Dans 3 ans, je visite la Chine.”의 문장의 경우 3년 후의 계획이라는 점에서 그것을 실현하려는 의도가 집요하지 않다면 어려울 것이다. 따라서 이 경우에는 현재 시제를 사용하는 것은 부적절하고, 단순미래를 사용하든지, ‘penser + 부정법’, ‘espérer + 부정법’, ‘avoir l'intention de + 부정법’ 같은 표현을 사용해야 한다.

“Je veux ...”와 “Je voudrais ...” 사이의 의미 차이를 유의해야 할 것이다. 예를 들어, ① Je veux partir à six heures. ② Je voudrais partir à six heures.의 두 표현에서 ①의 문장의 의미는 상대방의 의지와는 상관없이 6시에 떠날 것이라는 의미이고 ②의 문장의 의미는 상대방의 동의 하에 떠날 것이라는 표현이다. 따라서 “Je veux...”라는 표현은 확고한 결정이나 강한 의지, 또는 명령의 의미를 지니므로 신중하게 사용하여야 할 것이다.

3. 이에 부정으로 답하기

- Je (ne) voudrais pas	rentrer tout(e) seul(e).
- Je (n')aimerais pas	partir en vacances avant juillet.
- Je (n')ai pas l'intention de	
- Je (ne) pense pas	
- Je (ne) tiens pas à	
- Je (ne) compte pas	
- Je (ne) veux pas	

하고 싶어 하는 것을 포기하거나 더 이상 하고 싶지 않을 경우에는 다음과 같은 표현을 사용할 수 있다.

- Je renonce à	travailler chez eux.
- Finalement, j'ai décidé de ne plus	faire de (la) gymnastique.
- Je (ne) veux plus	
- Je(J') (n')ai plus l'intention de	
- Je (ne) tiens plus à	
- Je(J') (n')ai plus envie de	

"Je ne veux pas..."라는 표현도 "Je veux ..." 처럼 강한 의지의 의미뿐만 아니라 금지의 의미를 지닐 수 있기 때문에 유의하여 사용해야 한다.

- Je (ne) veux pas que tu sortes avec elle.
- Je ne veux pas que vous me parliez sur ce ton.

나. 희망이나 소원을 말하기

만일 하고자 하는 일이 단기적인 의지를 통해서 이루어지는 것이 아니라 장기적인 소원이나 희망 사항에 해당할 경우 다음과 같은 표현을 사용할 수 있다.

- J'aimerais (beaucoup)	faire mes études en France.
- Ça me plairait(beaucoup) de(d')	faire des progrès en français.
- J'ai envie de(d')	visiter les Etats-Unis.
- J'ai hâte de(d')	passer quelques temps en Afrique.
- Je voudrais	écrire un roman.
- J'espère	le rencontrer prochainement.
- J'envisage de(d')	

만약 이러한 장기적 소원이나 희망 사항이 화자 자신의 것이 아니라 타인에 대한 경우라면, 'aimer (vouloir, plaire 등)의 조건법 + que + 접속법' 또는 espérer que + 직설법 등의 구문을 사용한다.

- J'aimerais qu'il fasse ses études en Angleterre.
- Ça me plairait qu'il fasse des progrès en français.
- Je voudrais qu'il visite les Etats-Unis.
- J'espère que tu réussiras.

이 밖에 소원이나 희망을 나타내는 구문들을 예시하면 다음과 같다.

- Ah! si seulement il pouvait se taire! (= Je voudrais qu'il se taise.)
- Vivement que ça finisse! (= Je souhaite vivement que ça finisse.)
- Pourvu qu'il gagne! (= Je souhaite qu'il gagne.)
- Tout ce que je souhaite, c'est que tu sois heureuse. (희망의 강조 표현)

3.15. 곧 하게 될 것 (dire ce qu'on va faire)

곧 하게 될 것을 말하기

이 항목의 의미는 미래의 행위가 화자의 계획이나 소원과는 상관없이 가까운 미래에 실현될 행위를 말한다.

- Je pars	ce soir.
- Tu viens	demain.
- Il viendra	la semaine prochaine.
- Il va venir	dans un mois.
	à la fin de l'année prochaine.

- Tu	me téléphones	demain ?
	vas me téléphoner	
	téléphoneras	

- Qu'est-ce que tu	fais	jeudi soir ?
	vas faire	la semaine prochaine ?
	feras	à Noël ?

MODE D'EMPLOI

가까운 미래를 나타내는 시제 : 현재, 근접미래, 단순미래의 차이점

가까운 미래를 표현하는데 사용되는 현재, 근접미래, 단순미래의 차이점은 다음과 같다.
☞ 미래 사실이나 상황(5.9.)을 참조할 것.

가. 현재와 단순미래

- L'année prochaine, je **prendrai** (또는 prends) mes vacances en septembre.
- Je **passerai** (또는 passe) le voir demain.

가까운 미래에 하게 될 것을 나타내는 표현은 위의 예문에서 보는 바와 같이 단순미래나 현재를 사용할 수 있다. 일상적인 대화에서 이 두 시제는 다음과 같이 차이점이 있긴 하지만 의미상의 차이는 거의 없고, 단순미래보다 현재를 더 많이 쓴다는 빈도상의 차이가 있을 뿐이다.

아주 가까운 미래를 강조하기 위해서는 현재를 쓰고, 좀 늦게 일어날 일에 대해서는 단순미래를 쓰는 것이 일반적이다.

- Qu'est-ce que tu **fais** ce soir ?
- Cette semaine, je me **repose**.
- Ce week-end, je **vais** chez mes parents.

- Je **terminerai** ça plus tard. (= Je ne termine pas ça aujourd'hui.)
- On en **reparlera** demain. (= On ne parle plus de ça aujourd'hui.)
- On **verra** ça la prochaine fois. (= On ne s'occupe pas de ça aujourd'hui.)

또한 미래에 일어날 시간을 정확하게 지적하지 않을 경우 단순미래를 쓰는 것이 일반적이다.

- Je **t'écrirai**.
- Je te **donnerai** de mes nouvelles.
- Je **ferai** le nécessaire.

그러나 대부분의 일상적 대화에서 단순미래를 사용하지 않고 현재로 미래를 표현하는 것이 보통이다. 그러나 'quand', 'lorsque', 'dès que', 'aussitôt que' 등이 사용된 구문에서는 미래형을 사용해야 한다.

- Tu me le diras **quand tu viendras.**
- Je t'écrirai **quand j'aurai trouvé** un logement.

4. aller + 부정법 (근접미래)

이 표현은 가까운 미래에 있을 사건을 나타낸다.

- Il est tard, je vais y **aller.**
- Qu'est-ce que tu **vas** lui **dire** ?
- Soyez patient, il **va arriver.**
- Dépêche-toi, le train **va partir!**

이상의 예문들은 현재로 바꾸어 쓸 수도 있다. 현재로 쓰게 되면 발화 시점과 동시에 또는 거의 동시에 일어나는 일임을 의미한다.

- Il est tard, je **pars.** (= Je pars tout de suite.)
- Il est tard, je **vais partir.** (= Je pars dans très peu de temps / dans quelques minutes.)

- Qu'est-ce que tu lui **dis** ? (= Tu dis en ce moment / maintenant.)
- Qu'est-ce que tu vas lui **dire** ? (= Tu lui dis dans quelques minutes.)

- Il **arrive.** (= Il arrive en ce moment / à l'instant.)
- Il **va arriver.** (= Il arrive dans quelques minutes.)

- Dépêche-toi! Le train **part.** (= Le train est en train de partir, il commence à rouler.)
- Le train va **partir.** (= Dans quelques secondes, le train partira.)
- Le train est sur le point de partir.

시간의 표지어를 사용할 경우에는 현재 또는 'aller + 부정법'을 쓸 수 있다.

- L'année prochaine, je vais chercher du travail.
- L'année prochaine, je cherche du travail.
- Demain, il va faire beau.
- Demain, il fait beau.

3.16. 과거의 행위에 대한 자책 (se reprocher une action passée)과 타인에게 책임 전가 또는 비난 (rendre quelqu'un responsable d'une action/accuser), 실망 (dire sa déception), 항의 (faire une réclamation)

☞ 사과(1.1.8.)

가. 과거 행위에 대하여 자책하기

- J'ai eu tort.
- J'ai honte.

- J'ai	des regrets.
	des remords.

- J'ai fait une bêtise.	Je n'aurais pas dû		faire ça.
◇	C'était	pas bien de	lui dire ça
	Ce n'était		

- J'ai eu tort d'acheter cette voiture.

◇ - Oh là là! Que je suis bête!

◇ - Oh là là!	Quel(le) imbécile	je suis!
	Quel(le) idiot(e)	

- J'aurais dû	partir plus tôt.
- Je n'aurais pas dû	noter l'adresse.
- J'aurais mieux fait de	rester à la maison.

나. 책임을 전가하거나 비난하기

- C'est	toi qui as vous qui avez lui qui a elle qui a	laissé la porte ouverte. pris mon vélo.

- C'est à cause de	toi lui	que je suis arrivé en retard.

이러한 책임 추궁이나 비난에 대하여 다음과 같이 반박할 수 있을 것이다.

- (Non,) ◇	C'est pas moi Ce n'est pas moi	qui ai laissé la porte ouverte. qui suis responsable.

◇ - C'est pas - Ce n'est pas	vrai.

- C'est (de) votre faute.
- C'est vous le responsable.
- Ce n'est pas (de) ma faute.
- Je n'y suis pour rien.
- C'est faux.
- Tu te trompes!
- Vous vous trompez, Monsieur.

□ - Vous faites erreur, Madame.

다. 실망을 말하기

1. 사물에 대하여

- Alors, ce film, ça t'a plu ?
- Non, j'ai été très déçu(e).
- Non, ça m'a (beaucoup) (vraiment) déçu(e).
- Non, c'est une (véritable) déception.

2. 사람에 대하여

– Elle avait promis de m'écrire, mais ça fait des mois que je n'ai pas de nouvelles d'elle.
– Elle m'a vraiment déçu(e).

– Je n'aurais pas cru | ça d'elle.
cela d'elle.

– Tant pis!

사고자하는 물건이 없을 때, "Tant pis!" 라고 표현할 수 있겠는데 이는 불손하거나 예의 없는 표현이 아니라 현실에 대한 수용을 나타내는 표현이다.

– Une baguette, s'il vous plaît.
– Il n'y en a plus, Madame.
– Tant pis! Alors donnez-moi un pain de campagne.

이 경우 "Tant pis."를 쓰지 않고 "Dommage."를 쓸 수 있는데, 이 경우에는 같은 물건을 다른 상점에서 사고자 할 경우이다. 즉 다음과 같이 답할 수 있다.

– Dommage. Est-ce qu'il y a une autre boulangerie dans le coin ?

실망으로 말미암아 의기소침할 경우 다음과 같이 표현할 수 있다.

– Ça pourrait aller mieux.
– Je n'ai pas le moral.
– Ça ne va pas du tout.
– Je suis déprimé(e).
– Je suis abattu(e).
– Ça m'angoisse.
– J'en ai marre de tout.
– Je déprime.
– J'angoisse.

실망이 매우 커서 낙심할 경우 다음과 같이 표현할 수 있다.

– Je suis découragé.
– C'est désespérant.
– J'ai perdu mes illusions.

라. 항의하기

- C'est très grave.
- Je proteste.
- Je ne peux admettre que vous vous comportiez ainsi.
- Je tiens à protester contre cette attitude.
- Vous ne voyez pas que je fais la sieste!

- J'ai une réclamation à faire. J'ai acheté cet appareil ici ce matin même... et il ne marche pas. Je voudrais que vous me l'échangiez, s'il vous plaît.
- Vous avez déjà réglé une facture, mais on vous envoie un rappel de paiement.

만약 종업원이 이러한 항의를 거절할 때 때로 다음과 같이 말할 수 있다.

- Je voudrais voir	le chef de rayon	s'il vous plaît.
- Vous voulez bien appeler	le chef de service	

항의를 보다 강하게 표현하고자 할 경우나, 항의를 했는데도 그 반응이 만족스럽지 못할 때 다음과 같이 표현할 수 있을 것이다. ☞ 놀라움(3.19)

- C'est inadmissible!
- C'est scandaleux!
- Je ne suis absolument pas d'accord.
- Non mais, dites donc! (= Je ne suis pas d'accord.)

- Vous n'avez pas à dire des choses pareilles.
- Dans ces conditions, je m'en vais.
- Vous n'y pensez pas!
- Pour qui vous prenez-vous ? (= Vous pensez être une personne importante ? 또는 Vous vous prenez pour le roi ?)
- C'est la première fois que je vois une chose pareille.
- Vous n'avez pas honte!
- Si tout le monde faisait comme vous!
- Ça alors, c'est la meilleure, tu te moques de moi! (= C'est la chose la plus scandaleuse.)
- Je ne comprends pas comment vous pouvez dire une chose pareille.
- De quel droit me donnez-vous des ordres ?

□ - Comment voulez-vous que j'accepte ça ?
◇ - Ça va pas la tête ?
◇ - T'es pas bien ?
◇ - C'est pas croyable!
◇ - C'est pas vrai!

3.17. 두려움 (dire sa peur)

가. 두려움이나 불안을 표현하기

- J'ai très peur de / J'appréhende de | prendre l'avion.

Tu me fais peur.
- Je panique.
Oh là là, je ne suis pas rassuré. (= J'ai peur.)
- Ça | m'inquiète / me préoccupe / me trouble | vraiment.
- Je préfère ne pas regarder.
- Je me fait du souci pour elle.
- Ça me donne du souci.
- J'éprouve de l'inquiétude.
- Je suis | anxieux(se). / épouvanté(e). / terrifié(e).

- Ça me | fait peur / panique. / terrorise
- C'est | angoissant / épouvantable. / terrifiant.
- J'ai peur des examens.
- J'ai peur / Je crains | qu'il ne soit trop tard. / qu'il soit trop tard. / qu'elle ne vienne pas.

□ - Je redoute son retour.
□ - J'appréhende cette rencontre.
□ - Je crains | la foule. / l'altitude.

◇ - J'ai la frousse. (avoir la frousse = avoir peur)
◇ - J'ai une de ces trouilles! (avoir la trouille = avoir peur)

"J'ai peur de la pluie."와 "J'ai peur qu'il pleuve."는 같은 뜻이 아니다. 후자는 "A mon avis, il va pleuvoir."의 의미이다.

두려워하는 사람을 진정시키기 위하여 다음과 같은 표현을 사용할 수 있다.

- Du calme!
- Ne vous affolez pas!
- Pas de panique!

나. 불안감이나 위험으로부터 벗어난 후 안도감을 표현하기

- Ça me | calme. / tranquillise.
- Je suis | rassuré(e). / soulagé(e). / tranquillisé(e).
- Tant mieux.
- Heureusement!
- On a eu de la chance!
- Nous l'avons échappé belle!

◇ - Ouf! On a eu chaud!

위험에서 막 벗어났을 때 다음과 같이 말할 수 있다.

- J'ai failli	avoir un accident.
	me faire voler.
	me faire écraser par un camion.

3.18. 난처함 (dire sa gêne, son embarras)

난처함이나 당황을 표현하기

잘못된 행동을 했을 경우

- (Oh, excusez-moi ...)	Je suis (bien)	désolé(e).
		ennuyé(e).
		confus(e).
	Je ne sais plus quoi	(vous) dire.
		faire.

- C'est ennuyeux.

요구하기 어려운 어떤 일이 있을 경우

- Ça	me gêne	de te	dire ça, mais j'ai surpris ton fils en train de fouiller dans mon sac à main.
	m'ennuie		demander ça, mais est-ce que je pourrais camper chez toi quelques jours ?

- Ce n'est pas très intelligent.
- Ça me fatigue!
- C'est absurde!

◇ - Ça me casse les pieds.

'gêner'는 여러 가지 뜻을 지닌다. 'ennuyer'의 의미에 대하여서는 만족과 불만(3.7.)을 참조할 것.

- Ça me gêne d'avoir à téléphoner chez lui. (= Ça m'ennuie.)

- Je suis gêné	d'avoir fait	quelque chose. (= Je suis embarrassé.)
	d'avoir à faire	

- Tu me gênes. (= Tu me déranges.)

3.19. 놀라움 (dire sa surprise/son étonnement)

놀라움을 표현하기

막 발생한 사건이나 소식에 대하여 다음과 같이 놀라움을 나타낼 수 있다.

- Ça m'étonne.
- Ça me surprend.

- Je suis	surpris(e)	qu'elle se souvienne de moi.
	étonné(e)	
- Ça m'étonne		
- Ça me surprend		

- Je n'aurais jamais cru ça de lui.
- Je n'aurais jamais imaginé ça.
- Je n'en crois pas mes yeux.

- C'est	surprenant.
	étonnant.

	- Ce n'est pas	possible.
◇	- C'est pas	croyable.
		vrai.

- Tiens! (약간 놀랄 경우)
- Comment ?
- Quoi ?
- Ah bon ? (좋다라는 의미가 아니라 약간 놀랐음을 의미함.)
- Ça alors! (Je (ne) l'aurais jamais cru!)
- Incroyable!
- Oh!
- Oh là là! (매우 놀랄 경우)
- Quelle surprise!
- Vraiment ?

◇ - C'est une blague ?
◇ - Tu plaisantes ?
◇ - Sans blague!
◇ - Je n'en reviens pas. [= Je suis très surpris(e).]

3.20. 감탄 (exprimer l'admiration)

☞ 판단(3.12.)

감탄이나 감동을 표현하기

사물에 대한 감탄은 다음과 같이 표현할 수 있다.

- Je trouve ça	magnifique.
- C'est	formidable.
	merveilleux.
	superbe.
	génial.
	sensationnel.
□	admirable.
◇	super
◇	terrible.

- Qu'est-ce que c'est	beau!
- Ce que c'est	bien!
	bon!

'bon'은 음식의 맛에 대하여 주로 사용되지만, 그 이외의 행동이나 모습에 대해서는 'bien'을 쓴다.

사람에 대한 감탄은 다음과 같이 표현할 수 있다.

	– J'admire	cette femme.
□	– J'ai de l'admiration pour	son courage.

– Que	vous êtes	courageux!
	tu es	

◇ – C'est un type terrible!

'terrible'이라는 형용사는 일반적으로 감탄문에서 부정적 의미가 아니라 긍정적 의미를 지니지만, 평서문에서는 부정적인 의미(용납할 수 없는, 불쾌한)를 지닌다.

– Elle est terrible,	on ne peut rien lui dire.
	elle est toujours en retard.

3.21. 관심 (exprimer son intérêt)과 무관심 (dire son indifférence)

가. 관심을 표현하기

– Je m'intéresse	à l'informatique
	à la danse.
	aux sports.

- L'informatique, ça m'(l') intéresse.
- Ça m'attire (beaucoup).
- Ça me tente (beaucoup).

- **Ça m'intéresse de**	voir ce film.
- **Ça m'intéresserait de**	faire sa connaissance.
- **Ça me tente de**	partir avec eux.
- **Je suis curieux(se) de**	savoir où elle a pu acheter ces chaussures.
- **Je serais curieux(se) de**	

- Il(Elle) trouve ça intéressant.
- J'éprouve de l'intérêt pour cette culture.

□ - Je porte de l'intérêt à ce projet.

홍미나 관심이 없음을 표현하기 위하여 이상의 표현들을 부정문으로 바꾸어 사용할 수 있다.

- Je ne m'intéresse pas (du tout) (à l'informatique).
- Ça (ne) me tente absolument pas.

- Ça	ne m'intéresse pas (du tout).
◇	m'intéresse pas.

일반적인 관심이나 취미에 대해서는 "Je m'intéresse."라는 표현을 사용하고, 특별한 관심사에 대해서는 "Je suis intéressé(e)."라는 표현을 사용한다.

- Je m'intéresse à l'histoire de ce peuple.
- Je suis intéressé(e) par ce modèle.

'intéressé'라는 형용사는 삼인칭에 대하여 쓰일 경우, 개인적이거나 이기적 관심 또는 금전과 관련된 관심이란 의미를 지니는 부정적 의미를 지닐 수 있다. 즉 "Il(Elle) est intéressé(e)."라는 말의 의미는 "Ça l'intéresse."라는 뜻이 아니라 "Il(Elle) peut en profiter, en tirer profit."를 뜻한다.

나. 무관심을 표현하기

- Tu veux aller voir un film ou dîner quelque part ?
- Ça m'est (tout à fait) égal.

□ - Cela m'est (complètement) égal.

(Tu connais la dernière ? Mon père va m'offrir la nouvelle Renault 25.)
◇ - Et alors ? (Qu'est-ce que ça peut me faire ?)

- Je ne suis pas intéressé(e).
- Je m'en désintéresse.
- Ça ne me dit rien.
- Cela m'est indifférent.
- C'est sans (aucun) intérêt.
- Comme ci, comme ça...
- Oh moi, vous savez, | l'art moderne.
  | la musique classique.

= Je ne m'intéresse pas à l'art moderne (la musique classique).

- Je n'ai rien à dire là-dessus. (= Le sujet ne m'intéresse pas.)
◇ - Que veux-tu que ça me fasse ? (= Ça ne me fait rien du tout.)
◇ - Je m'en moque!
◇ - Je m'en fiche!
◇ - Bof! Ça ne m'intéresse pas.
◇◇ - Je m'en fous!

"Qu'est-ce que ça peut me faire ?", "Que veux-tu / voulez-vous que ça me fasse ?", "Je m'en moque.", "Je m'en fiche!", "Bof" 같은 표현들은 공손하지 못한 표현이므로 사용에 유의해야 할 것이다.

3.22. 기분(exprimer la bonne/la mauvaise humeur)

가. 기분 묻기

- Elle est comment aujourd'hui ?
- Il a le moral ?
- Elle garde le moral ?
- Ça boume ?
◇ - Il est de bon poil ce matin ?

나. 기분 좋음을 표현하기

- Je suis de bonne humeur.
- Je me sens de bonne humeur.
- Tu as l'air en (pleine) forme.
- Elle a le moral.

◇ - Il est de bon poil, aujourd'hui.
◇ - Il(Elle) a l'air de bon poil.

다. 기분 나쁨을 표현하기

- Ça ne va pas (du tout).
- Elle est déprimée.

□ - Je m'ennuie (à mourir).

- Il a	le cafard.
	le bourdon.

- J'ai le moral à zéro.

라. 매우 기분이 나쁨을 표현하기

- Il est	de (très) mauvaise humeur.
- Je me sens	
- Je suis	

□ - Il est d'une humeur noire.
□ - Elle est d'une humeur massacrante.
◇ - Il est de mauvais poil.

마. 매우 심히 기분이 나쁨을 표현하기

1. 사람에 대하여

- Il(Elle) est	fatigant	aujourd'hui.
	pénible	ce matin.
	à cran	

(fatigant, pénible = difficilement supportable)
(à cran = prêt à se mettre en colère)

2. 사물에 대하여

- Ça me dégoûte - Ça m'écoeure - Ça me répugne	de faire ça. ce qu'il a fait. cette nourriture.

- Je trouve ça - C'est	dégoûtant. écoeurant. répugnant. détestable.
◇◇	dégueulasse.

◇ - Beurk!	Il faut manger ça!? J'ai horreur de ça!

3.23. 화남 분노 (protester, exprimer l'irritation/l'exaspération)

화나 분노를 표현하기

- C'est	insupportable! inadmissible! inacceptable! révoltant! dégoûtant!

- Ça me révolte.

- C'est pénible - Il(Elle) est pénible	alors! à la fin! quand même!

- C'est incroyable!

◇ - C'est pas croyable! (놀라움을 포함한 분노를 나타낸다.)

- Ça m'énerve!

- Tu m'énerves!

- J'en ai assez	de tes histoires!
- J'en ai par dessus la tête	de vivre comme ça!
- J'en ai jusque-là	
- Ça suffit	
◇ - J'en ai marre	
◇ - Y en a marre	
◇ - (J'en ai) ras-le-bol	

'en avoir marre!'와 'se marrer'의 뜻은 서로 다르다.

- J'en ai marre. (= J'en ai assez.)
- Je me suis marré. (= J'ai bien ri. / Je me suis amusé.)

화가 나 있는 상태에 대해서는 다음과 같이 묘사할 수 있다

- Je suis furieux (furieuse).
- Je suis excédé(e).
- Il est agacé.
- Elle s'énerve.
- Il se fâche.
- Elle se met en colère.
- Il(Elle) est furieux(furieuse).
- Il(Elle) est fou(folle) de rage.

◇ - Je suis furax.

3.24. 조급한 마음 (exprimer l'impatience)

가. 공공 장소에서 처음 보는 사람에게

약속 시간보다 늦게 도착한 사람에게 조급한 마음을 다음과 같이 표현할 수 있을 것이다.

- Mais	qu'est-ce qu'il se passe ? qu'est-ce qu'il y a ?

- Vous ne pourriez pas vous dépêcher, Monsieur, s'il vous plaît ?
- Mais que se passe-t-il ?

나. 잘 알고 있는 사람에게

- Mais qu'est-ce que tu fais ? - Tu peux te dépêcher ? - Mais, dépêche-toi! ◇ - Grouille-toi!	On est en retard. On va rater notre train.

- Alors, ça vient ?

◇ - Qu'est-ce que tu	fabriques ? fiches ?

◇◇ - Qu'est-ce que tu fous ?

이에 대하여 다음과 같이 답할 수 있을 것이다.

- Un instant, s'il vous plaît.
- Une seconde!
- Un moment, s'il te plaît.
- Ça va. J'arrive.

3.25. 일의 소관 (parler de ce qui vous concerne/de ce qui ne vous concerne pas/de ce qui concerne l'autre/de ce qui ne concerne pas l'autre)

가. 자신의 소관이라고 말하기

- C'est mon problème.
- Ça me concerne.
- C'est mon affaire.
- Je m'en occupe.
- Ça me regarde.

◇ - C'est mes oignons.

이러한 표현들은 "Ça ne vous regarde pas."라는 의미를 내포하기 때문에 사용상의 주의가 요구된다.

자신의 소관이 아니라고 말하기 위해서는 위의 구문들의 부정문을 사용한다.

- Ce n'est pas mon problème.
- Ça ne me concerne pas.

- Ce n'est pas	mon affaire.
◇ - C'est pas	

- Ça ne me regarde pas.

- Je n'ai rien à	faire	là-dedans.
	voir	

◇ - C'est pas mes oignons.

이러한 표현은 "C'est votre problème, pas le mien!"의 의미를 지니고 있어 타인의 문제에 관심이 없음을 뜻한다.

나. 타인의 소관이라고 말하기

- C'est votre affaire.
- Ça vous regarde.

다른 사람의 소관이 아니라는 것을 다음과 같은 말로 표현할 수 있는데, 이러한 표현은 이해관계를 따지는 문제와 관련되기 때문에 신중히 사용해야 한다.

- Ce n'est pas	votre affaire.
◇ - C'est pas	votre problème.

- Ça ne vous regarde pas!
- De quoi vous mêlez-vous ? (De quoi te mêles-tu ?)

◇ - Mêle-toi de tes affaires!
◇ - Occupe-toi de tes oignons!
◇ - On (ne) t'a rien demandé!
(= On ne t'a pas demandé ton opinion, alors tais-toi!)

3.26. 모욕 (dire des insultes/des injures)

가. 상대방을 직접 욕하기

- (Espèce de) ◇	idiot!
- (Espèce d') ◇	crétin!
◇	imbécile!
◇	débile!
◇◇	merdeux(se)!
◇◇	emmerdeur(se)!

◇ - T'es le roi (la reine) des imbéciles.
◇ - T'es vraiment un crétin.
◇ - T'es con!
◇ - Sale type! (남자에 한해서 쓸 수 있음)
◇ - Abruti!
◇◇ - Petit(e) con(ne)!
◇◇ - Salaud!
◇◇ - Connard!

나. 상대방이 없는 자리에서 욕하기

- C'est ◇ | un(e) imbécile!
◇ | un(e) idiot(e)!
◇ | un(e) crétin(e)!
◇ | un(e) débile mental(e)!
◇ | un sale type!
◇◇ | un salaud!

◇ - C'est (vraiment) con.
◇◇ - Quel salaud! (남자에 한하여 씀)
◇◇ - Quelle garce! (여자에 한하여 씀)

이상의 보는 바와 같이 욕의 표현은 단독적으로 쓰이지 않고 수식어를 수반하는 것이 보통이다.

'crétin', 'idiot', 'imbécile', 'débile'은 바보 천치, 저능아라는 의미이고, 'salaud'는 매우 경멸적인 심한 욕에 해당한다. 여자에게 쓰이는 'salope'는 이보다 심한 욕이다.

4. 지시 기능 (Fonction conative)

4.1. 행위의 요구 (demander à quelqu'un de faire quelque chose)

☞ 지침 또는 지시나 명령 (4.2.)

행위를 요구하는 표현은 화자와 대화자가 어떠한 사회적인 관계에 있고, 요구하고자 하는 내용이 무엇이며, 또 대화가 이루어지는 상황은 어떠한지에 따라 다르다. 예컨대, 친구에게 말하듯 직장 상사에게 말할 수 없고, 구직을 요청하는 표현을 행인에게 길을 묻는 식으로 할 수 없듯이, 회의에서 하는 말과 술집에서 하는 말은 다르다. 이러한 표현의 차이를 화자와 대화자 간의 상하 관계에서 예의를 중시하는 측면에서 그리고 요구하는 내용을 중시하는 측면에서 살펴보면 다음과 같다. 구체적으로 의사소통 기능과 상황에 따라 언어 표현들이 어떻게 다른지에 대해서는 다음 항목에서 살펴보기로 한다.

가. 사회적인 관계에서 예의의 정도에 따른 표현

1. 단도직입적인 요구

이런 요구는 보통 명령법으로 이루어진다.

- Dites-moi à quelle station je dois descendre pour aller à l'Opéra Bastille.
- Donne-moi les coordonnées de Laurent.

'falloir'와 같은 동사들을 사용하거나 단순미래 또는 조건법을 사용함으로써 이러한 요구를 표현하는 사람의 권위를 나타낼 수 있다.

- Il faut que tu me donnes son numéro de téléphone.
- Il est indispensable que vous me fournissiez ces renseignements.
- Tu me chercheras l'adresse de ton ami à Brest, d'accord ?
- Vous voudriez bien me chercher les références de cet article.
- Vous pourriez me dire s'il y a encore des places disponibles ?

이상의 표현들에서 중요한 것은 억양이다. 그 억양을 통해 그것이 단호한 요구인지, 아닌지가 드러난다.

2. 중립적인 요구

직설법의 의문문을 사용하여 중립적인 요구를 표현할 수 있다.

- Vous avez les horaires des trains pour Toulouse ?
- Est-ce que tu sais où je peux joindre Christain ?
- Pouvez-vous me dire quand aura lieu le prochain salon de la photographie?

3. 공손한 요구

공손함을 나타내는 표현이나 'sʼil vous(te) plaît' 라는 표현을 사용함으로써 공손한 요구를 표현할 수 있다.

- Excusez-moi, madame, où est-ce que je peux trouver un bureau de tabac ?
  Pardon, monsieur, je cherche le service des cartes de séjour.
- Excusez-moi de vous déranger, mais je voudrais savoir si la réunion de demain est maintenue.
- Pourriez-vous m'aider, s'il vous plaît, à trouver des documents sur l'art roman ?
- Tu peux m'expliquer comment remplir cet imprimé, s'il te plaît ?

4. 보다 공손한 요구

공손한 표현의 조건법을 부정 의문문의 형식을 사용함으로써, 덜 직접적이 되고, 암시적으로 보다 공손한 요구를 나타낼 수 있고, 때로는 이 의미는 하나의 제안으로 해석될 수도 있다.

Tu ne pourrais pas m'aider à trouver ces informations ?
- Cela ne t'ennuierait pas de me chercher des renseignements sur ce sujet ?
- Vous ne sauriez pas où je peux m'adresser pour faire une réclamation ?
- Vous ne pourriez pas me dire comment me procurer cet article ?

5. 극진히 공손한 요구

공손함을 나타내는 관용적 표현을 의문문의 형식으로 나타낸 경우가 여기에 해당된다.

- Cela ne te dérangerait pas de me fournir toute les informations sur la question ?
- Aurais-tu la gentillesse de chercher dans quel journal cet article est paru ?
- Auriez-vous l'aimabilité de m'aider ?

나. 요구하는 내용의 중요도에 따른 표현

요구하는 내용과 대화자와의 관계가 어떠한지에 따라 요구의 표현은 다르다.

1. 상대방에게 거의 부담을 주지 않는 요구

- Pardon, vous	pouvez voulez bien	fermer la porte, s'il vous plaît ?

- Voulez-vous - Pouvez-vous	me téléphoner, s'il vous plaît ?

- Vous me rapportez le journal, s'il vous plaît ?
- Tu veux bien m'écrire une lettre, s'il te plaît ?
- Passe(z)-moi le sel, s'il te(vous) plaît.
- Tu me téléphones, s'il te plaît ?

□ - Voudriez-vous □ - Pourriez-vous	me passer le sel, s'il vous plaît ?

□ - Pardon, vous pourriez ouvrir la fenêtre, s'il vous plaît ?
□ - Voudrais-tu ouvrir la fenêtre, s'il te plaît ?

- Tu m'envoies un mot ?
- Vous me téléphonez ?

2. 상대방에게 약간의 부담을 주는 요구

☐ - Pardon, Monsieur, est-ce que vous pourriez garder ces valises pendant deux ou trois minutes ? Je dois aller téléphoner.
☐ - Excusez-moi, Madame, est-ce que vous auriez la gentillesse de surveiller ces valises deux ou trois minutes ? Je dois aller téléphoner.

- Excusez-moi	Monsieur, Madame,	j'ai un petit problème.

3. 상대방에게 큰 부담을 주는 요구

☐ - Je m'excuse de vous déranger, mais est-ce que vous pourriez m'expliquer ce que je dois faire pour établir mon dossier de sécurité sociale ?

☐ - Cela me gêne beaucoup de vous demander ceci, mais

est-ce que vous auriez la gentillesse de
est-ce que vous pourriez

me prêter votre voiture à midi ? La mienne est en panne
et il faut absolument que je ...

☐ - Pardon, Monsieur, je me trouve dans une situation embarrassante.

- Auriez-vous la gentillesse de Pourriez-vous	téléphoner de ma part au Consulat du Canada ? J'ai perdu mon portefeuille et mon passeport.

- Est-ce que tu ne pourrais pas me prêter cent euros ?

요청하기 어려운 어떤 요구에 대하여서는 'si possible', 'si ça ne vous dérange pas', 's'il vous plaît' 등을 덧붙일 수 있다.

- Je voudrais deux places au deuxième rang, si possible.

이해가 대립되는 상황에서 어떤 행위를 분명히 요구하기 위해서 강한 어조로 다음과 같이 표현할 수 있을 것이다.

- Monsieur, vous ne pourriez pas baisser le son de votre télévision, s'il vous plaît ?
- Madame, vous voulez emmener votre chien ailleurs ? Vous voyez bien qu'il

dérange tout le monde.

- Monsieur, il est interdit de fumer ici.

◇ - Moins fort, la radio!

4. 위험하고 다급한 상황에서의 요구

- Au secours!
- Aidez-moi!
- Au voleur! Arrêtez-le!

4.2. 지침과 지시나 명령 (donner des indications / des instructions / des ordres)

☞ 금지(4.3.), 허락(4.13.)

가. 정보를 제공하거나 또는 지침을 말하기

- Comment est-ce qu'on peut faire ?
- Qu'est-ce que je dois faire ?

- Suivez cette rue, puis tournez à gauche...
- Mettez une pièce de 1 euro, puis appuyez sur le bouton.
- Prenez cent grammes de beurre et faites-le fondre dans une casserole ...

- Vous prenez la deuxième rue à droite, puis vous continuez ...
- Vous branchez l'appareil, comme ça, puis vous appuyez sur le bouton.

- Il faut d'abord mettre le savon, et sélectionner la température de l'eau...
- Il faut faire bouillir l'eau avant de mettre les pâtes ...
- Je vous explique comment vous devez faire pour déboucher votre évier. Vous allez acheter de la soude caustique et une ventouse. Vous mettez la soude caustique dans l'évier, puis vous versez de l'eau bouillante ...

나. 지시나 명령하기

- Tapez cette lettre et trouvez-moi le dossier "Laroche", s'il vous plaît.
- Je veux que vous portiez ces paquets tout de suite à la poste.
- Vous allez me faire trois photocopies du contrat, s'il vous plaît.
- Je vous demande de ne rien dire à personne.
- J'exige que tu viennes tout de suite.
- Vous me taperez cette lettre.
- Dépêchez-vous!
- N'oubliez pas de m'appeler quand vous aurez la réponse.
- Ouvrez votre valise!

사무실에서 'vouloir' 동사를 사용한 명령은 요구의 표현으로 볼 수 있다.

- Mademoiselle Maréchal, vous voulez me chercher le numéro de téléphone de la maison "Satis", s'il vous plaît.
- Monsieur Lecomte, vous voulez bien arranger un rendez-vous avec Madame Guibaud vendredi matin ?

'vouloir' 동사를 사용한 의문분 형식은 정중한 명령이나 지시를 의미한다.

- Vous voulez passer à table ? (= A table!)
- Vous voulez vous mettre là ? (= Mettez-vous là!)

의사들은 단순미래로 이를 표현하는 것이 보통이다.

- Vous prenez deux pilules avant chaque repas.

지시나 명령은 다음과 같이 몇 단어로 줄여서 표현할 수 있다.

- Plus haut! Plus fort! A gauche!
- Pas si vite! Pas là-bas!
- A table!
- Moins de bruit!

길거리에서나 카페, 기차 등에서 치근대며 계속 말을 걸어오는 귀찮게 구는 사람을 떼어내기 위하여 냉엄히 다음과 같이 말할 수 있을 것이다.

- Désolé(e), mais je dois y aller.
- Laissez-moi tranquille, s'il vous plaît.
- Vous m'embêtez. Laissez-moi tranquille.

◇ - Fichez-moi la paix!
◇ - C'est pas fini, non ?
◇ - Vous m'embêtez. Fichez-moi la paix!

- Laissez-moi tranquille! ◇ - Fichez-moi la paix!	Sinon, je vais appeler	le contrôleur. un agent. la police.

- Si vous continuez, je vais appeler	le contrôleur. un agent. la police.

- Ça suffit, maintenant!

4.3. 금지 (défendre / interdire)

하지 못하게 또는 금지하게 하기

상대방에게 무엇인가를 하지 못하게 하는 요구는 이 요구를 수용할 수 있는 신분 관계에서나 가능하다.

- N'ouvre pas cette lettre! C'est personnel.
- Tu ne dois pas lui parler sur ce ton.
- Je ne veux pas que tu sortes ce soir.
- Vous n'avez pas le droit de me parler comme ça.

어린 아이에 대해서는 강한 어조로 다음과 같은 표현을 사용할 수 있을 것이다.

- On ne parle pas la bouche pleine! (= On ne parle pas en mangeant.)
- Il ne faut pas mettre les coudes sur la table.
- (Il n'est) pas question que tu regardes la télé ce soir!

- **Je te défends de(d')**	ouvrir ce placard!
- **Pas question de(d')**	parler comme ça à ta petite soeur!
- **Je t'interdis de(d')**	prendre le métro à minuit toute seule!
- **Tu ne dois pas**	

- Ne parle pas la bouche pleine, ça ne se fait pas!

불특정인에 대하여서는 다음과 같은 표현을 사용할 수 있다.

- **Il est** (formellement) **interdit de(d')** | ouvrir les portes avant l'arrêt du train.
fumer dans la salle de classe.

- Il est interdit de fumer.

- **Défense de(d')** | entrer.
fumer.

- Interdit aux jeunes de moins de dix-huit ans.
- Accès interdit.
- Prière de ne pas fumer.
- Vous êtes priés de ne pas quitter la salle avant la fin du concert.

4.4. 예고, 경고 또는 주의 (avertir / prévenir / mettre en garde)

예고, 경고 또는 주의 주기

- **Je te signale que**
- **Je vous préviens que**

| ce n'est pas facile.

- Attention	aux voitures!
- Fais(faites) attention	aux avalanches!
- Vous ferez attention	à la marche en sortant!
- Tu feras attention	ce produit est inflammable!
	tu(vous) vas(allez) tomber.

- Il fait très froid, couvre-toi,	je te préviens.
- C'est très pimenté,	

- Je te préviens, ça peut être dangereux.
- Méfiez-vous. Ce virage est dangereux.
- Soyez prudent(e)!

◇ - Fais gaffe!

"Fais gaffe." (- Fais attention!)와 "Faire une gaffe." (= Commettre une maladresse)는 의미가 다름에 주의할 것.

- J'ai fait une gaffe et elle est partie en colère.

GRAMMAIRE D'EMPLOI

요구나 제안에 사용되는 표현법

어떤 물건이나 정보 또는 도움을 요구하거나(demander un objet ou un renseignement ou une aide), 행위를 요구하거나 제안하기(ordonner /proposer de faire quelque chose)를 표현하는데 사용되는 표현법으로는 명령법, 직설법 현재, 단순미래, 'aller + 부정법', 조건법, il faut + 부정법 (que +접속법), 'devoir, pouvoir, vouloir ' 등의 구문들이 있다. 이 구문들은 각기 상이한 상황에서 여러 가지 용법으로 쓰인다.

가. 명령법

- Sois sage!
- Soyons courageux!
- Aie confiance!
- N'ayez pas peur!
- Essayons de comprendre ce problème!
- Veuillez entrer!

명령법을 사용하여 어떤 요구를 할 경우 때로 대화자에게 권위적이거나 무례한 인상을 주게 된다. 따라서 대부분 일상적인 상황에서 프랑스 사람들은 어떤 행위를 요구하는데 있어서 명령법 대신에 다른 표현들을 사용하는 것이 일반적이다.

그러나 다음과 같은 상황에서는 명령법을 사용하여도 상대방은 이를 자연스럽게 받아들일 것이다.

1. 친한 친구 사이에서

- Passe-moi le sel.
- Prête-moi ton journal.

명령의 어조를 완화시키기 위하여 's'il te plaît'를 덧붙일 수 있다.

- **S'il te plaît,** passe-moi le sel.

가까운 친구 사이라 할지라도 다음과 같이 말할 수 있다.

- Tu peux me passer le sel ?
- Tu pourrais me passer le sel ?

2. 급박한 상황에서

예를 들어 매우 뜨거운 것을 만지려는 사람에게 "Ne touchez pas!"라고 하지 않고 "Vous ne devriez pas toucher ça parce que c'est brûlant." 이라고 말한다면, 문장이 끝나기도 전에 일은 벌어지고 말것이다.

- Dépêche-toi, le bus arrive!
- Viens vite!
- Ne bouge pas!

3. 가족 (특히 자녀와 부모) 사이에서

- Mange ta soupe!
- Range tes affaires!
- Tais-toi un peu!
- Va te coucher!

4. 상하 신분 관계에서

- Apportez-moi le dossier informatique, s'il vous plaît!
- Téléphonez à l'agence de voyage, s'il vous plaît!

직장에서 상사와 직원 사이에서 반드시 이런 식으로 표현하는 것은 아니다. 위의 첫 번째 문장보다는 다음과 같이 표현하는 것이 보통이다.

- S'il vous plaît, mademoiselle Lambert, apportez-moi le dossier informatique.
- Mademoiselle Lambert, est-ce que vous pourriez m'apporter le dossier informatique ?

그러나 요구하는 행위가 많을 경우에는 명령법을 쓰는 것이 일반적이다.

- Excusez-moi Monsieur, mais il n'y a plus de place sur le vol Paris-Genève de 13h.
- Bon alors, **téléphonez** à Air France, **dites**-leur de m'inscrire sur une liste d'attente, **réservez**-moi une place sur le vol suivant et **prévenez**-moi dès que vous avez une réponse.

5. 주의 사항이나 어떤 물건의 사용법, 요리법 또는 지시할 내용을 글로 쓸 경우

- Faites chauffer un peu de beurre au fond d'une casserole, ajoutez 2 cuillères de farine, remuez doucement.

이 경우 부정법을 사용할 수도 있다.

- **Faire** chauffer un peu de beurre, **ajouter** 2 cuillères de farine.
- **Compléter** les phrases suivantes par la préposition qui convient.

이것을 구어로 표현할 경우에는 현재 시제를 사용한다.

Tu fais (Vous faites) chauffer un peu de beurre, tu ajoutes (vous ajoutez)...

4. 직설법 현재

지시나 명령을 직설법 현재의 평서문이나 의문문으로 나타낼 수 있다. 즉 명령문 “Tais-toi!” 대신에 “Tu te tais!”로 사용할 수 있다.

Dépêche-toi! 또는 Tu te dépêches!
Donne-moi ça! 또는 Tu me donnes ça!
Ferme la porte! 또는 Tu fermes la porte!
Ne touche pas ça! 또는 Tu ne touches pas ça!
Ne mange pas ça! 또는 Tu ne manges pas ça!

화가 나서 명령을 강도 깊게 표현하기 위해서는 음절을 끊어서 발음할 수 있다.

- Tu-te-tais!
- Tu-fer-mes-la-porte!

의문문을 사용하여 지시나 명령을 나타낼 경우 어떠한 억양을 사용하는가에 따라 놀람이나 설명의 요구 등 전혀 다른 의미를 지닐 수 있다는 점에 유의해야 한다.

① - Tu ne manges pas ça ?
② - Non, je n'ai plus faim.

①의 문장의 경우 상승조의 억양을 사용하면 놀람의 의미나, “Pourquoi est-ce que tu ne manges pas ça ?”의 의미를 지닐 수 있다. 따라서 이에 대하여 상대방은 설명이나 변명을 하도록 요구하는 의미를 지닐 수 있으므로 ②와 같은 대답을 해야 할 것이다. 반면 ①의 문장을 하강조의 억양으로 사용하면 명령이나 금지의 의미를 지니게 된다.

이것은 ‘pouvoir’ 동사의 경우도 마찬가지로 어떤 억양을 쓰는가에 따라 동일한 문장이라도 여러 가지 의미를 지니게 된다. 예를 들어 “Tu peux partir!”라는 문장을 하강조의 억양을 사용하면 허가의 의미가 되고, 상승조의 억양을 쓰면 가능성이나 요구의 의미가 된다. 즉 이 문장의 상승조의 질문에 대해서는 “Oui, c'est possible.” 또는 “Non, ce n'est pas possible.”로 답해야 하지만, 이와 반대로 하강조의 표현은 “Je te demande de partir.” 또는 “S'il te plaît, tu peux partir ?”라는 의미를 지니기 때문에 이에 대한 대답은 “D'accord, je pars.” 식으로 답해야 한다.

명령법을 이용하여 명령을 할 경우 대명사의 위치와 형태 변화에 유의해야 한다. 프랑스 사람들은 명령법에서 두 개의 대명사를 사용하지 않기 때문에 이를 가능한 한 사용하지 않는 것이 좋다.

- Je ne veux pas lui prêter ma bicyclette.
- Prête-lui! (Prête-lui ta bicyclette!)

중성 대명사 'y'를 보어인칭 대명사와 병행하여 사용한다는 것은 문법적으로 틀린 문장이 아니지만 프랑스 사람들은 거의 이것들을 병행하여 사용하지 않는 것이 일반적인 경향이다. 즉 예를 들어서 "Tu m'emmènes rue Victor-Hugo ?"라는 질문에 대하여 프랑스 사람들은 "D'accord, je t'y emmène."라고 하지 않고 "D'accord, je t'emmène."라고 흔히 답한다.

이중 대명사를 잘못 사용하는 프랑스 사람들을 종종 볼 수 있다. 예를 들어서 "Donne-m'en."을 ◇ "Donne-moi-z-en." 식으로 표현하는 사람들이 있다.

다. 단순미래

1. 지시나 명령

- Vous **prendrez** un cachet de ... matin et soir. (병원에서)
- Demain, vous me **préparerez** le dossier informatique. (사무실에서)
- Vous **passerez** me voir demain à 18 heures précises.

2. 주의나 충고

- Tu **feras** attention!
- Vous **vous méfierez**, le chien est très méchant.

3. 명령이나 주의나 희망 (단순미래의 부정문에서)

- Tu ne **rentreras** pas trop tard!
- Tu ne **prendras** pas froid.
- Tu n'**oublieras** pas d'acheter du pain.

라. aller + 부정법

'aller + 부정법'도 주의나 충고하기 위하여 쓰일 수 있다.

- Tu **vas te couper** les doigts.

이 문장은 "Lâche ce couteau, ces ciseaux."란 의미가 함축되어 있다.

- Tu **vas prendre** froid.

이 문장은 "Mets un vêtement chaud."라는 의미가 함축되어 있다.

'aller + 부정법'의 부정문은 충고나 비난 또는 거절을 나타내기도 한다. 예를 들어서 "Tu ne vas pas sortir en chemise." 라는 문장은 "Tu vas prendre froid."라는 의미가 함축된 충고의 의미를 지닐 수 있으며, "Tu ne vas pas me faire croire ça."의 문장은 "Tu es un menteur."의 의미로서 비난의 의미를 내포할 수 있다. 또 "Tu ne vas pas me raconter toujours la même histoire!"라는 문장은 "Tu m'ennuies, tais-toi!"의 의미를 함축하여 거절의 의미를 지닐 수 있다.

마. 조건법

'vouloir', 'pouvoir', 'devoir', 'avoir' 등의 동사를 조건법으로 사용하여 정중하고 공손하게 표현할 수 있다.

1. 'pouvoir'는 대화자에게 어떤 행위의 가능성을, 'vouloir'는 어떤 행위의 동의 여부를 물을 때 사용된다.

- Est-ce que **vous pourriez** m'aider ?
- Est-ce que **tu voudrais** m'expliquer ?

2. 'devoir'는 어떤 행위에 대한 정중한 충고를 나타낸다. 즉 상대방이 해야 할 일에 대한 견해를 표명하는데 쓰인다.

- Je crois que **vous devriez** consulter un médecin.

3. 'devoir'동사는 'à mon avis', 'je pense que', 'je crois que'라는 표현과 함께 쓰여 개인적 의견의 강조를 나타낼 수 있다.

A mon avis, tu **devrais** lui téléphoner.

4. 'aimer', 'avoir envie de', 'plaire', 'dire' 동사의 조건법은 'vouloir' 동사 처럼 대화자의 동의를 구함과 동시에 요구에 대한 감정을 묻는데 사용된다. 이 동사들은 제안을 표현하기 위해서도 사용될 수 있다.

- Est-ce que vous **aimeriez** rencontrer des amis ?
- Est-ce que ça vous **plairait** de passer une soirée ensemble ?

5. 'avoir' 동사의 조건법은 정중하게 어떤 물건을 요구하기 위한 표현으로 사용될 수 있다.

- Est-ce que vous **auriez** des bananes ?
- Est-ce que tu **aurais** le numéro de téléphone de Jean-Pierre ?

또한 'avoir 동사의 조건법 + 명사 + à + 부정법'의 구문을 활용할 수 있다.

- **Auriez**-vous **5 minutes à m'accorder** ?
- Est-ce que tu **aurais quelque chose à manger** ?

격식을 갖춘 매우 정중한 표현으로는 다음과 같은 것들이 있다.

□ - **Auriez-vous l'obligeance de** passer à mon bureau ?
□ - **Auriez-vous l'amabilité de** m'apporter le courrier ?
□ - **Je vous serais très reconnaissant de** m'accorder un rendez-vous.

바. Il faut 구문

1. Il faut + 명사

이 표현은 특히 상점 같은 곳에서 물건을 요구할 경우에 쓰인다. (☞ 쇼핑 (2.12.)을 참조할 것.)

- Il me faudrait 2 kilos de tomates et un litre de lait.
- Il me faudrait votre rapport sur les activités de 1987.

2. Il faut + 부정법 또는 접속법

어떤 행위를 요구하기 위하여 "il + faut (faudra, faudrait 등) ..."의 구문을 사용할 수 있다. 이 구문은 부정법이나 접속법을 수반할 수 있다. 그러나 이 두 가지 표현법은 용법이 다르다. "Il faut + 부정법"은 부정법의 주어를 명시하지 않는다는 점에서, 상대방이 부정법의 주어가 누구인지 모른다면 이 구문을 사용할 수 없다. 그러나 다음과 같은 상황에서는 이 구문을 사용할 수 있다.

가) il faut + 부정법

<상황 1>
친구와 함께 식사를 하고 있는 중에 그 친구가 먹지 않는 것을 보면서 "Il faut manger." 라고 말할 경우에는 'manger'의 주어가 누구인지를 안다. 즉 "Il faut manger."의 의미는 "Tu dois manger." 이다.

<상황 2>

식사 시간이 되어 친구에게 "Il faut aller manger."라고 말한다면, 그 친구는 manger의 주어가 화자와 친구인 상대방을 동시에 지적한다는 것을 안다. 즉 이런 경우에 "Il faut aller manger."의 의미는 "Nous devons aller manger."이다.

<상황 3>

교실에서 교사가 학생들에게 "Il faut se taire."라고 말할 때, 조용히 해야 할 사람들이 상대방인 학생들이라는 것을 안다. 이 경우에 "Il faut se taire."의 의미는 "Vous devez vous taire."이다.

<상황 4>

사무원이 출근을 하면서 동료들에게 "Bon, il faut se mettre au travail." 라고 말할 때, 상대방인 동료들은 일을 할 사람은 말을 하는 당사자라는 것을 안다. 이 경우 "Il faut se mettre au travail."의 의미는 "Je dois me mettre au travail."이다.

이상의 4가지 상황은 모두 "il faut que + 접속법"의 구문이나 'devoir 동사 + 부정법'을 사용하여 표현할 수 있다.

상황	il faut que + 접속법	devoir 동사 + 부정법
1	Il faut que tu manges.	Tu dois manger.
2	Il faut que nous allions manger.	Nous devons aller manger.
3	Il faut que vous vous taisiez.	Vous devez vous taire.
4	Il faut que je me mette au travail.	Je dois me mettre au travail.

나) il faut que + 접속법

부정법의 주어가 누구인지를 알 수 없거나 혼동의 우려가 있을 경우에는 "il faut + 부정법"의 구문을 쓸 수 없고, "il faut que + 접속법"의 구문을 사용해야 한다.

<상황 1>

많은 사람들 앞에서 "Il faut sortir." 라고 말한다면 모든 사람들이 나가야 할 것으로 이해한다. 화자 자신에 대한 것이라면 "Il faut que je sorte." 라고 해야 한다. 이 경우 "Je dois sortir." 로 바꾸어 표현할 수도 있다.

<상황 2>

모든 학생들은 공부하고 있는데 'Pierre'란 학생만이 공부를 하지 않는 상황에서 교사가 "Il faut travailler." 라고 말한다면, 모든 학생들은 이 말을 학생 모두에게 하는 것으로 받아

들인다. 단지 'Pierre'에게만 말하려고 한다면, "Il faut que Pierre travaille." 라고 하든지 "Pierre, il faut travailler." 또는 "Pierre, il faut que tu travailles."로 표현해야 한다.

사. 행동 요구의 또 다른 표현들

1. Il est + 형용사 + que + 접속법

- Il est indispensable que vous arriviez à l'heure.
- Il est souhaitable que vous me consultiez avant de prendre une décision.
- Il est exclu que vous preniez tout seul les décisions.
- Il est important que vous me préveniez de tout changement de situation.

'devoir' 동사를 사용하여 여러 가지 다양한 의미로 행동 요구를 표현할 수 있다.

- Vous devez arriver à l'heure. (= C'est indispensable.)
- Vous devez me consulter. (= C'est souhaitable.)
- Vous ne devez pas prendre de décision tout seul. (= C'est exclu.)
- Vous devez me prévenir. (= C'est important.)

2. 'vouloir', 'souhaiter', 'désirer' 등의 동사

'il faut + 부정법'의 경우 부정법의 주어가 누구인지는 상황에 따라 달라질 수 있지만, 어떤 동사들의 경우 어떠한 상황 변화에서도 달라질 수 없는 동사들이 있다. 즉 "Je veux partir." 같은 문장의 경우에 'partir'의 주어는 'je'일 수밖에 없고 'il faut + 부정법' 구문과 같은 모호성이 없다.

'vouloir' 동사는 종속절의 주어와 주절의 주어가 동일하다면 부정법을 반드시 사용해야 하고, 부정법의 주어와 주절의 주어가 동일하지 않을 경우에는 'que + 접속법'의 구문을 사용하여야 한다. 즉 "Je veux que je parte."의 문장은 불가능하다. 따라서 "Il veut qu'il parte."라는 문장의 경우에서 주절과 종속절의 'il'은 동일한 사람이 될 수 없다.

- Je veux dormir.
- Il voudrait te parler.
- Je veux que vous ayez terminé ce travail avant midi.
- Je voudrais que vous m'expliquiez votre point de vue.

'souhaiter', 'désirer' 동사는 조건법의 'vouloir' 동사보다 완곡하고 공손한 표현이다

- Je souhaite que votre voyage soit agréable.
- Je désirerais que vous me remettiez ce travail dans les plus brefs délais.

'désirer'나 'souhaiter'와 비슷한 의미를 지니는 'espérer'는 종속절에서 접속법을 사용할 수 없고 단순미래나 부정법을 사용해야 한다.

- J'espère qu'il ne lui **arrivera** rien.
- J'espère que vous **aurez terminé** avant lundi.
- J'espère **arriver** à temps.

아. 간접적 표현

이상의 표현들은 지시나 명령 또는 금지 등과 같은 행동을 명시적으로 나타내는데 사용되는 표현들이다. 그러나 일상의 대화에서는 이를 간접적으로 표현하는 경우가 많다. 예를 들어서 창문을 열어 달라고 하는 명령에 대한 간접적 표현들을 예시하면 다음과 같다.

- Quelle chaleur!
- J'étouffe.
- C'est un vrai sauna, ici.
- Tu n'as pas trop chaud ?
- On se croirait sous les tropiques.
- De l'air!

이 밖에도 상황에 따라 창문을 열어 달라는 의도를 간접적으로 표현할 수 있는 방법은 여러 가지가 있을 수 있다. 그러나 이러한 표현을 상대방이 듣고 모두가 창문을 반드시 열 것이라고 기대할 수는 없을 것이다.

이상에서 제시한 표현법들에 대한 용법을 요약 제시하면 다음과 같다.

명령법

명령	Mange ta soupe. Faites cet exercice.
요구	Prête-moi ton stylo.
긴급성	Venez vite!
충고	Prends-en deux, c'est plus sûr.

직설법 현재

명령	Mademoiselle, vous me tapez ça tout de suite.
요구	Tu me passes le sel ?
충고	Tu prends le bus. C'est rapide.
초대	Vous venez prendre un café ?

단순미래

명령	Mademoiselle, vous me taperez ce rapport en 3 exemplaires.
요구	Tu pourras terminer ça avant demain ? Vous me donnerez la robe bleue.
충고	Tu feras attention, c'est dangereux.

aller + 부정법

명령	Tu vas te taire!
금지	Tu vas te faire mal.
비난	Tu ne vas pas mettre cette robe!

vouloir, devoir, pouvoir 동사의 현재

명령	Mademoiselle, vous pouvez me taper ce rapport immédiatement. Vous devez me rendre ce travail avant midi.
요구	Jean,tu veux me donner le dossier bleu ?

vouloir, devoir, pouvoir 동사의 단순미래

요구	Vous pourrez me faire la réparation avant ce soir ? Vous voudrez bien me remplir ce questionnaire en double exemplaire.
강요	Vous devrez patienter, je suis très occupé.

vouloir, devoir, pouvoir 동사의 조건법 현재

공손한 요구	Vous pourriez me dire où est Marie ?
충고	Tu devrais aller voir un médecin.
형식적 요구	Voudriez-vous me rappeler votre nom ?
비난	Tu pourrais faire attention!
제안	On pourrait aller au cinéma.

이상의 도표에서 보인 각 표현법에 대한 용법은 대표적인 예시에 지나지 않는다. 그 밖에도 다른 용법으로 사용될 수 있다. 예를 들어 "Venez!"라는 명령법은 어떤 억양을 사용하는가에 따라 초대가 될 수 있고 명령도 될 수도 있다.

4.5. 조언 (conseiller)과 만류 (déconseiller)

가. 조언을 요구하기

- J'ai besoin d'un conseil.
- Je me demande ce que je dois faire.
- Je voudrais que vous me donniez votre avis.
- Je voudrais vous demander un conseil.
- Que me conseillez-vous de faire ?
- A ma place, que feriez-vous ?
- Vous avez une suggestion ?
- Tu as une idée ?

나. 하도록 조언하기

<table>
<tr><td colspan="2">- Je vous conseille</td><td rowspan="4">d'y aller.
de lui en parler.
de voir un dentiste sans attendre.</td></tr>
<tr><td>- Tu ferais</td><td>bien</td></tr>
<tr><td>- Vous feriez</td><td>mieux</td></tr>
<tr><td colspan="2">- Ce serait intéressant pour vous</td></tr>
</table>

<table>
<tr><td colspan="3">- Tu devrais</td><td rowspan="7">partir de bonne heure.
m'écouter.
...</td></tr>
<tr><td colspan="3">- Vous pourriez</td></tr>
<tr><td colspan="3">- Il faut</td></tr>
<tr><td rowspan="2">- Il</td><td>vaut</td><td rowspan="2">mieux</td></tr>
<tr><td>vaudrait</td></tr>
<tr><td colspan="3">- Je pense que tu pourrais</td></tr>
<tr><td colspan="3">- Peut-être que tu dois</td></tr>
</table>

<table>
<tr><td rowspan="2">- Pourquoi ne</td><td>pars</td><td rowspan="2">-tu pas ?</td></tr>
<tr><td>m'écoutes</td></tr>
</table>

<table>
<tr><td>- Si j'étais toi,</td><td rowspan="3">je l'achèterais.
je m'arrêterais de fumer.
...</td></tr>
<tr><td>- Si j'étais à ta place,</td></tr>
<tr><td>- (Moi), à ta place,</td></tr>
</table>

- Si tu veux un conseil, arrête de fumer tout de suite.
- Si vous voulez mon avis, vous devriez vendre maintenant.

□ - Si je peux me permettre de vous donner un conseil, - Si vous voulez mon avis, - Ecoutez-moi,	vous devriez partir tout de suite. vous allez prendre un bain chaud et ça ira mieux.

- Allez-y tout de suite.
- Répondez par télégramme.

다. 하지 말도록 조언하기

일반적으로 조언하는 데 쓰이는 구문을 부정문으로 바꾸어 사용한다.

- Je vous conseille de ne pas - Je vous déconseille de(d') - Il ne faut pas - Tu ne devrais pas - A mon avis, tu ne dois pas	y aller. acheter cette maison. le laisser partir seul en vacances.

- Vous n'avez qu'à - Il n'y a qu'à	le jeter, ce billet. Il n'est plus valable. prendre un taxi. Il n'y a plus d'autobus.

- Si j'étais toi, - A ta place,	je ne répondrais pas.

- Si tu veux un conseil, n'accepte pas cette invitation.
- Il vaut mieux que tu n'y ailles pas.

- N'y allez pas.
- Ne répondez pas à cette lettre.

- Tu aurais tort | de lui dire ça.
◇ - Ce serait bête
◇ - C'est pas | le moment
- Ce n'est pas | la peine

필요 없는 것을 그만 두게 하기 위하여 다음과 같이 말할 수 있다.

◇ - C'est pas | la peine.
- Ce n'est pas

- Ce n'est pas la peine de réserver. Il n'y a jamais beaucoup de monde le mardi soir.

과거의 잘못에 대하여서는 다음과 같이 말할 수 있을 것이다.

- Tu aurais dû | suivre ses conseils.
- Vous auriez dû

- Tu es arrivé(e) en retard ? Ça ne m'étonne pas avec toute cette circulation. Tu aurais dû prendre le métro.

- Vous n'avez pas trouvé l'adresse ? Vous auriez dû emprunter mon guide. La prochaine fois, je vous conseille de le prendre.

명령문으로 조언하는 것은 친구나 가족 사이에서나 흔히 허용된다. 그렇지 않은 경우에서 명령문을 사용하여 조언을 하고자 할 때는 지시나 명령조가 되지 않도록 억양에 유의해야 할 것이다. ☞ 예고, 경고 또는 주의(4.4.)

4.6. 음료나 음식의 권유와 그 승낙과 거절 (offrir à boire/à manger et accepter/refuser l'offre)

가. 식사 전 음료 권하기

- Vous voulez boire quelque chose ? - Qu'est-ce que vous prenez ? - Qu'est-ce que vous voulez boire ? - Qu'est-ce que je peux vous servir ? - Qu'est-ce que vous aimeriez boire ? - Qu'est-ce que je vous sert comme apéritif ? - Qu'est-ce que je vous sers ? - Qu'est-ce que tu bois ?	J'ai du whisky, du gin, du porto, des jus de fruits ...

나 식탁에서 음식을 권하기

- Servez-vous.
- Tenez, je vous sers.
- Vous prenez (encore) des crudités ?
- Vous prendrez bien un peu de café ?
- Vous voulez un café ?
- Je t'offre | l'apéritif.
  | un verre.

- Encore un peu de viande ?
- Vous en voulez encore un peu ?
- Vous reprendrez bien un peu de salade ?
- Resservez-vous, je vous en prie.

다. 그 제안에 승낙과 거절하기

1. 승락

- Oui.
- Oui, volontiers.
- Oui, s'il vous(te) plaît.

- Oui,	avec plaisir.	C'est très bon.
	je veux bien.	C'est délicieux.
		C'est excellent.

- Oui, merci, je prendrai un café.

만약 부정의문문의 형식으로 음식을 권유하였을 경우, 그 대답에 유의해야 한다. 예컨대 "Vous n'en voulez plus ?"라는 부정의문문에 대한 긍정 대답은 "Oui"라 답해서는 안 되고, "Si, j'en reprendrai bien un petit peu avec plaisir."라는 식으로 "Si."로 답해야 한다.

☞ 긍정 대답(1.2.1)

2. 거절

- Non.

- **Non, merci** (sans façon)	je viens (juste) de prendre un verre. je viens d'en prendre beaucoup. j'ai déjà (beaucoup) mangé. je n'ai vraiment plus (pas) faim. je ne supporte pas le café. jamais le soir.

3. 잠정적 거절

- Non, merci, pas maintenant.
- Non, pas tout de suite.
- Non, pas pour l'instant.
- Non, tout à l'heure, après le dessert.

두 번째 잔을 거절한다든지 제공된 음식을 더 이상 원하지 않을 때, 다음과 같은 표현을 사용하여 정중하게 다시 권할 수 있다.

- Allez, juste un tout petit peu!
- Vous êtes sûr(e) ? Vous n'en voulez plus ?
- Mais vous n'avez pas beaucoup mangé!

이렇게 두 번째로 음식을 권할 경우 그 이유를 설명하면서 다음과 같이 다시 거절할 수 있을 것이다.

- Non, vraiment, c'est	très bon	mais j'ai très bien mangé.
	délicieux	mais je n'ai plus faim.

Non, merci, mais vraiment,	j'ai très bien mangé. je n'en veux plus.

특히 우리 말 식으로 "Je suis plein(e)." 라고 표현하는 것은 틀린 표현이다. 또 "J'en ai assez." 같은 표현도 금해야 할 것인데, 이 표현은 화가 나서 하는 말로 받아들여질 수 있기 때문이다.

음식의 권유에 대한 대답으로는 "Oui."나 "Non."으로 반드시 답해야 한다. 거절을 정중하게 표현하기 위해서 "Non, merci."로 답할 경우, 'merci'의 의미는 권유에 대하여 감사한다는 의미이지, 권유를 받아들이겠다는 의미가 아님을 유의해야 한다. 정중한 승낙의 표현으로는 "Oui, s'il vous plaît."라고 답할 수 있다.

- Vous prenez du sucre dans votre thé ?
- Non, merci.

- Vous prenez du lait dans votre café ?
- Oui, s'il vous plaît.

LANGUE-CULTURE

프랑스인의 가정에 점심이나 저녁 식사를 초대를 받았을 때, 지켜야 할 식사 예절이나 관습을 살펴보면 다음과 같다.

가. 식전 음료(apéritif)를 들을 때

초대한 손님과 어느 정도 담소를 나누고 나면, 집주인은 손님을 식당으로 안내하여 식사를 하게 된다. 식사를 하기 전 담소를 나누는 그 자리에서 식전 음료를 마시게 된다. 이 때 집주인은 음료를 마실 것인지를 묻게 된다[이에 사용되는 표현으로는 식사 전 음료 권하기(4.6.)와 만날 약속(4.10.)의 LANGUE-CULTURE를 참조할 것]. 이에 대해서는 'Oui.'나 'Non.'으로 답할 필요가 없고, 다음과 같이 답하면 될 것이다.

- J'aimerais bien un whisky avec du Perrier.
- Je veux bien un petit porto (une goutte de porto, si vous en voulez très peu).
- Pas d'alcool, merci, mais je boirais bien un jus de fruit.

만약 파인애플 주스를 달라고 하였는데, 준비된 음료가 오렌지 주스밖에 없다 할 경우, 특별한 사유가 없다면 "Un jus d'orange, c'est parfait!"라고 하면서 즐거운 마음으로 이를 선택해야 할 것이다. 그리고 모든 사람들이 함께 마실 수 있도록 기다렸다가 함께 마셔야 할 것이다.

나. 식탁의 좌석 배정과 식기의 용도

식전 음료를 들고 나면, 집의 여주인은 일행을 식탁으로 안내할 것이다. 이 때 사용되는 표현을 예시하면 다음과 같다.

- Nous pourrions passer à la table.
- Nous pouvons passer à table.
- A table!
- On va manger!

식탁에 이르러서는 식탁의 자리를 각자에게 지정해 줄 때까지 기다려야 한다. 그리고 여주인이 앉을 때까지 기다렸다가 앉는다. 자리의 배정 방법은 일반적으로 집의 주인의 오른쪽에 초대받은 손님 가운데 가장 사회적인 지명도가 높거나 가족과 친밀한 관계에 있거나 나이 많은 여성이 앉는다. 그 다음으로 같은 방법으로 여주인의 우편에 남자 손님이 앉는다. 그리고 나머지 다른 손님에 대해서는 공통관심이나 인성, 대인관계 등을 고려하여 가능한 한 남자 여자 교대로 앉는다. 그리고 부부가 초대를 받았을 경우 마주 대하여 앉지 않도록 한다.

식탁 위에 놓이는 식기의 배열은 다음과 같다.

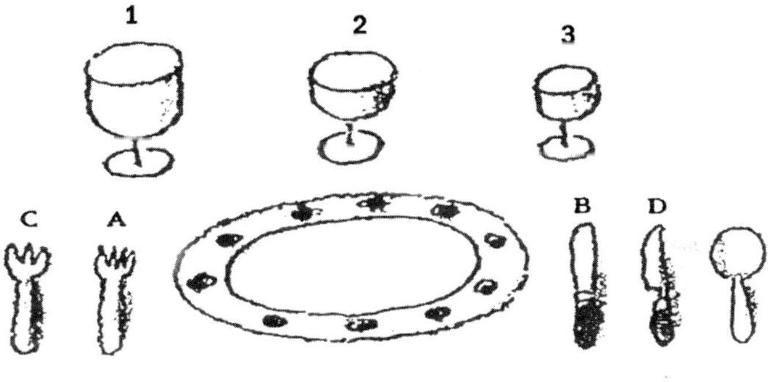

저녁 만찬의 중요도에 따라 배열된 유리잔은 하나, 또는 둘, 세 개가 놓일 수 있다. 친한 친구 사이의 점심 식사나 간단한 저녁 식사라면 하나만 놓일 것이다.

유리잔 1 : 그 가운데 가장 큰 잔으로 물 잔이다.
유리잔 2 : 적포도주 잔으로 물 잔보다 약간 작다.
유리잔 3 : 백포도주 잔으로 적포도주 잔보다 작은 잔이 사용된다.

포크나 나이프는 어떤 음식을 먹느냐에 따라 그 유형이 다르다. 식사를 할 때 사용하는 식기는 접시에서 가장 가까이에 있는 포크 A와 나이프 B 이다. 생선 요리에 대해서 포크 C와 나이프 D를 사용한다. 치즈 용 나이프는 나이프 B나 D보다 작은 것을 사용한다. 치즈용 나이프와 디저트를 위한 포크와 숟갈은 치즈나 디저트가 제공될 때, 함께 나오게 된다.

굴을 먹을 때 사용되는 포크는 가지 하나가 삐죽 앞으로 나와 있고, 달팽이 요리를 먹을 때 사용되는 포크는 가지가 두 개이다.

유리잔 좌측 또는 우측에 레몬 향이 나거나 꽃잎들이 있는 미지근한 작은 물그릇을 보게 될 경우가 있을 것인데, 이것은 손가락을 닦는데 사용하는 물그릇(rince-doigts)이다. 게나 가재와 같은 갑각류의 요리나 아스파라거스를 먹은 뒤, 손가락들을 거기에 잠갔다가 냅킨으로 닦는다.

예컨대, 달팽이 요리용 집게, 굴 요리용 포크와 같이 어떤 식기에 대해서 그 사용법을 모를 경우, 여주인이 어떻게 사용하는지를 관찰하고, 그대로 흉내 내면 될 것이다. 그렇지 않으면, 이 요리는 처음이라서 이 사용법을 잘 모른다고 솔직히 말하는 것이 좋을 것이다. 그러면 여주인은 처음 접하는 특별한 요리를 제공한 것에 대하여 매우 기뻐하며, 그 사용법을 친절히 알려 줄 것이다.

다. 프랑스의 대표적인 음식의 식사 방법

1. 빵 (pain)

프랑스 사람들에게 빵은 주식이다. 빵은 요리와 함께 먹거나 음식을 포크 쪽으로 가져오는데도 사용한다. 빵을 한 입에 넣을 수 있을 정도로 은밀히 손가락으로 능숙하게 작게 잘라 낼 줄 알아야 한다. 원칙적으로는 빵을 사용하여 소스를 끌어 모으는데 사용해서는 안 되지만, 예의를 갖추지 않은 일상의 식사에서는 포크로 빵 조각을 집어서 그렇게 흔히들 한다. 빵은 반드시 치즈와 함께 먹는다.

2. 샐러드(salade), 스파게티(spaghettis), 아티초크(artichauts), 아스파라거스(asperges)

프랑스에서는 샐러드를 자르지 않고 쉽게 먹을 수 있도록 포크와 나이프를 사용하여 능숙하게 접어 먹는 것이 관례이다. 스파게티의 경우는 이태리 사람들처럼 포크에 말아서 먹는다. 아티초크가 원래대로 제공될 경우, 손가락으로 잎사귀를 하나씩 떼어내어, 연한 끝부분만을 프렌치드레싱 소스에 담가 먹는다(입을 모두 먹는 것이 아니다). 연한 끝부분만을 먹는 아스파라거스의 경우도 이런 식으로 먹는다.

3. 치즈(fromages)

치즈의 유형에 따라 먹는 방법이 다르다. 프랑스의 치즈 가운데, Gruyère, Roquefort, Brie라는 치즈는 가로 방향으로 잘라 먹는다. Camembert를 포함하여 둥근 모양의 치즈는 원심을 중심으로 잘라 먹는다. Gruyère와 Chester를 제외하고는 포크를 사용하지 않는다. 작은 조각으로 치즈를 잘라내어 한입의 양의 빵 위에 얹어 먹는다.

어떤 치즈의 경우, 그것이 잘려 있거나 치즈의 일부가 잘라져 있다 하더라도 놀랄 필요가 없다. 치즈의 내부를 볼 수 있도록 하여 그 발효 정도를 알 수 있게 하기 위한 것이기 때문이다. 치즈는 단 한번만 권하며 더 이상 권하지는 않는다. 이는 관습이다.

라. 식사 예절

초대 받은 식사가 의례적인 것이든 친구 사이의 보다 간단한 식사이든, 식탁에서 지켜야 할 규칙은 대동소이하다.

○ 집 주인이 앉기 이전에는 앉지 않는다. 남자는 왼쪽에 있는 여자의 의자를 가볍게 당겨 먼저 앉도록 한다.

○ 무릎에 냅킨을 올려놓고 두 손(손목)을 상보의 끝 가장자리에 올려놓는다. 식탁에 팔꿈치를 올려놓지 않아야 하며, 등거리에 몸을 기대지 말고 자세를 바르게 유지한다.

○ 왼손으로는 포크를 잡고, 오른손은 나이프를 잡는다. 나이프를 쓸 필요가 없을 경우, (왼손잡이가 아니라면) 오른손으로 포크를 잡는다.

○ 냅킨으로는 얼굴이나 손을 세수하듯이 닦지 말고, 찍어내듯이 입가 주변을 닦는다.

○ 식사 도중 음식 접시를 돌릴 경우, 남성은 여성이 먼저 들을 수 있도록 여성에게 먼저 제공한다. 모든 사람에게 음식이 다 돌아가고 나서 여주인이 음식을 먹기 시작하면 음식을 먹는다.

○ 음식이나 기타 물건을 다른 사람 앞으로 이동할 경우, "Pardon!"이라고 하면서 양해를 구한다.

○ 음식을 맛보는 것을 거부하는 것은 예의에 맞지 않는다. 특별한 사정(알레르기나 식이요법 등)으로 인해 전혀 불가능한 것이 아니라면, 접시에 소량이라도 가져다가 맛을 봄으로써, 여주인을 무안하게 하지 않아야 한다. 이 때 음식에 대한 느낌을 말해야 할 것이다. ☞ 이에 대한 표현으로는 판단(3.12.), 좋아하는 것과 좋아하지 않는 것(3.10), 감탄(3.20)을 참조할 것.

○ 식사 도중 식탁을 떠나지 않도록 해야 한다. 화장실을 사용해야 할 경우, 식사를 마치고 거실로 옮길 때까지 기다렸다가, 여주인에게 조용히 화장실이 어디 있는지를 묻고 사용할 수 있도록 한다. 이 때, "Où est la salle de bain ?"이라 물어서는 안 되고, "Où sont les toilettes ?"라 물어야 한다. 왜냐하면 프랑스에서는 화장실과 목욕탕이 같은 장소에 있지 않기 때문이다.

○ 집을 떠날 때에는 남자 주인에게 악수를 하고 여주인에게 포옹을 하며, "Nous avons passé une excellente soirée, merci beaucoup.", "Nous vous remercions pour ce délicieux dîner, cela nous a vraiment fait très plaisir." 식으로 이들에게 저녁초대에 감사를 표시 한다. 그리고 초대받은 다음날 전화로 다시 한번 더 감사를 표하는 것은 매우 좋을 것이다. 그리고 초대를 받았으면 마찬가지로 초대를 해야 할 것인데, 원론적으로는 적어도 두 달 내에 한다.

4.7. 도움의 제안과 그 수락과 거절 (Proposer de l'aide et accepter/refuser une offre d'aide)

가. 도움을 제안하기

- Je peux vous aider ?
- Je pourrais vous donner un coup de main ?
- Vous voulez que je vous aide ?

- Si vous voulez,	**je peux**	vous(t') accompagner ?
- Si tu veux,	**je pourrais**	vous(t) enseigner ?

- **Vous voulez que**	je vous(t')accompagne ?
- **Voulez-vous que**	j'en parle au directeur ?
- **Tu veux que**	je vous(te) ramène le journal ?
- **Veux-tu que**	

- Je vous donne un coup de main ?

- Si cela peut vous rendre service, **je veux bien**	m'en charger.
	vous accompagner.

□ - Que puis-je faire pour vous ?

프랑스 사람들 가운데에서는 "Il lui a donné un de ces coups de poings."라고 하지 않고, "Il te lui a donné un de ces coups de poings." 식으로 표현하는 것을 볼 수 있다. 이런 식의 표현은 친숙어에 해당하며, 여기에서 'te'는 상대방의 주의를 끌기 위하여 사용된 것에 지나지 않는다.

나. 도움 제안을 수락하기

- (Oui,) avec plaisir!

- (Oui,) | avec joie.
- (Ah oui,) | c'est très gentil, merci.
| d'accord.
| c'est sympa.
| ça me fait plaisir.
◇ | génial.

- Oui, ça me rendrait vraiment service.
- Non, ça ne me dérange pas.
- Ben oui, s'il n'y a pas d'autres solutions.
- Je veux bien, à condition que tu m'aides.

- A dix heures ? | Si tu veux.
| (C'est) Entendu. (지시나 조언을 따르겠다는 의미)

- Samedi soir, ça me convient.
- D'accord, je veux bien.
- Pourquoi pas ?
- Pas de problème.
- OK.

다. 도움 제안을 거부하기

- Ça va, merci.
- Ce n'est pas la peine.
- Pas maintenant! Je suis occupé!

- Merci,	je peux le faire moi-même.
	je me débrouillerai.

- C'est très	gentil,	mais	j'ai presque terminé.
	sympa,		je trouverai une solution.
			je vais m'arranger.

◇ - Bof!
◇ - Mouais!

4.8. 자발적 행위와 공동 행위의 제안 (proposer à une autre personne de faire quelque chose elle-même/ensemble)

☞ 조언과 만류(4.5.)

무엇인가를 하도록 제안하는 행위와 명령이나 지시하는 행위 그리고 문제 해결적 차원에서 조언하는 행위를 각각 명확히 구분하기란 어렵다. 본 항목에서의 행위의 제안이란 의견을 제시하는 행위 정도의 개념으로 다루고자 한다. 이 제안은 상대방만 하도록 제안하는 경우와 상대방과 함께 하도록 제안하는 경우로 구분될 수 있을 것이다.

가. 자발적으로 무엇인가를 행하도록 제안하기

- Je vous (te)	conseille de	lui passer un coup de fil.
	suggère de	

- Tu peux	le revendre ?
- Tu pourrais	leur en parler ?
- Tu ne veux pas	
- Tu as pensé à	
- Pourquoi ne pas	

- Vous ne voulez pas vous asseoir ?
- Nous aimerions que vous reveniez nous voir l'année prochaine.

다음과 같은 표현을 사용하여 상대방에게 말하고자 하는 것이 제안이라는 점을 분명히 밝힐 수 있을 것이다.

- J'ai une proposition à vous faire ...
- Voilà ce que je vous propose ...

- Je voudrais savoir si vous	pourriez ... accepteriez ... voudriez ...

나. 함께 무엇인가를 하자고 제안하기

- Si tu veux,	on peut on pourrait	aller au cinéma ? louer une voiture ?

- Ça te dirait de(d') Ça te dit dc(d')	faire unc promenade avec moi ? allcr au théâtre ?

- Tu veux - Vous voulez - Ça te dirait	qu'on dîne ensemble ? qu'on aille au cinéma ?

- Pourquoi ne pas ◇	y aller ensemble ? aller au restau ?

- On pourrait	se tutoyer, aller sur la plage,	non ?

- Si on allait au cinéma ? (= On va au cinéma ?)

- Si on allait - Si nous allions	faire un tour ? prendre un verre ? boire un pot ?

- Je propose de(d')	étudier ce livre. faire une réunion pour étudier le projet.

- Vous seriez d'accord pour - Que diriez-vous de - Tu (n')as (pas) envie de ◇	venir avec nous ? venir nous voir à la campagne dimanche ? venir en boîte avec moi ?

출발 또는 일의 시작을 제안하기 위하여 흔히 다음과 같이 말한다.

- (Alors) on y va ?

- (Oui,)	allons-y. on y va.

MODE D'EMPLOI

공동의 행위를 제안하는 표현

공동의 행위를 제안하는 표현에는 여러 가지가 있다. 상대방이 구면인가 아니면 초면인가, 대화가 공적인 장소에서 이루어지고 있는가 아니면 친한 관계에서인가에 따라 표현들은 다르다. 다음은 개인적으로 친한 관계에서부터 시작해서 보다 공적인 상황에 이르기까지 사용될 수 있는 표현들을 순서대로 나열한 것이다.

◇ - Allez, viens, je t'emmène au ciné.
- On va au cinéma ce soir ?
- On pourrait aller au cinéma.
- Si on allait au cinéma ?
- Nous pourrions aller au cinéma.
- Vous voulez venir au cinéma avec moi ?
- Je vous invite à venir au cinéma avec moi.
- Pourriez-vous venir au cinéma avec moi ?

□ - Vous serait-il possible de venir au cinéma ?

이상의 표현들에서 보는 바와 같이 공동의 행위를 제안하는 표현들은 명령이나 지시의 표현과 마찬가지로 친한 관계에서의 제안인가 아니면 형식적 관계에서의 제안인가에 따라 다양하다. 이 표현에 사용되는 표현법들을 살펴보면 다음과 같다.

가. 직설법 현재

- Vous voulez regarder la télévision ?
- On va au soleil ?
- On va prendre un café ?

나. 조건법

다음과 같은 동사(구)의 조건법을 사용하여 제안을 나타낼 수 있다.

1. pouvoir

"On pourrait (또는 Nous pourrions) +동사원형"의 구문을 사용한다.

- Nous **pourrions déjeuner** ensemble demain ou après-demain.

- Qu'est-ce que tu fais ce soir ?
- Rien. On **pourrait aller** danser.

위의 문장들은 다음과 같이 현재로 표현할 수 있다.

- On **peut** déjeuner ensemble.
- On **peut** aller danser.

2. aimer

'aimer'는 흔히 부정문으로 제안을 나타내지만 긍정문으로 이를 나타낼 수 있다.

- Tu **n'aimerais pas** faire une partie d'échecs ?
- Tu **aimerais** faire une partie d'échecs ?

그러나 'aimer' 동사의 현재형으로는 제안을 나타낼 수 없다.

3. avoir envie de

'aimer' 동사처럼 'avoir envie de'는 흔히 부정문으로 쓰이며 부정법이나 명사가 올 수 있다.

- Tu n'aurais pas **envie de faire** une petite promenade en forêt ? (부정법)
- Tu n'aurais pas **envie d'un bon** café ? (명사)

때로는 현재 시제로 표현할 수 있다.

- **Tu n'as pas envie** de faire un tour en vélo ?

4. vouloir

- Tu ne **voudrais** pas venir au théâtre avec moi ce soir ?
- Est-ce que vous **voudriez** gagner un peu d'argent ? J'ai un petit travail à vous proposer.

5. plaire

"Ça te(vous) plairait + de + 부정법"의 표현으로 사용된다.

- **Ça te plairait d'aller** danser ce soir ?
- Est-ce que **ça vous plairait de passer** le week-end dans ma maison de campagne ?

'plaire' 동사가 제안의 의미로 쓰일 경우에는 현재 시제로 사용할 수 없고, 긍정문으로나 부정문으로 사용될 수 있으며, 비인칭적으로 쓰인다.

- **Ça me plairait** de voir un bon film. Qu'est-ce que tu en penses ?

6. Ça te (vous) ferait (dirait) plaisir

이 표현은 'de + 부정법' 또는 명사와 함께 쓰인다.

- Est-ce que **ça te ferait (dirait) plaisir d'**aller danser ? (부정법)
- Un bon repas, **ça te dirait** ? (명사)
- Est-ce que **ça vous ferait plaisir,** un petit cadeau ? (명사)

다. Si + 반과거 + ?

- **Si on mangeait** ? (= Je vous propose de manger.)
- Si vous m'**expliquiez** votre problème ? (= Je vous propose de m'expliquer votre problème.)
- Si on y **allait** ? (= Je vous propose d'y aller.)

이 표현은 자기 자신에 대한 제안으로도 사용될 수 있다.

– Bon, si je **commençais** ? (= Je me propose de commencer, c'est le moment de commencer, il faut que je commence.)

라. 친숙어의 표현들

1. 식사와 관련된 제안의 표현

◇ – On se fait une petite bouffe ? (bouffe = repas)
◇ – Ça vous dirait un bon petit gueuleton dans un bon restau. (gueuleton = repas copieux, restau = restaurant)

이 문장에서 사용된 'petit'라는 형용사는 크기가 작다든지 중요하지 않다라는 뜻이 아니라, 'une petite amie'나 'ma petite femme'의 경우 처럼 좋다거나 사랑스럽다는 느낌을 나타낸다. 즉 이 문장에서 'petit gueuleton'의 의미는 'un repas où l'on mange beaucoup et bien'이다.

2. 술과 관련된 제안의 표현

– Tu viens	boire prendre	un pot ? (boire un pot = boire quelque chose)

◇ – Il fait chaud, on va se taper un demi ? (se taper un demi = boire une bière)
◇ – On va s'en jeter un ? (s'en jeter un = boire quelque chose)

◇ – On s'arrête dans	un bistrot ? un troquet ?

3. 출발하다(partir)와 관련된 제안의 표현

◇ – On se tire ?
◇ – On se barre ?
◇ – On se taille ?
◇ – On se casse ?
(se tirer, se barrer, se tailler, se casser = partir)

4. 영화 구경의 제안 표현

◇ - Si on allait au cinoche ? (◇ cinoche = cinéma)
◇ - On va au cinoche ?

5. 승차 (partir en voiture)와 관련된 제안의 표현

◇ - Si on faisait un petit tour en bagnole ? (bagnole = voiture)

4.9. 자발적 행위와 공동의 행위 제안에 대한 승낙과 거절 (accepter et refuser une proposition)

☞ 초대(1.1.6.), 음료나 음식의 권유(4.6.), 도움의 제안(4.7.), 자발적 행위(4.8.), 만날 약속(4.10.)

가. 제안을 승낙하기

1. 만족을 표시 하는 수락

- Volontiers.
- Avec joie.
- Avec plaisir.
- Ça me ferait plaisir.
- J'accepte avec grand plaisir.

◇ - Super!
◇ - Chic!
◇ - Chouette!

2. 좋다는 견해를 밝히는 수락

- Oui, c'est un très bon film.
- Oui, j'ai vraiment besoin d'un café.
- C'est une bonne idée.
- Tiens! C'est une bonne idée.
- Bonne idée!

□ - C'est une excellente idée.

3. 같은 생각을 가지고 있었다고 하며 수락

- J'allais (justement) te le proposer.
- J'allais (justement) te faire la même proposition.
- J'allais (justement) te le demander.
- C'est ce que je vais faire.

4. 특별한 뜻이 없는 수락

- Oui.
- Oui, c'est possible.
- Bien sûr.
- D'accord.

- (Ah oui,) pourquoi pas ?

5. 다른 설명을 요구하는 수락

- Ce soir ?
- Quand ?
- Tout de suite ?

나. 제안을 거절하기

제안에 대한 거절은 승낙보다 표현하기 어렵다. 왜냐하면 거절하는 이유를 설명해야 하고, 이 결정이 단호하다는 것을 때로는 보여주어야 하기 때문이다. 먼저 제안을 분명하게 거절하는 표현들을 보면 다음과 같다.

- Non.
- Non merci.
- Non, ◇ | c'est pas / ce n'est pas | une bonne idée.
- Non, je ne | veux / peux | pas.
- Non, ◇ | c'est pas / ce n'est pas | possible.

- Ça me paraît difficile.
- Quelle idée! (= Votre suggestion est stupide.)
- **Non, je n'ai pas envie de** | la voir. / le revendre. / leur en parler.
- Non, c'est absolument impossible.
- Ça ne me dit rien. (= Je n'ai pas envie. / Je ne veux pas.)
- Je refuse catégoriquement.
- (Il n'en est) pas question!
- C'est hors de question!

□ - Vous n'y pensez pas! (= Votre suggestion est stupide.)

◇ - Tintin! (Pff!) (= Je ne le ferai pas.)

이런 식의 단호한 거절의 표현은 가급적 사용하지 않는 것이 좋을 것이다. 거절하여 미안하다는 의미를 나타내는 표현들을 예시하면 다음과 같다.

- **Je regrette** | sincèrement. / mais cela m'est impossible. / de ne pouvoir accepter votre proposition.
- Je suis au regret de ne pouvoir accéder à votre demande.
- C'est impossible malheureusement.
- Ce n'est (vraiment) pas possible, j'en suis désolé(e).
- Je suis navré(e) de devoir refuser.

거절을 하지 않으면 안 되는 이유를 설명하는 것이 보다 정중할 것이다. 다음은 이유를 들어서 거절을 표현하는 예시들이다.

- Merci de ta proposition, mais ...	on m'attend à la maison.
- C'est gentil, mais	j'ai du travail.
- Je regrette, mais	je suis pris ce soir.
- C'est dommage, mais	(= j'ai quelque chose à faire ce soir.)
- Impossible,	j'ai autre chose de prévu.
- J'aimerais bien, mais	j'ai un rendez-vous.
- (Je suis) désolé, mais	je suis fatigué.
- Excusez-moi, mais	je suis très pressé.
- Oui, mais malheureusement	je n'ai pas le temps.
- Ça serait avec plaisir, mais	je dois travailler.
□ - Cela aurait été avec plaisir, mais	...

승낙을 뒤로 미루면서 거절하는 표현법으로는 다음과 같다.

- Je vais réfléchir.
- Bon, je le ferai, mais pas tout de suite.
- Je ne pense pas, mais je vais voir.
- Pas tout de suite.
- Plus tard.
- La semaine prochaine, si tu veux.
- Pour le moment, je ne sais pas.
- Peut-être.
- Je vais voir.
- Je vais voir si je peux.
- On verra.
- On verra ça demain.
- Je verrai.
- On en reparlera.
- Je ne sais pas encore.
- On se téléphone.
- Je te rappellerai.
- Je te dirai ça plus tard.

4.10. 만날 약속 (fixer un rendez-vous)

약속 시간이나 장소를 요청하기에 앞서, 초대하기 위해 앞서 사용할 수 있는 예비 표현을 이 경우에도 사용할 수 있다. ☞ 초대(1.1.6.)

가. 만날 약속을 요청하기

1. 'vouvoyer'하는 사이에서

- Pourriez-vous me recevoir en fin d'après-midi ?

- J'aimerais | vous recevoir en fin d'après-midi.
  vous rencontrer cette semaine.
  avoir un rendez-vous, s'il vous plaît, c'est assez urgent.

- Mademoiselle, on peut se revoir ? (처음 보는 여자를 꼬시는 데 사용되는 표현)

병원이나 회사 같은 곳에서 어떤 사람과의 만날 약속을 다음과 같이 신청할 수 있을 것이다.

- Je voudrais | voir / prendre rendez-vous avec | le docteur X, s'il vous plaît ?

- Est-ce que je peux avoir un rendez-vous avec le docteur ?
- Est-ce que vous pourriez me recevoir ?
- Est-ce que vous pourriez me donner un rendez-vous avec monsieur le président, s'il vous plaît ?
- Bonjour, Madame. Je téléphone pour un rendez-vous.

2. 'tutoyer'하는 사이에서

- Alors, quand est-ce qu' | on se voit ?
  on peut se voir ?
  on pourrait se voir ?

- Il faudrait qu'on se voie, | qu'est-ce qui t'arrange ?
  (= Quel moment te convient ?)

나. 약속 시간 정하기

1. 'vouvoyer'하는 사이에서

- Je pourrais venir, soit lundi matin, soit mardi dans l'après-midi.
- J'aimerais vous voir mardi à onze heures.
- Est-ce que le mercredi 10, à 16h, vous conviendrait ?
- Mardi à onze heures ?

이러한 만날 시간의 제안에 대하여 다음과 같이 동의할 수 있다.

- C'est parfait.
- Ça me convient parfaitement.
- Ça va.
- Oui, d'accord.
- Samedi soir, ça me convient!

이에 대한 거절의 표현은 다음과 같다.

- Je suis désolé(e), je ne suis pas libre à cette heure-là.
- Je suis pris(e) à cette heure-là.
- Désolé(e), je ne suis disponible qu'à 9 h 30.
- Je suis désolé(e), mais tout mon lundi est pris.

2. 'tutoyer'하는 사이에서

- Je	pourrais peux	venir demain matin ?

- Mardi à 15 heures,	tu es libre ? ça te va ? ça t'arrange ? ça te convient ?

- Est-ce que tu peux être à la Coupole demain à 6 heures ?

이러한 만날 시간의 제안에 대하여 다음과 같이 동의할 수 있다.

- Oui, | je suis libre.
  ça me va.
  ça m'arrange.
  ça me convient.
  d'accord.

- Le 4 novembre ? C'est parfait.
- Mercredi 6 décembre à 6 heures ? C'est très bien.

이에 대한 거절의 표현은 다음과 같다.

- Non, | je ne suis pas libre.
  je suis pris(e) à cette heure-là
  j'ai un rendez-vous avec M. Kim à cette heure-là.
  ça ne marche pas pour cette heure-là, j'ai un empêchement.
  j'ai un cours | à cette heure-là.
  ◇ j'ai du boulot | (= J'ai beaucoup de travail à faire.)
  ◇ je suis au boulot. (= Je suis sur mon lieu de travail.)

이상에서와 같이 시간의 동의가 있은 뒤에 다음과 같이 만날 장소를 결정할 수 있다.

- On se retrouve où ?
- Pourrais(Peux)-tu passer me prendre devant chez moi ?

- Bon, alors, | on se retrouve / on se donne rendez-vous | au Café du Commerce ?

- Rendez-vous à la Gare du Nord, quai numéro 5.

이러한 약속에 대한 다짐을 다음과 같이 표현할 수 있을 것이다.

- **Entendu.** | ◇ - N'oublie pas, hein ?
- **D'accord.** | ◇ - Sans faute, hein ?

- Ne t'en fais pas. Je n'oublierai pas.
- Oui, sans faute. Ne t'inquiète pas.

일단 약속 시간과 장소가 정해지고 나면 다음과 같이 다시 한번 더 확인하는 것이 좋을 것이다.

- Très bien... nous nous verrons donc le 3 juin à 15 heures.
- Eh bien, je vous dis à jeudi, 18 heures.
- Alors, à dimanche, à 15 heures devant l'entrée du musée!
- On se trouve directement devant le restaurant à midi. D'accord ?

◇ - OK, ça marche : on se voit demain matin à 10 heures à la sortie du métro.

만날 약속을 취소하기 위한 표현과 그 이유를 설명해야 할 것이다.

☞ 제안을 거절하기(3.9.)

- Je voudrais annuler le rendez-vous que j'avais pris pour le 14 janvier.
- Auriez-vous un autre date disponible ?
- Est-ce que je pourrais reporter mon rendez-vous du 5 mars à la semaine suivante ?
- Il faut remettre notre rendez-vous à plus tard. Je suis désolé, mais j'ai la grippe.
- Je vous appelle pour décommander le rendez-vous de demain, je suis retenu.
- Désolé pour vendredi, j'ai un contretemps.
- Il m'est impossible de vous rencontrer demain comme prévu, ma femme est malade.

LANGUE-CULTURE

식당이나 카페에서 식사 초대 약속이 있을 경우 행해지는 관습이나 언어 표현들을 살펴보면 다음과 같다.

가. 식당에서 식사 초대 약속

집으로 손님을 초대하여 식사를 할 경우와 식사 관습이나 예절은 거의 대동소이하다. 이에 대해서는 음료나 음식의 권유(4.6.)를 참조하면 될 것이다. 그러나 다른 점이 있는데, 그 차이점을 중심으로 살펴보면 다음과 같다.

먼저 어떤 음식점에서 만날 것인지를 결정해야 할 것인데, 이를 위해서는 고려해야 할 것들이 많겠지만, 그 가운데 중요한 하나는 정식 요리가 무엇이고 가격은 얼마인지를 알아야 할 것이다. 경우에 따라서는 예약할 필요도 있을 것이다. 예약할 때 사용하는 손님과 종업원의 표현들을 예시하면 다음과 같다.

손님
- Je voudrais réserver une table.
- Auriez-vous une table pour deux ?

종업원
- A quel nom ?
- Pour combien de personnes ?
- A quelle heure ?
- Salle fumeurs ou non-fumeurs ?

식당에 도착하면 종업원이 안내를 할 때까지 기다리는 것이 일반적이다. 이 때 있을 수 있는 손님과 종업원의 대화의 표현들을 예시하면 다음과 같다.

손님
- Nous sommes quatre.
- Avez-vous une table pour cinq personnes ?

종업원
- Vous avez réservé ?
- Avez-vous une réservation ?
- A quel nom ?

자리를 잡고 나면 주문을 위해 사용되는 대화들을 예시하면 다음과 같다.

손님
- Je peux avoir la carte ?
- On pourrait avoir la carte ?

종업원
- Désirez-vous un apéritif ?
- Vous prendrez un apéritif ?
- Vous avez choisi ?
- Je peux prendre la commande ?
- Qu'est-ce qui vous ferait plaisir ?
- Qu'est-ce que vous prendrez comme dessert ?

손님
- Nous n'avons pas encore choisi.
- Un moment, s'il vous plaît.
- Quel est le plat du jour ?
- Qu'est-ce que vous nous recommandez avec le poulet ?
- Je prendrai le menu à 15 euros.

다음은 한 식당의 차림표의 일예이다.

MENU DU JOUR 9 EUROS
MIDI SEULEMENT

Tarte à l'oignon
Boeuf bourguignon
Fromage ou dessert

FORMULE A 15 EUROS

Délice gascon
Salade nordique

Pavé de rumsteak au poivre
Confit de canard
----
romage

Dessert

Fromages	
Camembert	3,30
Gruyère	3,30
Chèvre	3,30
Cantal	3,30
Bleu d'Aubergne	3,30

BRASSERIE

SALADES COMPOSEES	
Salade parisienne(salade, jambon, gruyère, maïs, oeuf, tomate)	6,10
Salade niçoise (salade, thon, riz, anchois, olive, oeuf, tomate)	6,50
Salade au chèvre chaud (salade, toast, chèvre, noix)	6,50
Salade mixte(salade, oeuf, tomate, pomme de terre, jambon)	6,10
Salade auvergnate(salade, tomate, oeuf, jambon de pays, pomme de terre)	7,30
Salade nordique(salade, tomate, oeuf, saumon fumé)	6,50

BUFFET CHAUD	
Omelette nature	4,30
Omelette au jambon	5,00
Omelette au gruyère	5,00
Omelette aux pommes de terre	5,00
Omelette mixte	5,80
Omelette complète	6,40
Oeufs au jambon	5,80
Raviolis gratinés	5,50
Francfort avec frites	5,50

LA CARTE

Entrées	
Thon mayonnaise	2,70
Oeuf mayonnaise	2,70
Salade de tomate	3,20
Assortiment de crudités	3,20
Jambon de Paris	4,70
Jambon de Bayonne	6,50
Assiette charcutière	7,00
Assiette anglaise	7,30
Rillettes	4,70
Paté de campagne	4,70
Filets de harengs	4,30
Salade composée	4,30

Plats Garnis	
Pavé de rumsteak au poivre	8,50
Entrecôte au Roquefort	8,20
Bavette échalottes	8,10
Steak tartare	8,80
Andouillette grillée	8,50
Escalope panée	8,50
Côte de porc grillée aux herbes	8,10
Foie de veau persillé	9,10
Confit de canard	9,10
Tripes aux Muscadet	6,90
Filets de sole	8,40

Desserts	
Patisserie maison	3,80
Mousse au chocolat	3,80
Crème caramel	3,50
Crêpe	3,80

Glaces et Sorbets	
Chocolat liégeois	2,80
Café liégeois	2,80
Sorbet poire (avec liqueur)	3,30
Sorbet cassis (avec liqueur)	3,30
Assortiment glaces ou sorbets	3,30
Mystère .	3,00

식당 차림표에는 식사에 관련된 어휘들이 등장하는데, 프랑스의 식사를 이해하기 위해 알아야 할 어휘들을 살펴보면 다음과 같다.

Menu du jour (오늘의 정식) : 당일에 제공되는 정해진 가격의 요리를 말한다. 여기에는 보통 앙트레(entrée), 주 요리(plats), 치즈(fromage) 또는 디저트(dessert)라는 일련의 세 가지 요리가 포함되는 것이 보통이다. 즉 'menu'는 우리말의 메뉴와 다르다. 우리말의 메뉴에 해당하는 프랑스어 어휘는 'carte'이다.

Formule (본식당의 정식) : 정해진 가격으로 제공되는 요리로서 오늘의 정식(menu)보다는 푸짐한 내용으로 제공되는 식사로서 여기에는 앙트레(entrée), 주 요리(plats), 치즈(fromage) 또는 디저트(dessert) 가운데 여러 요리들을 제한적이긴 하지만 선택할 수 있는 요리 목록들이 제공된다.

Brasserie (퀵타임 음식) : 매우 빨리 제공 받을 수 있는 음식으로, 배합 샐러드처럼 다소 차가운 일련의 요리나 오믈렛처럼 더운 일련의 음식들을 일컫는다.

Carte (메뉴) : 따로 주문할 수 있는 다양한 성격의 요리들의 목록을 말한다. 메뉴에는 보통 다음과 같은 것들이 포함된다.

○ 앙트레(entrée) 또는 전식(hors d'oeuvre) : 처음 단계에서 제공되는 요리

○ 야채가 곁들인 주 요리 (plats garnis) : 채소, 감자 또는 면류가 포함된 육류 고기 또는 생선

○ 석쇠 고기(grillade) : 지방질이 없는 불로 그을린 고기

○ 치즈(fromages) : Camembert, Gruyère, Chèvre, Roquefort 등

○ 디저트(desserts) : 케이크(gâteau), 캐러멜 크림(crème caramel), 초콜릿 무스(mousse au chocolat) 등

○ 바다 요리(fruits de mer) : 생선들은 물론이고, 굴, 홍합, 대합과 같은 조개류나 작은 새우, 가재, 게, 왕새우 등과 같은 갑각류

○ 앙트르메 (entremets) : 크림(crème), 과일설탕조림(compote), 아이스크림과 같이 디저트 이전에 먹는 단 음식으로, 과거에는 디저트와 구분하였으나, 오늘날에는 디저트와 구별이 안 되고 있다.

비프스틱을 주문할 경우, 어느 정도 구울 것인지를 구분하는 어휘는 다음과 같다.

○ viande bleue : 거의 익히지 않은 고기

○ viande saignante : 매우 조금 익힌 고기

○ viande rose : 조금만 익힌 고기

○ viande à point (또는 viande bien cuite) : 보다 잘 익힌 고기

차림표에 대하여 잘 모르는 것이 있을 경우 다음과 같이 종업원에게 음식에 대한 정보를 물을 수 있을 것이다.

- La blanquette de veau, qu'est-ce que c'est ?
- Est-ce qu'il y a des tomates dans la salade mixte ?
- La sauce américaine, c'est pimenté ?

음식점에서의 식사 예절은 집으로 초대할 때의 예절과 대동소이하다. 음식점에서 요구되는 식사 예절을 살펴보면 다음과 같다.

○ 식당에 먼저 들어가는 사람이 항상 여자가 아니다. 초대한 사람이 먼저 앞서 들어가 안내하는 역할을 한다. 즉 초대한 사람이 남자라면 남자가 먼저 들어간다.

○ 가정의 식사 초대와 마찬가지로 초대한 사람이 정해진 원칙에 따라 좌석을 지정해 주며, 부인이 먼저 앉는다.

○ 이어 종업원은 메뉴를 가져올 것이다. 좀 소박한 식당에서는 하나의 메뉴가 있지만, 멋있는 고급스러운 식당에서는 부인에게 제공되는 메뉴가 따로 제공된다. 여기에는 가격 표시가 없다. 가격에 구애받지 말고 자유롭게 선택할 수 있게 하려는 의도이다. 종업원은 선택할 수 있는 시간을 충분히 줄 것이다. 때로는 주문할 손님이 있다는 것조차 잊고 있는 것같이 보일 수 있다. 이럴 경우 주목을 끌게 하기 위해 시선을 보내는 것만으로도 충분할 것이고, "s'il vous plaît." 또는 가벼운 손짓을 하면서 부를 수도 있을 것이다. 그 때 종업원은 "Vous avez choisi ?" 또는 "Vous désirez ?"라고 하면서 물으러 올 것이다.

○ 앙트레와 주 요리, 포도주의 선택을 위해서는 종업원에게 "Pouvez-vous m'expliquer ce qu'est "Le feuilleté aux 3 fromages ?", "Qu'est-ce qu'il y a dans la salade bois joli ?", "Dans la "coupe glacée", combien de boules y a-t-il ? Quels sont les parfums ?" 라는 식으로 질문을 하는데 주저할 필요가 없을 것이다. 만약 'menu du jour(오늘의 정식)을 주문하면서, "Est-ce que je peux prendre un fromage au lieu d'un dessert ?", "Est-il possible de remplacer les frites par des haricots verts ?"라는 식으로 요구할 수도 있을 것이다. 또한 본 식당의 전문요리가 무엇이고, 이에 대한 자세한 설명도 요구할 수 있을 것이다. 이를 통해 새로운 맛있는 음식을 발견할 수 있을 것이다.

○ 포도주를 선택하기란 어려울 것이다 [☞ 포도주의 종류에 대해서는 접대(1.1.3.)를 참조할 것]. 만약 그 식당에 포도주 전담 종업원이 있다면, 그의 조언을 들으면 될 것이다. 여러 사람이 하나의 포도주를 마셔야 할 상황에서 남녀가 함께 있을 경우, 의견을 수렴하고 이를 결정하며, 또 주문하는 일은 남자가 맡는다.

○ 큰 식당에서는 포도주를 주문하고 나면 포도주 전담 종업원은 포도주 병을 가져와, 주문한(또는 손님을 초대한) 손님에게 약간 포도주를 따라 그 평가를 받게 된다. 시음자는 포도주의 향기 맡고 맛을 보고 그것이 적절하다고 판단되면, 이에 대한 제스처(고개를 가볍게 끄덕이는 동작)를 한다. 그 이후에야 다른 초대한 손님들에게 잔을 따른다. 만약 포도주에

문제를 발견한다면(예컨대 콜크 마개 냄새가 난다든지, 신맛이 있다든지, 본래의 맛이 변질되었을 경우) 손님은 이를 되돌려 보내고 다른 것을 가져오게 할 수 있다.

○ 식사 도중 남자들은 여자에게 포도주를 따라주는데 줄곧 신경을 써야 한다. 왜냐하면 여성은 혼자 포도주를 따라 마시는 것은 결코 있을 수 없겠기 때문이다.

○ 봉사료(팁)는 일반적으로 계산서에 포함되어 있다(service compris). 그러나 특별한 봉사를 받았나면 봉사료를 따로 줄 수 있을 것이다.

나. 카페에서 약속

때로 친숙하게 비스트로(bistrot)라 불리기도 하는 카페(café)는 친구와 담소하기 위해 약속하거나, 사업을 이야기하거나, 또는 단순히는 길거리의 광경을 길가에 마련된 식탁에서 구경할 수도 있는 상소이며, 하루 일과 가운데 신문을 읽으면서 긴장을 풀 수 있는 장소이기도 하다. 많은 카페에서는 손님이 신문을 볼 수 있도록 비치하고 있는 경우가 많다. 카페에서 언제나 알콜 음료나 청량음료는 물론이고, 간단한 식사를 할 수 있으며, 특히 출근하기 전 아침식사가 가능하다. 파리의 어떤 카페들은 예술가들이나 지식인이 자주 드나들었던 명소이기도 하다. 특히 지방에 있는 카페에서는 음료수 잔을 사이에 두고 카드놀이를 즐기는 사람들을 볼 수 있다. 일요일 오전에는 삼연승 경마나 로또 복권의 애호가들이 행운을 기원하며 카드를 작성하는 것을 볼 수도 있을 것이다. 놓쳐서는 안 되는 기괴한 행사가 있는데, 그것은 매년 5월이면 파리에서 개최되고 있는 카페 종업원들의 마라톤 경기이다. 이들은 흑백 차림의 전통 의상을 입고 팔위에 물 잔들과 병들을 쟁반 위에 받쳐 들고 달리는 도보 경주를 한다.

종업원을 부르기 위해서는 손을 들고, "Monsieur!", "S'il vous plaît!"라고 말하면 된다. 만약 종업원이 여자라면 "Madame!", "Mademoiselle!"이라 말하면 되겠다. 때로는 이들이 매우 바쁘기 때문에 주목을 끌게 하기 어려울 것이다.

대부분의 카페에서는 즉각적으로 계산하도록 요구하지 않는다. 지급해야 할 금액에 대한 계산서만을 가져다 줄뿐이다. 계산을 위해서는 종업원을 불러야 하겠으나, 만약 정확한 금액을 소유하고 있다면, 종업원을 부르지 않고 식탁 위에 그 금액을 놓고 나가면 된다. 봉사료(15%)는 보통 청구서에 포함되어 있는 것이 보통이다.

음료수 가격이 지역에 따라 천차만별하다는 점을 잊어서는 안 된다. 카페가 어떤 지역에 있는가에 따라 다르다. 예컨대 파리의 Champs-Elysées에서의 커피 한잔 값은 프랑스의 작은 마을에서 먹는 커피가격의 3 내지 4 배나 비싸다. 그 뿐만 아니라 카운터(보통 zinc라 부른다)에서 마시게 되면 식탁에 앉아서 먹는 것보다 싸다.

봉사료(팁)는 어떤 업종에서 누구에게 주는가는 프랑스의 사회 관례에 따르면 될 것이다. 다음은 이에 대한 대략적인 관례이다.

업종	가부	대상자	업종	가부	대상자
이발소	O	이발사 또는 머리를 감겨준 사람	자동차 주차장	X	
연극 공연장	O	국립이 아닌 사립 연극공연장의 안내원	호텔	X	짐을 날라준 경우는 예외
카페	X	계산서에 포함되어 있음.	택시	O	택시 기사
주유소	X	특별한 서비스를 받은 경우는 예외	음식점	X	계산서에 포함되어 있음. 특별한 서비스를 받았을 경우 해당 종업원

4.11. 맹세 또는 약속 (promettre)

맹세하기

- **Je vous assure** - **Je te jure** - **Je te promets** - **Je n'oublierai pas**	que je n'oublierai pas. que je t'écrirai. que j'arriverai à l'heure. de venir. de t'écrire.

- **Je m'engage à** vous rendre votre argent la semaine prochaine.
- **Je te donne ma parole** que je ferai la vaisselle.
  (donner sa parole = promettre)

- Je viendrai te donner un coup de main, - Je passerai te voir mardi, - Je vais le faire, - Je serai à l'heure, ◇ ◇	**je te (le) promets.** **compte sur moi.** **sans faute.** **c'est sûr.** **c'est promis.** **c'est juré.**

- **Ne vous inquiétez pas,** - **Soyez sans crainte,** - **Tu peux compter sur nous**	ce sera fait dans les 48 heures. on ira la chercher à l'aéroport. le paquet sera expédié.

- **D'accord,** ◇ - **Promis, juré,**	je te rends tes notes lundi.

약속하기를 원하지 않는다면 다음과 같이 말할 수 있다.

- Je vais essayer de terminer ce travail pour demain.
- Je vais voir si je peux le faire.

어린 아이들은 나쁜 습관을 더 이상 하지 않겠다고 약속할 때 다음과 같이 말한다.

- Je ne le ferai plus,	je te le promets.
- Je ne recommencerai plus,	je te le jure.

4.12. 안심 (rassurer)

☞ 맹세 또는 약속(4.11.)

안심시키기

불안해하는 사람을 안심시키기 위하여 다음과 같은 표현들을 사용할 수 있다.

- Ça va aller!
- Ce n'est rien.
- Pas de problème.
- Soyez tranquille!
- Vous pouvez compter sur moi. (= Vous pouvez avoir confiance en moi.)
- Comptez sur moi!
- Je t'assure! C'est un très bon dentiste!

- Rassure-toi! - Rassurez-vous! - Ne t'inquiète pas! - Ne vous inquiétez pas! - Ne t'en fais pas! (= Ne te fais pas de souci!) - Ne vous en faites pas! - N'aie pas peur! - N'ayez pas peur! - Fais-moi confiance! - Ça arrive à tout le monde, allez! - Tu vas voir! - Vous verrez! - Tu n'as rien à craindre! - Vous avez ma parole.	Il y aura encore des places. Je m'en occupe. Ce n'est rien. Tout va s'arranger. Ça se passera bien. ...

- Je t'assure - Mais oui, je suis sûr(e)	que tout se passera bien. que tu auras ton examen(= que tu réussiras). ...

과실로 인하여 피해를 주어 불안해하거나 어찌할지 몰라 하는 경우 다음과 같은 말로 안심시킬 수 있다.

- Ça ne fait rien! (= C'est sans importance.)

◇ - C'est pas grave!

그래도 여전히 상대방이 매우 불안해 할 경우 위의 표현들을 연속적으로 사용할 수 있을 것이다.

- Ne t'en fais pas! Il n'y aura pas de problème! Ça ira! Ça se passera bien!

4.13. 허락 (demander, donner et refuser une permission)

가. 허락을 요구하기

- Est-ce que	je peux je pourrais	vous laisser mes clés ? utiliser votre téléphone ?

- Je **peux** poser une question, Madame?

- **J'aimerais**	partir avant 6 heures.
- **Je voudrais**	

- **Ça**	**t'embête pas**	si je fume ?
- **Ça ne**	**te dérange pas**	que je parte avant la fin ?
	t'ennuie pas	si je rentre tard ce soir ?

- **Vous me permettez de(d')**	fumer ?
☐ - **Puis-je me permettre de(d')**	emprunter votre stylo ?

- Vous permettez que je fume ?
- Vous m'autorisez à me garer ici cinq minutes ?
- Je peux venir demain, si ça vous arrange.
- Laisse-moi y aller, s'il te plaît.
- Je vous demande la permission de laisser ma voiture devant chez vous.
- Ce serait possible de se voir plus tard ?
- Serait-il possible d'ouvrir la fenêtre ?
- Je voudrais vous demander si je pouvais partir tout de suite ?
- Ça ne te dérange pas si mon mari vient avec moi ?

☐ - Voyez-vous un inconvénient à ce que je m'absente cet après-midi ?

☐ - Serait-il possible de vous rendre le devoir la semaine prochaine ?

- Est-ce que je peux sortir ?

나. 허락하기

- Oui ... - (Mais ...)	Bien sûr! Certainement!

- Bien sûr que oui!
- D'accord.
- Je vous en prie.
- Vas-y!
- O.K.
- Pas de problème.

만약 허락을 요구하는 문장이 부정문이라면 다음과 같이 허락할 수 있다.

- Ça ne t'embête pas si j'invite Marie-Christine ?
- Mais non, pas du tout! (= Ça ne me dérange pas.)
- (Mais) bien sûr que non!

다. 허락을 거절하기

- Je suis désolé(e), mais - Je suis vraiment désolé(e), mais	ce n'est pas possible.

- Non, je regrette. Tu ne sortiras pas ce soir.

- Mais non.
- Mais non, pas question.

- Oui(Non 또는 Si), ça m'embête.
- Oui(Non 또는 Si), cela (ça) me dérange.

☞ 부정 대답(1.2.2.) 참조할 것.

- Pas maintenant, je suis occupé.
- Ce n'est pas possible dans l'immédiat, mais une autre fois peut-être.
- Pas question!
- □ - Il n'en est pas question.

허락을 거부하였는데도 계속 허락을 요구해 올 경우 다음과 같이 그 거부를 강조할 수 있을 것이다.

- J'ai déjà dit non.
- C'est non.
- N'insistez pas.
- Quand je dis non, c'est non!
- Vous êtes sourd(e), ou quoi ?
- Terminé!

4.14. 회상 (rappeler quelque chose à quelqu'un)

☞ 기억(2.14)

회상시키기

약속을 잊었거나 잊을 우려가 있을 때,

- Je te rappelle que(qu')		tu me dois 100 euros.
- N'oublie pas que(qu')	◇	on a rendez-vous avec le prof ce matin.
- Tu te souviens que(qu')		la réunion de ce soir est reportée à jeudi.
- Tu n'oublies pas que(qu')		...
- Si j'ai bonne mémoire,		
- Il me semble bien que(qu')		

- N'oublie pas de rapporter du pain.
- Tu te souviens de notre rencontre ?

매표소, 카페, 음식점 등에서 주문한 것을 잊었을 경우

- Je m'excuse de vous déranger, mais j'ai demandé ...
- Dites, on a demandé ... Vous n'avez pas oublié ?

◇ - Dites donc, j'ai demandé ...	Vous voulez bien me le donner ?
	Vous n'avez pas entendu ?

'tutoyer'하는 사이에서

- Dis-donc, je t'ai dit qu'il fallait se dépêcher.
- Tu n'oublies pas que c'est ton tour pour la vaisselle ?

5. 언어설명 기능 (Fonction métalinguistique)

5.1. 원인과 결과 (exprimer une relation de cause/conséquence)

가. 원인을 표현하기

- Pourquoi es-tu en retard ?
- **Parce que** j'ai été pris dans les embouteillages.
- Il est mort **parce qu'**il buvait trop.
- **Comme** cette salle est trop petite, nous tiendrons la réunion dans l'autre.
- Il est normal que tu votes **puisque** tu es majeur.
- Il faut nettoyer la salle de bains, **car** elle est vraiment très sale.
- **Etant donné qu'**il ne vient pas, nous pouvons partir.

나. 결과를 표현하기

- Ce magasin offre des réductions importantes. **C'est pourquoi** il a beaucoup de clients.

- Elle est étudiante. **De ce fait,** elle a droit à une réduction.
- Il y a du verglas ; **par conséquent,** il faut être prudent.
- **Pour toutes ces raisons,** je vous demande de voter Lamartine au second tour.
- Le bus est tombé en panne. **C'est pour ça que** je suis en retard.
- Il n'y a pas de train aujourd'hui, alors je suis venu en voiture.
- Je pense, **donc** je suis.
- Il a agi **de telle sorte que** tout le monde l'a félicité.
- Je ne lui prêterai pas un centime **tant qu'**il ne m'aura pas rendu ce qu'il me doit.

MODE D'EMPLOI

가. 원인과 결과를 이끄는 일반적인 구문들

다음의 접속사들은 원인과 결과의 관계를 나타낸다.

1. parce que

'parce que'는 흔히 'pourquoi ... ?'라는 질문의 대답으로 사용되지만, 이러한 질문과 관계없이 원인을 강조하기 위하여 사용될 수 있다.

- **Pourquoi** est-ce que tu n'es pas venu hier ?
- **Parce que** j'étais malade.

- **Pourquoi** est-ce que tu ne m'as pas téléphoné ?
- **Parce que** je n'ai pas eu le temps!

- Je ne suis pas venu **parce que** j'avais un travail urgent à terminer.
- Je suis parti **parce que** je n'aime pas les disputes.

2. comme

원인을 나타내는 'comme'는 주로 문어에서 쓰인다. 이 구문은 'parce que'와는 달리 문두에 쓰인다. 이 구문은 결과를 나타내는 'alors'로 바꾸어 쓸 수 있다.

- **Comme** il pleuvait, on est rentré plus tôt que prévu. (= On est rentré plus tôt que prévu, parce qu'il pleuvait. / Il pleuvait, **alors** on est rentré plus tôt que prévu.)

- **Comme** il n'y avait personne, je suis reparti.
- **Comme** personne ne m'a fait de proposition, j'ai pris moi-même la décision.
- **Comme** il n'a pas plu, nous avons pu manger dehors.

3. alors

'parce que'와 'comme'는 원인을 나타내는 문장을 수반하지만, 'alors'는 결과를 나타내는 문장을 수반한다.

- Il n'y avait personne, **alors** je suis rentré. (= Je suis rentré, **parce qu'il** n'y avait personne.)
- **Comme** il était occupé, je n'ai pas osé le déranger. (= Je n'ai pas osé le déranger, **parce qu'il** était occupé.)
- Je n'avais pas de nouvelles, **alors** j'ai téléphoné.
- Je ne me sentais pas très bien, **alors** je suis resté au lit.

'comme'와 'alors'는 질문의 대답으로 사용될 수 없고 질문과는 관계없이 보충적 정보를 제공하기 위하여 사용된다. 즉 "Pourquoi est-ce que tu ne m'as pas téléphoné ?" 라는 질문에 대하여 "Comme je n'avais pas le temps."로 답할 수 없다.

4. puisque

'puisque'는 대화자가 그 원인을 알고 있거나 명백할 경우 그 원인을 분명히 설명하기 위하여 사용한다.

- Pierre s'est marié.
- Ce n'est pas possible!
- **Puisque** tu ne me crois pas, demande-le-lui.

- Je vais chez Pierre.
- **Puisque** tu vas chez Pierre, demande-lui ce qu'il fait ce week-end.

- Ce matin, Pierre n'était pas là.
- Il va bien ?
- Je ne peux pas savoir, **puisque** je te dis que je ne l'ai pas vu!

위 예문들에서 보는 바와 같이 'puisque'로 제공된 정보는 대화 속에 이미 언급된 것으로 그 원인은 명백하고 기지의 것이다. 'puisque'는 대화자를 마주대하는 의사소통의 상황 속에서 직설법 현재로 쓰이는 것이 보통이다. 왜냐하면 'puisque'로 제공하는 정보는 대개가 대화자와 직접적인 상황에 관련되는 정보이며, 대화자와 공유하고 있는 정보로서 확실하고 가시적인 정보이기 때문이다. 예를 들어서 "Puisqu'il fait beau, on mange sur la terrasse."라고 말할 수 있는 경우란 대화자가 이 말 속에 언급된 것 (il fait beau)을 확인하고 인정할 수 있는 상황에서이다. 그러나 글로는 "Hier, comme il faisait beau, nous avons mangé sur la terrasse."라고 쓸 수 있을 것인데, 이 경우는 이 글을 읽는 독자가 어제 날씨가 좋았다는 것을 확인하고 인정할 수 없기 때문이다. 독자가 어제 날씨가 좋았다는 사실을 알고 있을 경우에는 당연히 'puisque'를 써야 할 것이다. 그러나 "Puisque tu n'as pas répondu à ma proposition, j'en conclus que tu n'es pas d'accord."라고 쓸 수는 있을 것이다. 왜냐하면 이 글의 수신자가 제안에 답하지 않았기 때문이다. 즉 원인과 결과의 관계를 표현하는데 있어서 'comme'는 상대방이 모르고 있는 정보에 대하여 쓰며, 'puisque'는 상대방이 이미 알고 있는 정보에 대하여 쓴다.

5. mais

변명이나 이유를 원인으로 표현하고자 할 경우 쓰인다.

- Tu m'excuses, je suis en retard, **mais** j'ai reçu un coup de téléphone juste au moment de partir.
- Je ne t'ai pas attendu, **mais** j'étais vraiment pressé. (= puisque j'étais vraiment pressé.)

6. étant donné que(qu')

이것은 'comme'와 동일하게 'étant donné + 원인 (종속절), 결과 (주절)'의 구문을 이룬다.

- **Étant donné** qu'il y avait la grève des trains, je n'ai pas pu me rendre à Paris. (= Comme il y avait la grève des trains, je n'ai pas pu me rendre à Paris.)

7. si bien que(qu'), de (telle) sorte que(qu')

이 표현은 결과를 강조하는데 쓰이며 "원인 (주절), si bien que (de telle sorte que) + 결과 (종속절)"의 구문을 구성한다.

- Il y avait la grève des trains, **si bien que** je n'ai pas pu me rendre à Paris
- Je suis arrivé en retard, **de telle sorte que** je n'ai pas pu prendre le train de 8 heures.

8. car

이 표현은 'parce que'와 마찬가지로 원인과 결과 관계를 표현하는데 쓰지만, 'parce que'와 다른 점은 'pourquoi'에 대한 답으로 사용할 수 없고 주로 문어에서 쓰인다는 점이다. 이 표현은 "결과(주절), car + 원인(종속절)"의 구문 형식을 이룬다.

- Je n'ai pas pu vous rencontrer à la date prévue, **car** j'ai été gravement malade

9. donc

이 표현은 원인과 결과의 관계를 논리적으로 표현하고자 할 경우에 쓰이며, "원인, donc + 결과"의 구문을 이룬다.

- Je ne serai pas là demain, **donc** on se verra plus tard.

때로는 원인과 결과 관계를 아무런 접속사 없이 나타낼 수 있다.

- Hier, je ne suis pas venu, j'étais malade.
- Pourquoi est-ce que tu ne m'as pas téléphoné ?
- J'ai oublié.

나. 행위의 목적을 원인으로 나타내는 표현들

1. pour

'pour'는 목적을 원인으로 표현하고자 할 경우에 쓰이며, 그 다음에 명사나 동사(긍정이나 부정)를 수반할 수 있고, 절을 수반할 경우 'pour que + 접속법'을 쓴다.

- Je suis allé à Paris **pour mon travail**. (명사)
- Je suis allé à Paris **pour le voir**. (부정법의 긍정형)
- Je suis sorti **pour ne pas le déranger**. (부정법의 부정형의 형태로서 그 의미는 "Je ne voulais pas le déranger, alors je suis sorti."가 된다.)
- Je vous ai convoqué **pour que** vous me **fassiez** le bilan de la situation. (접속법)

"pour que + 접속법"의 구문을 쓸 경우란 주절의 동사의 주어와 'pour' 다음의 부정법의 주어가 동일하지 않을 경우이다.

2. de façon à + 부정법, de façon à ce que + 접속법

– J'ai décroché le téléphone **de façon à** ne pas être dérangé. (= Je ne voulais pas être dérangé, alors j'ai décroché le téléphone.)
– Je me suis dépêché **de façon à** pouvoir partir le plus rapidement possible.
– Je leur ai envoyé une convocation **de façon à ce qu'**ils soient tous là.

부정법 동사의 주어가 주절의 주어와 다르면 "de façon à ce que + 접속법"의 구문을 사용해야 한다.

3. faire (또는 agir) en sorte que + 접속법

이 표현은 'de façon à'와 비슷한 의미를 지닌다.

– J'ai **fait en sorte qu'**ils soient tous là.

다. 전제적 조건을 원인으로 나타내는 표현들

1. quand + 전미래

'quand'이 전미래와 함께 쓰여 어떤 사건을 실현하기 위한 전제된 사건을 나타낸다.

– Je lui parlerai **quand** il m'aura fait ses excuses. (= S'il ne me fait pas ses excuses, je ne lui parle pas.)

2. dès que(qu')

'quand'과 비슷한 의미를 지닌다.

– Je le recevrai **dès qu'**il m'aura fait parvenir son rapport. (= Je ne le reçois pas s'il ne me fait pas parvenir son rapport.)

3. tant que(qu')

– Je ne lui prêterai pas un centime **tant qu'**il ne m'aura pas rendu ce qu'il me doit.
– Je ne partirai pas d'ici **tant que** vous ne m'aurez pas donné ce renseignement.
– Je ne ferai pas de déclaration **tant que** je ne connaîtrai pas tous les détails de cette histoire.

- Vous ne sortirez pas d'ici **tant que** vous ne m'aurez pas dit qui a fait ça.

'tant que'는 가능성 없는 어떤 사건의 실현 조건을 전제로 한 원인과 결과의 관계를 나타낸다. 즉 첫번째 문장은 "Je lui prêterai de l'argent, quand il m'aura rendu ce qu'il me doit." 또는 "S'il me rend ce qu'il me doit, je lui prête à nouveau de l'argent."라는 의미를 지닌다. 즉 현 상황 (il ne me rend pas ce qu'il me doit)이 지속되는 한 한 푼도 꿔줄 수 없다는 의미이다. 두 번째 경우의 문장도 'partir'란 상황이 실현되기 위해서는 전제적 조건(vous me donnez ce renseignement)이 실현되어야 한다는 것을 의미한다. 'tant que'는 다음과 같은 유형의 구문을 취한다.

가) 단순미래 (부정문) + tant que + 전미래 (부정문)

가장 자주 쓰이는 유형으로, 전미래가 지적하는 사건은 단순미래가 지적하는 사건보다 선행되어야 할 사건을 의미한다.

Je ne partirai pas **tant que** vous ne m'aurez pas rendu mon argent.

나) 단순미래 (부정문) + tant que + 단순미래 (부정문)

이 구문은 자주 쓰이지 않는다. 'tant que'의 절에서 사용된 단순미래의 동사가 사건이 아니라 상황을 나타낼 경우에만 가능한 구문이다.

- Vous ne sortirez pas de l'hôpital **tant que** vous ne serez pas guéri.

'tant que' 다음에 전미래가 올 경우는 긍정문으로 쓸 수 있다.

- Je resterai ici **tant que** je vivrai.
- Je resterai en Espagne **tant que** j'aurai de l'argent.

4. jusqu'à ce que + 접속법

'jusqu'à ce que'는 'tant que'와 마찬가지로 어떤 사건을 실현시킬 수 있는 조건을 나타내는 데 쓰인다. 이 표현은 단지 'tant que'와 달리 그 뒤에 접속법이 와야 한다.

- Je resterai **jusqu'à ce que** vous **ayez terminé**. (= Je resterai ici **tant que** vous n'aurez pas terminé.)

5. à moins que + ne + 접속법

이 표현은 어떤 것이 실현되기 위해서는 전제적으로 실현되어야 할 것이 있음을 강조하기 위하여 쓰인다. 다시 말해서 이 표현이 이끄는 내용이 실현될 경우 앞서 지적되는 내용은 취소된다는 것을 의미한다.

- Demain, on va se baigner, **à moins qu'**il ne pleuve. (= S'il pleut, on ne va pas se baigner.)
- On se retrouve à la gare, **à moins que** tu ne **préfères** que je passe te prendre. (= On se retrouve à la gare, ou bien, si tu préfères, je passe te prendre.)

친숙어에서는 'ne (허사)'를 사용하지 않는 경향이 있다. 'à moins que'가 독립적으로 사용될 수도 있다.

- On va se baigner demain ?
- Oui, **à moins qu'**il pleuve...

6. sauf + si + 직설법 현재

'à moins que'와 마찬가지로 'sauf' 다음에 제시된 사건이 실현될 경우 앞서 지적한 사건은 취소된다는 것을 의미한다. 두 표현 모두가 거의 있을 수 없는 사건을 전제하지만, 'sauf si'가 'à moins que' 보다 거의 있을 수 없는 전제적 조건을 나타내는 데 사용된다. 이것은 또한 예상할 수 없는 사건이나 상황을 나타내는 명사와 더불어 사용될 수도 있다.

- Demain, je serai là à 8 heures précises, **sauf** bien entendu, si ma voiture tombe en panne. (= Si ma voiture ne tombe pas en panne, ce qui est peu probable, je serai là à 8 heures.)
- **Sauf** erreur de ma part, cela fait 64 euros.
- Je serai là vers midi, **sauf** contretemps.

7. même si

이 표현이 이끄는 사건으로 인해 방해가 된다 하더라도 언급된 사건이 일어날 것이라는 것을 의미한다. 'sauf'나, 'à moins que'는 거의 일어날 수 없는 사건에 대하여 쓰이지만, 'même si'는 실현 가능성이 있는 사건에 대하여 쓰인다.

- Demain je vais me baigner, **même s'**il pleut. (= S'il ne pleut pas, je vais me baigner, s'il pleut je vais me baigner.)

8. malgré + 명사

어떠한 사건이나 상황에도 불구하고 어떤 사건이 실현된다는 것을 의미한다. 'malgré que + 접속법'은 문어에서 쓰이며 구어에서는 거의 사용되지 않는다.

- Je lui ai téléphoné **malgré** l'heure tardive. (= L'heure tardive ne m'a pas empêché de lui téléphoner.)

반면 그런한 사건이나 상황으로 인하여 어떤 사건을 실현하지 못할 경우에는 'comme', 'parce que', 'si bien que' 등과 같은 표현을 사용하여 원인과 결과의 구문으로 표현한다.

- Comme il était tard, je ne lui ai pas téléphoné.

9. quand même

이 표현은 어떤 사실의 장애에도 불구하고 어떤 것이 실현되었을 경우에 쓰인다.

- Il est malade, mais il est venu **quand même**. (= Sa maladie ne l'a pas empêché de venir.)
- Il pleuvait mais je me suis baigné **quand même**.(= Normalement, quand il pleut, on ne se baigne pas.)
- J'avais beaucoup de travail, mais je suis venu **quand même**.

10. que + 접속법 + ou + que + 접속법

'même si'와 마찬가지로 있을 수 있는 사건에 대하여 쓰이며, 두가지 사건을 지적하는데 쓰인다.

- Je vais me baigner, **qu'**il fasse beau **ou qu'**il pleuve.
- **Que** tu sois d'accord **ou que** tu ne sois pas d'accord, c'est pareil, tu vas te coucher!

11. quoi que + 접속법

이 구문은 어떤 사건이나 상황이 일어날 수 있을 가능성을 문제삼지 않고자 할 경우 사용된다.

- Je ne changerai pas d'avis, **quoi qu'**il dise, **quoi qu'**il fasse. (= Il peut dire n'importe quoi, faire n'importe quoi, je ne changerai pas d'avis, il ne pourra pas me faire changer d'avis.)

12. bien que + 접속법

'quoique + 접속법'과 같은 의미를 지닌다.

- Il était au courant, **bien que** je ne lui en aie pas **parlé**. (= Je ne lui en ai pas parlé, mais cela ne l'a pas empêché d'être au courant.)
- Il était là **quoique** personne ne l'**ait prévenu**.

13. quel(le) que soit + 명사

'quoi que'와 마찬가지로 어떤 사건이나 상황의 가능성을 문제 삼지 않고자 할 경우에 쓴다. 즉 어떤 사건이 방해될 수 있는 원인에 대해서는 'quel (quelle) que soit' 다음 명사로 나타내어 쓴다. 이에 대한 단서 조항을 부가하고자 할 경우에는 'sauf'를 사용한다.

- Tu peux me téléphoner **quelle que soit** l'heure.
- Tu peux me téléphoner à n'importe quelle heure, **sauf** entre midi et 14 heures.
- Je peux t'aider, **quel que soit** ton problème.
- Je ne céderai pas, **quels que soient** leurs arguments.

'Quel que soit'는 뒤에 오는 명사의 성과 수에 일치해야 한다.

- **Quel** que soit ton problème (남성 단수)
- **Quels** que soient tes problèmes (남성 복수)
- **Quelle** que soit l'heure (여성 단수)
- **Quelles** que soient ses remarques (여성 복수)

14. à n'importe quel

'quel que soit'와 동일한 의미로 사용된다.

- Tu peux me téléphoner **à n'importe quelle** heure.(= Tu peux me téléphoner quelle que soit l'heure, l'heure n'a pas d'importance.)
- Je te l'achète **à n'importe quel** prix.
- Il peut arriver **à n'importe quel** moment.

GRAMMAIRE D'EMPLOI

원인과 결과를 나타내는 시제

과거나 미래 또는 현재의 사건이나 상황은 다른 어떤 사건이나 상황과의 관련하에 발생할 수 있다. 이 때, 한 사건이 다른 사건을 유발할 경우에 두 사건은 원인과 결과의 관계에 있게 된다. 예를 들어서 "Je suis sorti parce que je ne supporte pas la fumée."라는 문장에서 'je ne supporte pas la fumée'라는 것이 원인이고, 'je suis sorti'는 결과이다. 그러나 원인과 결과의 관계를 나타내는 동사들이 각각 어떠한 시제를 사용하는가에 따라 그 의미는 다양하게 된다.

가. 복합과거, parce que + 반과거

결과 과거 사건		원인 과거 상황
Il est mort	parce qu'	il buvait trop.
Je suis rentré	parce qu'	il faisait froid.
Je lui ai téléphoné	parce que	j'étais inquiet.

위의 예문에서처럼 결과절에서 복합과거를 쓰고 원인절에서 반과거를 쓸 경우, 반과거는 지속적이거나 반복적인 상황을 나타내며, 복합과거는 반복이 아닌 일시적인 사건을 의미한다.

나. 복합과거, parce que + 현재

결과 과거 사건		원인 현재의 상황
Mon frère m'a écrit	parce qu'	il cherche du travail.
Je suis parti	parce que	je n'aime pas les disputes.
J'ai pardonné à Jean	parce que	c'est mon ami.

위의 예문에서처럼 결과절에서 복합과거를 쓰고 원인절에서 현재를 사용할 경우, 현재의 의미는 과거의 사건을 유발시켰던 원인이 말하는 순간까지 계속되고 있다는 것을 의미한다. 즉 나의 형이 일거리를 찾는 것 (첫 번째 예문), 내가 논쟁을 좋아하지 않는 것 (두 번째 예문), 장이 친구인 것 (세 번째 예문)은 현재까지도 지속되고 있음을 의미한다.

다. 복합과거, parce que + 복합과거

결과 과거 사건		원인 과거 사건
Je suis allé le voir	parce qu'	il me l'a demandé.
Je suis rentré à pied	parce que	tu ne m'as pas attendu.
Je n'ai pas pu venir	parce que	j'ai eu un accident.

위의 예문에서처럼 원인과 결과를 나타내는 절들을 모두 복합과거로 나타낼 경우는 두 사건이 모두 과거의 일시적이거나 순간적인 사건이라는 것을 의미한다. 이 경우 원인이나 결과를 나타내는 절 가운데 어느 한 쪽만을 부정문으로 쓰는 것이 보통인데, 이 때 부정형으로 쓰인 복합과거는 '있지도 않은 사건' 즉 사건 없는 상황을 나타낸다. 따라서 지적되는 사건은 대개 상황이다.

라. 반과거, parce que + 반과거

결과 상황		원인 상황
Je n'étais pas là	parce que	je travaillais.
Je lisais beaucoup	parce que	j'étais en vacances.
Il me téléphonait souvent	parce que	j'étais malade.

두 동사 모두가 반과거로 구성되는 문장은 매우 드물다. 이 때 그 중 하나의 동사는 반복을 나타내는 것이 보통이다.

- Je **lisais** beaucoup, il me **téléphonait** souvent.

선행된 어떤 상황이나 사건을 나타내기 위해서 때로 대과거를 쓸 수 있다. 구어든 문어든 이야기를 할 경우 과거의 사건을 표현한 반과거 (또는 복합과거)보다 먼저 있었던 사건을 표현하기 위하여 대과거를 쓴다.

- En juin, j'**étais** à l'hôpital parce que j'**avais** eu un accident deux mois plus tôt. Un jour, Pierre **est venu** me voir parce qu'il **avait** su ce qui m'était arrivé...
- Hier, vers midi, j'**étais** encore couché, parce que la veille, je m'**étais couché** très tard quand le téléphone a sonné...

5.2. 가정 (faire des hypothèses)

가정하기

- Si je connaissais la réponse, je te la dirais.
- Si j'avais de l'argent, j'achèterais une nouvelle voiture.
- Si j'avais su (que tu dormais), je ne t'aurais pas téléphoné.
- Si j'avais su (que la soirée allait être si ennuyeuse), je ne serais pas venu(e).
- S'il pleut, je ne sors pas.

- S'il pleut, | je ne sortirai pas.
je ne vais pas sortir.

GRAMMAIRE D'EMPLOI (1)

현재 또는 과거 사실에 반대되는 조건

현재 또는 과거에 있거나 있었던 사실이나 상황에 반대되는 조건을 나타내기 위하여 조건법을 사용한다. 현재 사실에 반대되는 조건에 대해서는 "Si + 반과거, 조건법 현재" 나 "Si + 반과거, 조건법 과거"를 쓰고, 과거 사실에 반대되는 조건에 대해서는 "Si + 대과거, 조건법 현재." 나 "Si + 대과거, 조건법 과거"를 쓴다.

'si' 바로 뒤에 조건법이나 단순미래를 쓸 수 없다. 즉 "si je serai"나 "si je serais" 처럼 쓸 수 없다. 'si' 다음에는 직설법 현재나 복합과거, 반과거, 대과거만이 올 수 있다. 그러나 간접화법으로 사용될 경우에는 조건법이나 단순미래를 사용할 수 있는데, 이것을 조건법과 혼동해서는 안된다.

- Je ne sais pas si je viendrai.
- Il m'a demandé si je viendrais.

가. 현재 사실에 반대되는 가정에 대한 구문

1. Si + 반과거, 조건법 현재

"si + 반과거"는 현재 사실에 반대되는 가정이나 미래에 그것이 실현되기 위해서 충족되어야 할 조건을 나타내며, 그에 대한 결과를 조건법 현재로 나타낸다.

- Si je **pouvais**, je **prendrais** quelques jours de vacances. (= Je ne prends pas de vacances maintenant, parce qu'actuellement je ne peux pas, ce n'est pas possible.)
- S'il **faisait** moins froid, on **pourrait** sortir.
- Si j'**avais** de l'argent, je t'en **prêterais** volontiers.
- Si j'**avais** moins de travail, je **lirais** davantage.

2. Si + **반과거, 조건법 과거**

이 구문은 잘 사용되지 않는 구문으로, 반복, 습관, 지속적인 상황이라는 실제의 사실을 반과거로 표현한다. 따라서 이러한 반복이나 습관의 의미를 분명히 나타내는 표현들을 동반하여 사용하게 된다.

- Si tu ne **faisais** pas tout le temps des bêtises, je t'**aurais emmené** avec moi. (= Je ne t'ai pas emmené, parce que tu fais tout le temps des bêtises.)

위 문장의 "si tu ne faisais pas tout le temps des bêtises"는 현재와 관련된 과거로서 'tout le temps'을 동반하여 계속적인 습관의 의미를 분명히 표현한 것이다.

- Si je ne t'**aimais** pas, je ne t'**aurais** pas **épousé**.
- Si je ne te **connaissais** pas bien, je ne t'**aurais** pas **demandé** ce service.
- Si tu n'**étais** pas mon ami, j'**aurais refusé**.

위의 세 예문 속에서도 'aimer', 'connaître', 'être mon ami'는 과거의 상황으로 말하는 순간까지도 계속되는 상황이며, 이에 대한 과거 사실에 반대되는 상황을 'épouser', 'demander un service', 'refuser'로 나타낸 것이다.

나. 과거 사실에 반대되는 조건에 대한 구문

과거 사실에 반대되는 조건에 대해서는 "Si + 대과거, 조건법 현재"의 구문이나 "si + 대과거, 조건법 과거"의 구문을 사용한다.

- Si j'**avais vu** Pierre hier, je l'**aurais invité**.(= Je n'ai pas vu Pierre, donc je n'ai pas pu l'inviter.)

1. Si + **대과거, 조건법 현재**

"Si + 대과거"는 과거에 일어나지 않은 사건을 나타내며, 조건법 현재는 이로 인한 현재의 결과를 나타낸다.

- S'il m'**avait écouté**, il ne **serait** pas à l'hôpital. [= Il ne m'a pas écouté (hier, la semaine passée), c'est pourquoi il se retrouve à l'hôpital (maintenant, en ce moment)].

주) "s'il m'avait écouté"는 과거를 지적하며 "il ne serait pas à l'hôpital"은 현재를 지적한다. 이 예문은 비난, 후회, 비판을 나타낸다. 이 문장을 부정문으로 바꾸어 쓰면 문장의 의미는 그 반대가 된다.

- S'il **ne** m'avait **pas** écouté, il serait à l'hôpital. (= Grâce à moi, il **n'**est **pas** à l'hôpital.)

주절과 종속절 모두가 부정으로 표현될 수 있다.

- S'il **ne** m'avait **pas** écouté, il **ne** serait **pas** à l'hôpital. (= Il est à l'hôpital à cause de moi.)

2. Si + **대과거, 조건법 과거**

"si + 대과거"는 과거 사실에 반대되는 조건을 나타내며, "조건법 과거"는 이로 인한 과거의 결과를 나타낸다.

- Si tu m'**avais prévenu** de ton arrivée, je t'**aurais attendu** à la gare. (= Je ne t'ai pas attendu parce que tu ne m'as pas prévenu.)

위의 예문에서 "si tu m'avais prévenu"와 "je t'aurais attendu"는 과거에 일어나지 않은 사건을 지적한다. 이 예문은 비난이나 후회 또는 이유의 설명을 나타낸 것이다.

MODE D'EMPLOI (1)

가. si + **대과거 구문의 용법**

조건절에 사용되는 "si + 대과거"는 다음과 같은 용법으로 쓰인다.

1. 이유의 설명

- Tu n'es pas gentil, tu n'as pas invité Pierre.
- Si je l'**avais vu**, je l'aurais invité. (= Ce n'est pas parce que je ne suis pas gentil que je ne l'ai pas invité, c'est parce que je ne l'ai pas vu.)

2. 후회

J'ai joué le 5, le 7 et le 15. **Si j'avais joué** le 5, le 7 et le 16, j'aurais gagné 1.000 euros.

3. 비난

- Pourquoi est-ce que tu n'as pas dansé avec moi hier soir ? (비난)
- Si tu m'**avais invité**, j'aurais dansé avec toi. (비난과 이유 설명)
- Si tu ne **m'avais pas dérangé** sans arrêt, j'aurais terminé. (= Je n'ai pas terminé à cause de toi.)

4. 용서

- Si j'**avais su** que tu dormais, je ne t'aurais pas téléphoné. (= Excuse-moi de t'avoir réveillé, mais je ne savais pas que tu dormais).

5. 추론, 연역

- S'il **était rentré**, il y aurait de la lumière chez lui. (= Il n'est pas rentré, donc il n'y a pas de lumière chez lui.)

6. 감사

- Si tu ne m'**avais pas aidé**, je n'aurais jamais fini ce travail. (= J'ai terminé ce travail grâce à toi.)

7. 조건

- S'il **était resté** chez lui ce jour-là, il n'aurait pas eu cet accident.

4. 조건법의 변형 구문

1. 생략문

조건절 ('si'로 시작하는 종속절)이나 주절은 생략될 수 있다. 생략된 구문은 그것이 무엇인지를 알 수 있는 경우에 한하여 흔히 구어에서 사용된다.

- Hier je t'ai attendu jusqu'à 5 heures.
- Je n'ai pas pu venir, ma voiture était en panne.
- Tu aurais pu me prévenir!

윗글에서 "tu aurais pu me prévenir"는 일어나지 않은 사건에 대한 비난의 의미를 내포하고 있으며, 이 글은 "Si tu m'avais prévenu, je ne t'aurais pas attendu jusqu'à 5 heures."를 생략한 구문이다.

- Qu'est-ce que tu attends ?
- J'attends Pierre.
- Il ne viendra pas, il est malade.
- Si tu m'avais dit ça plus tôt!

위 글에서 "si tu m'avais dit ça plus tôt!"는 일어나지 않은 과거의 사건에 대한 비난이나 유감의 의미를 내포하고 있으며, 이 글은 "Si tu m'avais dit plus tôt que Pierre était malade, je ne l'attendrais pas."를 생략한 구문이다.

- Tu aurais pu me prévenir!
- J'aurais dû lui en parler ...
- Si tu m'avais dit ça plus tôt!
- Si j'avais su!

2. "Si + 반과거", "Si + 대과거"를 대신한 조건법 현재와 조건법 과거의 구문

프랑스 사람들 가운데에서는 "si + 반과거" 대신 조건법 현재를, "si + 대과거" 대신 조건법 과거를 사용하는 사람들이 있다. 이러한 구문은 특히 프랑스의 어린 아이의 구어에서 흔히 볼 수 있는데, 이것은 잘못된 문장이다. 표준어법으로 쓰자면 'si'가 포함된 구문을 사용해야 한다.

- J'**aurais joué** le 5, le 8 et le 12, je **serais** riche. (= Si j'**avais joué** le 5, le 8, et le 12, je serais riche. / Je ne suis pas riche car je n'ai pas joué ces numéros.)
- Tu **serais marié**, tu paierais moins d'impôts. (= Si tu **étais marié**, tu paierais moins d'impôts.)
- Il **ferait** beau, je sortirais. (= S'il **faisait** beau, je sortirais.)
- **Je** n'**aurais** pas de rendez-vous chez le médecin, je resterais plus longtemps. (= Si je n'**avais** pas un rendez-vous, je resterais plus longtemps.)

GRAMMAIRE D'EMPLOI (2)

실현 가능성 있는 가정의 표현

현재 또는 미래에 있을 수 있는 것을 가정하기 위해서는 직설법을 사용한다. 예를 들어서 "Si tu continues à me critiquer, je m'en vais."라는 문장에서 직설법의 사용의 의미는 지금 나를 비난하고 있는데 계속해서 나를 비난한다면 떠날 것이고 비난을 중지한다면 떠나지 않을 것이라는 의미이다. 즉 비판을 중지할 가능성을 가정으로 나타낸 것이다.

이러한 가정을 표현하기 위해서는 "Si + 현재, 단순미래 (근접미래, 현재)" 또는 "Si + 복합과거, 현재 (또는 단순미래)"의 구문을 사용한다.

가. Si + 현재, 단순미래

"Si + 현재"의 구문은 확실하지 않은 미래의 사건이나 상황에 대한 가정을 나타내며, 단순미래는 이에 대한 미래의 결과를 의미한다.

- Si je n'**ai** pas de réponse, je lui **téléphonerai**.
- S'il ne **pleut** pas d'ici dimanche, il **faudra** arroser le jardin.
- Si la situation économique ne **s'améliore** pas, il y **aura** encore plus de chômage.
- S'il **fait** beau dimanche, je ne **serai** pas à la maison.

위 문장에서 "s'il fait beau dimanche"의 의미는 일요일에 날씨가 좋을지 나쁠지 알 수 없는 상황에서의 가정이고 "je ne serai pas à la maison"은 그러한 가능성의 실현을 전제로 한 미래의 결과를 말한다.

주절의 동사가 의무를 나타내거나 비인칭 동사일 경우 단순미래를 흔히 사용한다.

- Si ça ne va pas mieux la semaine prochaine, je **devrai** vous opérer.
- S'il ne va pas mieux, il **faudra** appeler le médecin.

이 구문에서 단순미래가 부정문으로 쓰일 경우에는 그 미래의 결과가 분명한 단언, 결정을 나타내므로 흔히 'ne - jamais'의 표현이 사용된다.

- Si tu ne lui expliques pas où tu habites, il ne trouvera **jamais**.
- Si tu ne l'invites pas, il ne viendra **jamais**.

나. Si + 현재, 근접 미래

단순미래 대신에 'aller + 부정법' (근접미래)을 쓸 수 있다.

- Si ça ne s'améliore pas, je **vais** vous **opérer**.

그러나 계획, 가정, 희망을 나타낼 경우 현재형을 쓴다.

- S'il pleut dimanche, je **dors** jusqu'à midi.
- Si j'ai un moment, je **passe** te voir.
- Si je trouve une petite maison à la campagne, je **déménage**.

다. Si + 복합과거, 현재 (또는 단순미래)

이 구문에서 "Si + 복합과거"는 미래의 한 시점을 지석하는 시세의 표지어와 힘께 쓰여 그 시점에 완료될 사건을 나타낸다.

- Si je n'**ai** pas **fini d'ici ce soir**, je t'appelle.
- S'il n'**a** pas **plu d'ici quinze jours**, la récolte sera perdue.
- S'il ne m'**a** pas **fait** d'excuses **d'ici demain**, je démissionne.
- Si j'**ai fini avant lundi**, je pars en vacances.
- **Demain** si je n'**ai** rien **trouvé**, j'abandonne.

MODE D'EMPLOI (2)

가. Si + 현재, 현재 (또는 단순미래) 구문의 용법

이 구문은 다음과 같은 용법으로 사용된다.

1. 명령이나 지시

- Si tu continues, tu vas te faire mal.
- Si tu ne fais pas attention, tu vas te tromper.

이 경우 명령법 다음 'sinon'을 사용하여 표현할 수 있다.

- Arrête, **sinon** tu vas te faire mal!
- Fais attention, **sinon** tu vas te tromper!

2. 압력이나 위협

- Si vous continuez à faire du bruit, j'appelle la police.
- Si vous ne m'écoutez pas, je vais me fâcher.

이 경우에도 'sinon'을 쓸 수 있다.

- Arrêtez de faire du bruit, sinon j'appelle la police!
- Ecoutez-moi, sinon je vais me fâcher!

3. 결심

- S'il n'est pas là à midi, je m'en vais.
- Si je ne peux pas le voir personnellement, je téléphone à sa femme.

이 경우에는 'sinon'을 쓸 수 없다.

4. 의무

- Si on habite à la campagne, il faudra acheter une voiture.
- Si je ne retrouve pas mon passeport, je ne pourrai pas partir.
- Si j'arrive en retard, je devrai donner une excuse.

5. 미래의 계획

- S'il fait beau, je vais me baigner.
- Si j'ai terminé avant ce soir, on va manger au restaurant.

이 경우에도 'sinon'을 쓸 수 없다.

6. 미래에 대한 두 가지 사건의 예측

- Si le chômage augmente, il y aura des grèves.
- Si le gouvernement ne change pas de politique, il perdra les élections.

7. 미래의 의지

- Si je gagne à la loterie, j'arrête de travailler.
- Si je rencontre la femme de ma vie, je déménage.

8. 타인을 설득하려고 할 경우

- Si tu ne m'aides pas, je n'y arriverai jamais.
- Si tu ne me rends pas ce service, je ne te parle plus.
- Si tu fais ça, je ne l'oublierai jamais.

나. 가정을 나타내는 접속사의 용법

실현 가능성 있는 어떤 사실에 대한 조건은 'si' 이외에도 'sinon', 'ou (bien) - ou (bien)', 'dans ce cas', 'puisque' 등의 표현을 사용하여 나타낼 수 있다.

1. sinon

'sinon'은 전제된 가정에 대한 부정의 결과를 나타낸다

- Tu manges, **sinon** tu vas te coucher. (= Si tu ne manges pas, tu vas te coucher.)
- Ne fais pas de bruit, **sinon** tu vas le réveiller.
- Téléphone-lui, **sinon** il va s'inquiéter.
- Ne lui dis pas ça, **sinon** il va s'inquiéter.

직설법 반과거나 현재 또는 조건법을 사용하여 명령이나 지시를 할 경우에도 'sinon'을 쓸 수 있다.

"si + 현재, 현재 (또는 미래)"의 구문은 'sinon'으로 바꾸어 쓸 수 없다. 왜냐하면 예를 들이 "Si tu veux, on va au ciné." 같은 문장에서 'sinon'으로 바꾸어 쓸 수 없는 이유는 이 문장의 의미가 명령이나 지시 또는 양사 택일의 의미가 아니라 단지 제안의 의미를 지니기 때문이다. 그러나 미래의 결과에 대해서는 'sinon'을 사용할 수 있다. 윗글의 예를 다시 들어서 이를 보자면 "Si tu veux, on va au ciné, sinon on reste à la maison."식의 표현이 가능하다. 이 때의 의미는 "Si tu veux, on va au ciné."와 "Si tu ne veux pas aller au ciné, on reste à la maison."이다.

2. ou... ou..., ou bien... ou bien...

이 표현은 양자택일을 분명하게 표현하고자 할 경우에 사용된다.

- **Ou** on déjeune à la maison, **ou** on déjeune au restaurant.
- **Ou bien** on va au cinéma, **ou bien** on reste à la maison. (= Si on ne va pas au cinéma, on reste à la maison.)

선택할 수 있는 가능성에 대하여서는 다음과 같이 명시하는 것이 일반적이다.

- Il y a trois solutions : **ou bien** on y va tout de suite, **ou bien** on y va plus tard, **ou bien** on n'y va pas.

이런 표현 다음에는 그로 인한 결과를 다음과 같이 명시할 수 있다.

- Il n'y a pas trente-six solutions : **ou bien** on reste à la maison, **ou bien** on va au cinéma, dans ce cas il faut se dépêcher.

윗글에서 "Il n'y a pas trente-six solutions."의 의미는 "Il y a seulement une ou deux solutions."이다. 'dans ce cas'는 두번째 경우 (on va au cinéma)를 지적한다.

3. dans ce cas

'dans ce cas'라는 표현은 'ou' 나 'ou bien'과 함께 사용될 수 없다.

- Tu es d'accord ?
- Non.
- **Dans ce cas,** je m'en vais. (= Puisque tu n'es pas d'accord, je m'en vais. / Si tu n'es pas d'accord, je m'en vais.)

4. puisque

"puisque c'est ça"나 "puisque c'est comme ça"는 'dans ce cas'와 같은 의미를 지닌다.

- **Puisque c'est ça,** je m'en vais.
- **Puisque c'est comme ça,** je m'en vais.

5.3. 화법 (rapporter)

말 전하기

- Elle - Marie	dit qu'elle	vient va venir viendra	ce soir.

- Elle - Marie	a dit qu'elle	venait viendrait allait venir	ce soir.

- Il - Jean	demande veut savoir	si	elle Marie	vient ce soir.

- Il m'a demandé	ce que j'avais dans ma poche. ce qui était arrivé. de qui je parlais. à quoi je pensais. où était mon frère.

GRAMMAIRE D'EMPLOI

간접화법

가. 전달 동사

어떤 사람의 말을 전하고자 할 경우 'dire' 동사와 같은 전달 동사가 필요하다. 전달 동사를 사용하여 자신의 말이나 상대방 또는 제 3자의 말을 전할 수 있다.

- Il m'a dit que Paul était parti.
- Je lui ai dit qu'il ne comprenait rien.
- Tu as dit à Jacques que tu aimais Julie!

1. 구문의 형태

전달 동사가 무엇인가에 따라 상이한 문장의 유형을 취한다.

가) que + 직설법: 'dire', 'penser', 'estimer', 'exiger' 등의 동사

- Il pense que c'est inutile.

나) que + 접속법: 'regretter' 등의 동사

- Il a regretté que vous n'ayez pas plus travaillé.

다) 명사형 : 'approuver', 'contredire', 'préciser' 등의 동사

- Il a approuvé ta décision.

어떤 동사의 경우 이 구문의 형태는 복잡하다.

- Il a félicité Julie pour son courage. (féliciter quelqu'un pour quelque chose)

라) 전치사가 없는 부정법: 'oser', 'daigner' 등의 동사

- Il a daigné me parler.

마) de + 부정법: 'refuser', 'accepter', 'interdire' 등의 동사

- Il lui a interdit de sortir.

바) de + 명사: 'se défier de quelqu'un', 's'effrayer de quelque chose', 'menacer quelqu'un de quelque chose' 등의 동사

- Il les a menacés de sanctions.

사) 'se fâcher', 'se justifier', 's'énerver' 등과 같은 동사들은 동사 그 자체로 전달 내용을 전한다.

- Il ne m'a pas écouté, il s'est fâché.

이와 같이 동사의 유형에 따라 구문의 유형이 달라진다. 그러나 여러 가지 유형의 구문을 취할 수 있는 동사들도 있다. 'estimer' 동사의 예를 보면 다음과 같다.

- Il a estimé ma proposition intéressante. (명사)
- Il a estimé qu'il était trop tôt pour conclure ce marché. (절)
- Il a estimé avoir fait du bon travail. (부정법)

2. 전달 동사의 의미

어떤 전달 동사를 사용하는가에 따라 대화의 결과, 대화의 전체 내용, 상대방의 태도, 의도, 말하는 투, 화자의 판단 등 전달하는 의미가 다르다. 자주 쓰이는 전달동사들을 의미별로 나누어 보면 다음과 같다.

a) 일반적인 전달 동사

dire que
affirmer que
confirmer que (= c'est sûr)
assurer que (= c'est sûr)
certifier que (= c'est certain)
déclarer que (= c'est officiel)
constater que (= c'est comme ça)

– Il m'**a dit** qu'il aimait Julie.
– Jean m'**a affirmé** qu'il était sorti à 5 heures, mais Pierre me dit que c'est faux : je ne sais plus qui croire!
– Il **a assuré** à Pierre qu'il sera là dimanche.
– Il **a constaté** qu'elle avait menti.

– Le président **déclare**	que la séance est ouverte.
	la séance ouverte.

– Le ministre **confirme**	que le nombre de chômeurs a augmenté.
	l'augmentation du nombre de chômeurs.

b) 반복하여 말한 것을 전달하는 동사

répéter que
rappeler que
renouveler quelque chose

– Il me **répète** que je me trompe.
– Il lui **rappelle** qu'il doit venir demain.
– Il m'a **renouvelé** sa demande.

c) 시급한 정보를 전달하는 동사

avertir	que
	quelqu'un de quelque chose

prévenir	que
	de quelque chose

aviser de quelque chose
alerter

- Il nous **a avertis** de son départ.
- Il nous **a prévenus** qu'il partait.
- La situation est grave, il nous **a alertés.**
- Mon correspondant m'**a avisé** que les marchandises étaient arrivées.

d) 화자의 정보 제공을 전달하는 동사

renseigner
indiquer que
informer que

- Il m'a **renseigné,** je ne savais pas où aller.
- On nous **informe** que l'émission prévue est reportée à une date ultérieure.

- Il m'**a indiqué** | un bon moyen pour réussir.
comment faire.

e) 화자의 권위적 태도를 전달하는 동사

commander de (= c'est un ordre.)
ordonner de (= c'est un ordre.)

prescrire quelque chose
exiger que (= c'est une exigence)
convoquer quelqu'un (= dire à quelqu'un de venir)
congédier quelqu'un (= dire à quelqu'un de partir)
autoriser | quelque chose
quelqu'un à faire quelque chose
permettre à quelqu'un de faire quelque chose

- Le professeur **a commandé** aux élèves de prendre leurs livres.
- Le médecin **a prescrit** un repos absolu au malade.
- Le professeur **exige** le silence pendant la classe.
- Le directeur **a convoqué** dans son bureau cet employé indélicat.
- L'hôtelier **a congédié** une femme de chambre.
- Son père l'**avait autorisé** à boire le vin.
- Le directeur lui **a permis** de sortir.

f) 화자의 의도를 전달하는 동사

s'attacher à s'efforcer de chercher à essayer de tenter de entreprendre de s'ingénier à tâcher de	inf(부정법)

invoquer quelque chose (= donner un faux argument)
prétexter quelque chose (= donner un faux argument)
prétendre que (= dire quelque chose de faux)

☐ feindre de + 부정법 (= faire semblant de)

- Il s'**est attaché** à découvrir la vérité et il l'a découverte.
- Elle s'**est efforcée** de l'aider.
- Il **cherche** à comprendre.
- Il tente de faire des efforts pour arriver à faire quelque chose.
- Dans ce livre, l'auteur **a entrepris de** montrer que ...
- Ils n'**invoquaient** que les textes, les vieux livres.
- Il **a prétendu** qu'il connaissait bien Anne.
- L'individu arrêté **prétend** qu'on lui a volé ses papiers d'identité. (= Il l'affirme, le soutient, sans toutefois pouvoir en donner une preuve.)
- Il a **essayé** / **tâché** de nous convaincre par la douceur.

☐ - Brigitte faisait la sourde, **feignait de** ne rien comprendre aux allusions.

g) 의견을 전달하는 동사

estimer penser croire considérer	que

caractériser quelque chose qualifier quelque chose de juger quelque chose	형용사

préconiser
conseiller (= donner un conseil)
recommander quelque chose 또는 quelqu'un

- Il **estime** que tu as tort. (= Il a cette opinion.)
- Il **pense** que la situation est désespérée.

- Elle **considère** que ce serait plus facile.
- Il **qualifie** la situation de désespérée.
- Il **juge** la situation désespérée.
- Il lui **a préconisé de** faire de l'exercice.
- Il **conseille** la prudence. (= Il me conseille d'être prudent).
- Il **recommande** la prudence.

h) 어떤 사람이나 언급한 것에 대한 화자의 입장을 전달하는 동사

- 매우 호의적인 태도에 대한 전달 동사

bien accueillir applaudir apprécier approuver	quelqu'un 또는 quelque chose
complimenter féliciter glorifier louer saluer	quelqu'un

이 동사들은 '동사 + quelqu'un + pour + quelque chose'의 구문도 가능하다.

- Ils m'ont bien **accueilli** dans leur société.
- Son discours **a été** chaleureusement **applaudi.**
- Il **apprécie** votre complaisance.
- Il **approuve** votre conduite. (= Il la juge bonne.)
- Il vous **félicite** d'avoir si bien réussi.
- Le ministre **a salué** le courage des sauveteurs.
- Il vous | **complimente**
félicite | pour votre succès. (= Il vous adresse des compliments.)

- 어려운 상황에 처한 어떤 사람에 대한 옹호적 태도를 나타내는 전달 동사

défendre témoigner pour plaider pour intervenir en faveur de	quelqu'un 또는 quelque chose

- Un avocat parisien **défend** l'accusé.

- Il | **témoigne**
plaide
intervient | en faveur de l'accusé.

- 선호성을 나타내는 전달 동사

préférer
privilégier
pencher pour | quelqu'un 또는 quelque chose

- Il **préfère** s'amuser plutôt que de travailler.
- Il **privilégie** la pratique à la théorie.
- Il **penche pour** cette solution.

- 매우 부정적인 태도를 나타내는 전달 동사

accuser
critiquer
contester
condamner
blâmer
désapprouver | quelqu'un
또는
quelque chose

reprocher à quelqu'un quelque chose (또는 de + 부정법)

- Il **accuse** cet homme de l'avoir frappé.
- Il ne la **condamne** pas, ce n'est pas de sa faute.
- Il a **blâmé** son fils d'avoir mal travaillé.
- On lui **reproche** sa brutalité.
- Le préfet a | **désapprouvé**
critiqué
contesté | la décision du maire.

On lui **reproche** surtout **de** s'être tu au moment où il aurait dû dire la vérité

i) 화자의 불필요한 언급을 전달하는 동사

쓸데없이 말을 많이 할 경우

bavarder ◇ papoter

혼자서 말할 경우

monologuer

- Deux personnes bavardaient sur le trottoir.
- Il monologue dans sa chambre. (= Il parle tout seul.)

◇ - Sur le pas de leur porte, des voisines papotaient.

j) 화자의 제한된 언급을 전달하는 동사

délimiter

se limiter à quelque chose 또는 부정법

contourner	quelque chose
détourner	
éviter	
déplacer	

éviter de + 부정법

se démarquer de quelqu'un 또는 quelque chose

- Il **a délimité** son sujet de discours.
- Faute de temps, il **se limite à** l'essentiel.
- On l'a enfin **détourné** de ce projet.
- Cela lui **a évité** d'en parler.

k) 화자의 합리적인 태도를 나타내는 전달 동사

analyser

examiner

expliquer

argumenter

formuler

진실을 표명하는 전달동사

démontrer prouver

어떤 부분을 강조하는 전달동사

noter remarquer

논증을 뒷받침하기 위하여 어떤 사람의 말이나 어떤 내용을 지적하는 전달동사

citer commenter mentionner illustrer se référer à

논증을 종합하여 표현하는 전달동사

résumer récapituler recenser synthétiser

- Il **analyse** tout ce qu'il éprouve.
- Il **a examiné** nos propositions une par une.
- Il **a argumenté** longtemps sans convaincre personne.
- Il **a formulé** une réclamation. (= exprimé d'une façon précise)
- Il m'**a démontré** que j'avais tort.
- Il lui **a prouvé** toute sa reconnaissance.
- Le professeur **a noté** les devoirs.
- Il **a remarqué** que la porte était fermée.
- Dans sa dissertation, il **a cité** des vers de Racine.
- Le directeur **a commenté** le règlement. (= l'a expliqué en détail, en faisant des remarques complémentaires pour en faciliter la compréhension)
- Il cherche **à résumer** la situation en quelque phrases.
- Il **a synthétisé** les éléments de la théorie.

l) 화사가 어떤 의견에 대하여 주장 또는 유연한 태도를 나타내거나 부연 설명을 할 경우 이를 나타내는 전달 동사

유연한 태도나 입장을 표명할 경우

assouplir adoucir atténuer affiner

내용을 자세히 표명할 경우

préciser détailler apporter des précisions, des détails ajouter

내용을 강조할 경우

mettre l'accent sur souligner insister sur

- Comme ce discours est trop brutal, il en **a atténué** les termes.
- Le professeur a relu le sonnet **en détaillant** chaque vers.
- Elle m'a dit qu'il était bête, elle **a ajouté** qu'il n'aurait jamais ce travail.
- L'auteur **souligne** l'importance de cet événement.

m) 제기된 문제에 대한 화자의 태도를 나타내는 전달 동사

명료하게 어떤 문제를 다루었을 경우

clarifier
simplifier
éclairer
éclaircir

복잡하게 문제를 다루었을 경우
compliquer

문제를 감추려 할 경우
masquer　cacher　obscurcir

- Il a **simplifié** ce règlement, parce qu'il est trop compliqué.
- La police s'efforce d'**éclaircir** cette affaire. (= la rendre plus facile à comprendre)
- Il a l'art de **compliquer** les choses simples.
- Il a **masqué** la vérité par des lâchetés.
- Elle voulait lui **cacher** une triste nouvelle.

n) 화자의 대화의 개입방법을 나타내는 전달 동사

prendre la parole (= commencer à parler)
garder la parole
écourter l'échange (= rendre plus court)
commencer par
conclure par
clore l'échange
interrompre l'autre

- Il **a pris la parole** lors du débat. (= intervenir)
- Il **commence par** indiquer les défauts de l'autre.
- Il **a interrompu** l'orateur.

o) 화자의 어투를 나타내는 전달 동사
매우 큰 소리로 말할 경우
crier　clamer　hurler

이해하기 어렵게 말할 경우
bafouiller
bredouiller
hésiter

비밀스러운 것을 말할 경우
murmurer
confier
confesser
avouer

화를 낼 경우
hausser le ton

'hausser la voix'는 잘 들을 수 있도록 큰 소리로 말한다는 의미이고 'hausser le ton'은 요구나 분노 또는 위협의 목적에서 목소리를 높인다는 의미이다.

- Pierre était déjà trop loin, quand elle lui **a crié** de l'attendre.
- Il **a clamé** son innocence.
- Il **a bafouillé** des excuses. (parler d'une façon embarrassée)
- Il **a bredouillé** qu'il n'y était pour rien.
- L'enfant **a murmuré** son secret à l'oreille de sa mère.
- Il m'**a confié** ses projets.
- Il **avoue** son erreur. (= Il reconnait l'avoir commise.)

p) 화자의 동의를 나타내는 전달 동사

se mettre d'accord
parvenir à un accord
aboutir à un accord
accepter
accorder
admettre

- Après plusieurs discussions, ils **sont parvenus à un accord**.
- Il **a accepté** toutes nos propositions.
- Il a accepté notre proposition.
- Le juge s'est efforcé **d'accorder** les plaideurs.

q) 어려운 주제에 대한 토의 끝에 한 화자가 승리하였거나 패배하였을 경우 이것을 나타내는 전달 동사

승리할 경우
triompher

패배할 경우
céder capituler renoncer à

- Son équipe a fini par **triompher** au cours du débat.
- L'enfant veut que son grand frère l'emmène; celui-ci finira par **céder**. (= donner satisfaction à cette exigence, après y avoir résisté)
- Il **capitule** devant nos arguments. (= Il cesse d'opposer une résistance dans

la discussion qui était engagée.)

r) 화자의 공격적 대화의 태도를 나타내는 전달 동사

대화자 중 한 사람이 공박할 경우

attaquer agresser harceler	quelqu'un

대화자 두 사람 모두가 서로 공박할 경우

confronter quelque chose s'affronter lutter rediscuter

대화가 별로 격렬하지 않을 경우
débattre discuter s'affronter lutter rediscuter

서로 화해할 경우
se réconcilier

- Les partis **ont attaqué** le ministre de l'Intérieur sur les incidents de la semaine dernière.
- Il l'agresse constamment.
- Ils **ont débattu** de la chose entre eux.
- J'ai rencontré Pierre tout à l'heure, on a pris un café et on **a discuté** de son divorce.
- Les deux équipes vont **s'affronter.** (= lutter l'une contre l'autre, face à face)
- Ils **se sont réconciliés.**

s) 대화의 결과를 나타내는 전달 동사

화자의 영향력을 다음과 같은 전달동사를 사용하여 전할 수 있다.

긍정적 결과를 나타내는 동사

apaiser, calmer, rassurer, réconforter, amuser, distraire, enthousiasmer, ◇ emballer 등

부정적 결과를 나타내는 동사

exciter. agacer, énerver, exaspérer, hérisser, inquiéter, ennuyer, affoler, alarmer, épouvanter

- M. Dupont était en forme.
- Il a fait rire son auditoire.
- Il a beaucoup amusé le public.
- Elle l'a exaspéré.
- Il s'est fâché.
- Il a parlé pour ne rien dire pendant deux heures.

t) 대화자에 대한 화자의 태도를 나타내는 전달 동사

기쁨이나 승리를 표명할 경우

exulter
jubiler
pavoiser
s'enflammer
s'enthousiasmer pour
se réjouir de

유감이나 불만을 표명할 경우

regretter | quelqu'un 또는 quelque chose
déplorer

불쾌감을 표명할 경우

se lamenter
se plaindre
s'indigner
râler

흥분할 경우

s'exciter
s'affoler
s'énerver
s'impatienter

못마땅히 여길 경우

s'offenser
se vexer

의견에 대하여 항의할 경우

protester
se révolter

상대방을 모욕할 경우

injurier insulter

빈정대거나 비난할 경우

se moquer de ironiser persifler plaisanter

관심을 표명할 경우

s'intéresser à se préoccuper de

u) 기타 화자의 여러 가지 태도를 나타내는 동사들

se rassurer s'apaiser oser daigner implorer supplier flatter
s'enfermer menacer fulminer exploser se défier se méfier mentir

- Il **s'intéresse à** ma proposition.
- Il ne **s'en préoccupait** guère.
- A la nouvelle de son succès, il **a exulté.** (= manifester une grande joie)
- A l'idée qu'il allait, enfin, avoir une montre, l'enfant **jubilait.**
- Ses amis se **sont enthousiasmés** pour son projet.
- Elle **regrette** qu'il soit absent.
- Il **se plaint** qu'on ait médit de lui.

- Il **s'impatiente de** savoir à quoi elle en veut venir.
- Elle **s'est offensée d'**une plaisanterie.
- L'accusé **protestait** de son innoncence.
- Elle l'**a insulté** en le traitant de malhonnête.
- Tu peux lui donner n'importe quel conseil, il **s'en moque,** il fera ce qu'il veut.

4. 시제

간접화법의 표현에서 주의해야 할 것은 시제일치의 법칙이다. 전달 동사가 과거시제일 경우 진달문의 시제는 다음과 같이 변화한다.

0 현재 → 반과거
Je **vais** bien. → Il m'a dit qu'il **allait** bien.

0 복합과거 → 대과거
J'ai **téléphoné** à Pierre. → Il m'a dit qu'il **avait téléphoné** à Pierre.

0 단순미래 → 조건법 현재
Je **téléphonerai** à Pierre. → Il m'a dit qu'il **téléphonerait** à Pierre.

0 전미래 → 조건법 과거
J'**aurai fini** avant samedi. → Il m'a dit qu'il **aurait fini** avant samedi.

그러나 전달하고자 하는 것이 반과거, 대과거, 조건법 현재, 또는 조건법 과거일 경우, 그 시제를 바꾸지 않는다.

Je n'**ai** pas **pu** venir, **j'avais** du travail.
→ Il m'a dit qu'il n'**avait** pas **pu** venir parce qu'il **avait** du travail.

J'**aimerais** voir Pierre.
→ Il m'a dit qu'il **aimerait** te voir.

그러나 구어에서는 이 법칙이 항상 적용되지는 않는다.

J'arriverai par le train de 11 heures.
→ Il m'a dit qu'il **arrivera** par le train de 11 heures.

의문문을 전달할 경우 'qu'est-ce qui'는 'ce qui'로 'qu'est-ce que'는 'ce que'로 바뀌며, 그 밖의 의문 대명사나 의문 형용사, 의문 부사는 바뀌지 않는다.

- Il m'a demandé : "**Qu'est-ce qui** est arrivé ?"
  → Il m'a demandé ce **qui** était arrivé.

- Il m'a demandé : "**Que** lisez-vous ?(**Qu'est**-ce que vous lisez ?)"
  → Il m'a demandé **ce que** je lisais.

- Il m'a demandé : "**De qui** parlez-vous ?"
  → Il m'a demandé **de qui** je parlais.

- Il m'a demandé : "**0ù** êtes-vous né ?"
  → Il m'a demandé **où** j'étais né.

5.4. 편지나 이메일 (écrire une lettre ou un e-mail)

편지의 구성 형식은 대략적으로 나타내면 다음과 같다.

Lieu et date (장소와 날짜)

En tête : Formule d'appel
(서두 : 상대의 호칭)

Texte de la lettre (본문 내용)

Salutation finale (맺음 인사말)

Signature (서명)

이메일의 경우는 작성한 장소와 날짜 그리고 작성자의 서명은 생략된다. 그 이외의 내용은 편지 형식과 동일하다.

가. 장소와 날짜

편지의 경우 우측 상단에 편지를 작성한 도시와 날짜를 기록한다. 도시 명 다음에 쉼표(,)

를 찍은 뒤 날짜를 기록한다. 우리나라의 도시 명을 쓸 경우에는 정해진 표기의 공식 명칭을 써야 할 것이고, 확인할 수 없는 지역 명칭에 대해서는 표기 원칙에 따라 표기해야 한다.

Séoul, le 22 oct. 2012
Paris, le 1er déc. 2012

나. 서두와 맺음 인사말

편지와 이메일의 서두와 맺음 인사말의 표현은 상대방과의 관계, 상대의 사회적 지위 등에 따라 다르다.

1. 알지 못하는 사람에게 용무로 쓰는 편지나 행정적인 편지에서

서두 (En tête)

Monsieur,
Madame,
Mademoiselle,

맺음 인사말 (Salutation finale)

Veuillez Je vous prie d'	agréer,	Monsieur, Madame, Mademoiselle,	l'expression de

mes sentiments	distingués. respectueux.

2. 약간 알고 있는 사람에게

서두 (En tête)

Cher Monsieur,
Chère Madame,
Chère Mademoiselle,

맺음 인사말 (Salutation finale)

Croyez,	cher Monsieur, chère Madame, chère Mademoiselle,	en l'assurance de mes meilleurs sentiments.

(Très) cordialement.
(Très) amicalement.
(Très) sincèrement.

3. 친한 친구에게

서두 (En tête)

Cher Pascal,
Chère Christiane,
Bonjour,
◇ Coucou,
◇ Salut,

맺음 인사말 (Salutation finale)

Amitiés.
Amicalement.
Avec toutes mes amitiés.
Bien à toi.
Bien à vous.

4. 아주 친한 친구에게

서두 (En tête)

Mon (très) cher Pascal,
Ma (très) chère Christiane,

맺음 인사말 (Salutation finale)

Je t'embrasse.
Bises.
Grosses bises.
Bisous.

5. 애인이나 부부 사이에서

서두 (En tête)

Mon chéri,
Ma chérie,
Mon (petit) Robert chéri,
Ma (petite) Solange chérie,
Mon amour,

맺음 인사말 (Salutation finale)

Je t'embrasse (très) fort.
Je t'aime.

MODE D'EMPLOI

가. 표기의 기본 원칙

1. 모음 표기법

가) 단모음

ㅏ	ㅓ	ㅗ	ㅜ	ㅡ	ㅣ	ㅐ	ㅔ	ㅚ	ㅟ
a	eo	o	u	eu	i	ae	e	oe	wi

나) 이중모음

ㅑ	ㅕ	ㅛ	ㅠ	ㅒ	ㅖ	ㅘ	ㅙ	ㅝ	ㅞ	ㅢ
ya	yeo	yo	yu	yae	ye	wa	wae	yo	we	ui

2. 자음 표기법

ㄱ	ㄲ	ㅋ	ㄴ	ㄷ	ㄸ	ㅌ	ㄹ	ㅁ
g, k	kk	k	n	d, t	tt	t	r, l	m

ㅂ	ㅃ	ㅅ	ㅆ	ㅎ	ㅇ	ㅍ	ㅈ	ㅉ	ㅊ
b, p	pp	s	ss	h	ng	p	j	jj	ch

가) 'ㄱ, ㄷ, ㅂ'은 모음 앞에서는 'g, d, b'로 자음 앞에서는 'k, t, p'로 적는다.

예 : 구미 Gumi 영동 yeongdong 백암 baegam 옥천 Okcheon
합덕 Hapdeok 호법 hobeop 월곶[월곧] Wolgot 벚꽃[벋꼳] Beotkkot
한밭[한받] Hanbat 청주 Cheongju 정주 Jeongju 충주 Chungju
공주 Gongju 광주 Gwangju 여주 Yeoju

나) 'ㄹ'은 모음 앞에서는 'r'로 자음 앞이나 어말에서는 'l'로 적는다. 단 'ㄹㄹ'은 'll'로 적는다.

예 : 구리 Guri 설악[서락] Seorak 칠곡 Chilgok
임실 Imsil 울릉 Ulleung 대관령[대괄령] Daegwallyeong

3. 표기상의 유의점

가) 음운변화가 일어날 경우, 소리 나는 대로 적는다.

예 : 백마[뱅마] Baengma 신문로[신문노] Sinmunno 종로[종노] Jongno
왕십리[왕심니] Wangsimni 신라[실라] Silla 해돋이[해도지] haedoji
같이[가치] gachi 맞히다[마치다] machida 좋고[조코] joko 놓다[노타] nota
잡혀 죽었네[자펴주건네] japyeo jugeotne

나) 고유명사의 첫 글자는 대문자로 쓴다.

예 : 부산 Busan 세종 Sejong

다) 이름에서 일어나는 음운 변화는 표기에 반영하지 않는다.

예 : 한복남 Han Boknam(Han Bok-nam) 한빛나 Han Bitna (Han Bit-na)

라) '도, 시, 구, 동, 군, 면, 리'의 행정 구역 단위는 각각 'do, si, gu, dong, gun, myon, li'로 적고 그 앞에서 붙임표를 넣는다.

예 : 충청남도 Chungcheongnam-do 제주도 Jeju-do 의정부시 Uijeongbu-si
삼죽면 Samjuk-myon 당산동 Dangsan-dong 종로 2가 Jongno 2(i)-ga

나. 컴퓨터 사용을 위한 표현들

1. 전원 켜기 및 끄기

Allumer (mettre en route) l'ordinateur
◇ Allumer la bécane.
Eteindre l'ordinateur

2. 자료 접속하거나 닫기

Ouvrir un fichier (un document)
Créer un fichier (un document, un nouveau dossier)
Fermer un fichier
Quitter

3. 정보 검색하기

Sélectionner un texte (une photo)
Faire un copier-coller
Insérer(déplacer) des informations

4. 자료 삭제하기

supprimer des données
effacer un document
envoyer un document à la corbeille (la poubelle)

5. 저장하기

enregistrer des informations
enregistrer sur un disque
graver un CD-Rom
télécharger un fichier
sauvegarder un document
stocker des données

6. 기능 활용하기

utiliser des fonctions
cliquer sur une icône dans la barre d'outils
cliquer sur un lien

cliquer deux fois ou double-cliquer
ouvrir (fermer, réduire) la fenêtre
créer un raccourci

7. 컴퓨터가 작동하지 않을 경우

- Il a planté.
- Le scanner (le modem) est déconnecté.
- Il faut réinstaller ce programme (ce logiciel).

◇◇ - Il déconne.

8. 인쇄기가 문제가 있을 경우

- L'imprimante ne marche (ne fonctionne) pas.
- Il y a un bourrage. (= Le papier est coincé.)
- Il n'y a plus d'encre.

9. 인터넷으로 의사소통하기

se connecter sur Internet
se connecter au réseau
communiquer par internet
consulter ses mails
regarder sa boîte
recevoir des e-mails
joindre un fichier attaché
◇ se brancher sur le net

10. 인터넷 주소나 이메일 주소 저장하기

enregistrer un site
enregistrer une adresse e-mail
enregistrer une adresse dans le carnet d'adresses
ajouter un site aux favoris
@ : arobase 또는 at
- : tiret

- Je n'arrive pas à me connecter.
- Le réseau est saturé.
- La connection est impossible.
- Je t'envoie un message.
- Je te maile.
- On chate demain.

5.5. 장소의 설정 (situer dans l'espace)

장소를 말하기

- J'habite à Séoul.
- Je suis au Japon.
- Il a un ami en Australie.
- Je pars en Colombie.
- Je mange au restaurant.
- Il est dans le parc.
- Je suis de Séoul.
- J'arrive du Liban.
- Ils arrivent de Suisse.
- J'arrive d'Autriche.

장소에 대한 표현은 여러 의사소통 기능의 표현과 더불어 사용된다. 예를 들어서 소개하기, 길 묻기 등을 할 경우 장소에 대한 위치를 설명하지 않을 수 없을 것이다. 장소를 나타내는 전치사에 대한 사용법을 살펴보면 다음과 같다.

가. 위치나 목적지를 나타내는 전치사

1. 장소가 도시일 경우

- J'habite	à	Séoul.
- Je travaille		Paris.
- Je suis né		Tokyo.
- Je vais		Rome.

도시명이 정관사를 포함하고 있는 경우에는 'au' 나 'à la'를 쓴다.

- Je vis **au** Havre. (Le Havre)
- J'habite **à la** Rochelle. (La Rochelle)
- Je travaille **au** Caire. (Le Caire)
- Je vais **à la** Havane. (La Havane)

도시 명 앞에 'le' 나 'la'가 오는 도시명은 대개가 프랑스어권의 나라의 도시이다.

La Nouvelle-Orléans (Etats-Unis)　Le Cap (Afrique du Sud)
Le Caire (Egypte)　La Havane (Cuba)　La Mecque (Arabie Saoudite)
La Haye (Pays-Bas)

2. 장소가 국가일 경우

- J'habite - Je réside	**au**	Brésil. (Le Brésil) Nigéria. (Le Nigéria)

- Ils voyagent - Il a un ami	**en**	Iran. (L'Iran) Australie. (L'Australie)

- Elle se marie - J'ai une maison	**en**	France. (La France) Finlande. (La Finlande)

자음으로 시작되는 남성 국명에는 'au'를 쓰고, 여성 국명과 모음으로 시작되는 남성 국명에는 'en'을 쓴다.

자음으로 시작하는 남성 국가 명

le Brésil	le Burundi	le Burkina-Faso
le Bénin	le Barhein	le Botswana
le Cameroun	le Cap-Vert	le Chili
le Congo	le Canada	le Costa-Rica
le Danemark	le Gabon	le Ghana
le Guatémala	le Honduras	le Japon
le Kenya	le Koweit	le Lesotho
le Liban	le Libéria	le Luxembourg
le Mali	le Mexique	le Mozambique
le Nicaragua	le Niger	le Nigéria
le Paraguay	le Panama	le Pakistan
le Pérou	le Portugal	le Quatar
le Salvador	le Sénégal	le Soudan
le Sri-Lanka	le Surinam	le Tchad
le Vénézuéla	le Vietnam	le Zaïre
le Zimbabwe		

섬으로 이루어진 대개의 국가명은 정관사를 쓰지 않고, 단지 'à'를 쓴다.

- Je vais **à** Cuba (Madagascar, Haïti, Sao-Tomé ...).

복수로 된 국가 명이나 장소 명 앞에는 'aux'를 쓴다.

- Je vais **aux** Etats-Unis(Seychelles, Canaries, Baléares, Antilles, Philippines).

3. 산, 평야와 같은 지역이나 남성 지역 명에 대하여서는 'dans'을 쓴다.

- C'est **dans** les Vosges.
- J'habite **dans** les Alpes.
- **Dans** les Montagnes Rocheuses
- **Dans** le Middle-West
- **Dans** le Wisconsin, **Dans** le Poitou, **Dans** le Texas (au Texas)

'ville'에 대해서는 'dans'이나 'en'을 쓸 수 있다.

dans la villc. en ville (또는 **au centre de Paris, au centre ville**)

또한 벽이나 장애물 등으로 가로 막힌 장소에 대해서는 'dans'을 쓰지만, 사방으로 트여 있는 공간에 대하여서는 'sur'를 써야 한다.

- Il est **dans** la rue.
- Il est entré **dans** la maison.
- Il travaille **dans** une banque.
- Ils ont déjeuné **sur** l'herbe.

따라서 도시 내의 도로인 'rue'에 대해서는 'dans la rue'로 써야 하며, 도시와 도시를 연결하는 'route'대해서는 'dans la route'라 할 수 없고, 'sur la route'로 써야 한다. 즉 "Je marche sur la rue."라는 문장은 잘못된 문장이다.

sur le quai　sur la place　sur la terrasse

4. 건물의 안과 밖을 나타내는 전치사

- **Dedans** (dans la maison) - **Dehors** - **A l'intérieur** (dans la maison) - **A l'extérieur** (dehors) - **Autour de** la maison,	il y a un grand jardin.

'en maison'이라고는 쓸 수 없다.

사람에 대해서 'chez'를 쓰고 사물에 대해서는 'dans'을 쓴다.

chez Pierre (= au domicile de Pierre)
chez moi (= à mon domicile)
dans le sac (이 경우 'en sac'으로 쓸 수 없다.)

장소에 대하여 쓰이는 전치사(구)들의 의미를 그림으로 나타내면 다음과 같다.

- B est **à côté de** C
- F est **en face de** B
- E est **à droite de** F
- B est **à gauche de** A
- G est **derrière** F
- E est **devant** H

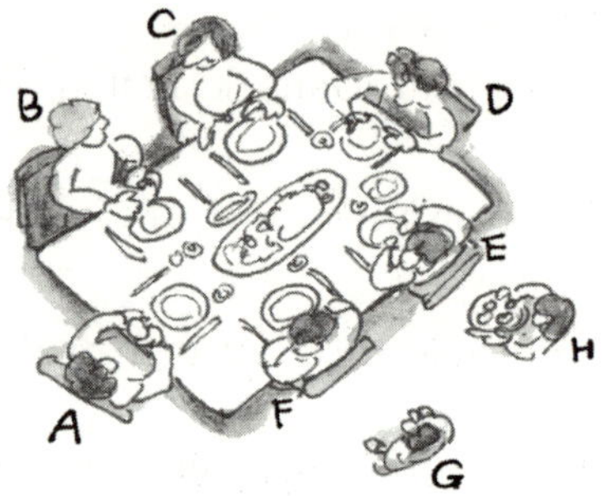

- A est **sur** B.
- B est **sous** A.
- B est **entre** A et C.

- B marche **derrière** A.
- A marche **devant** B.

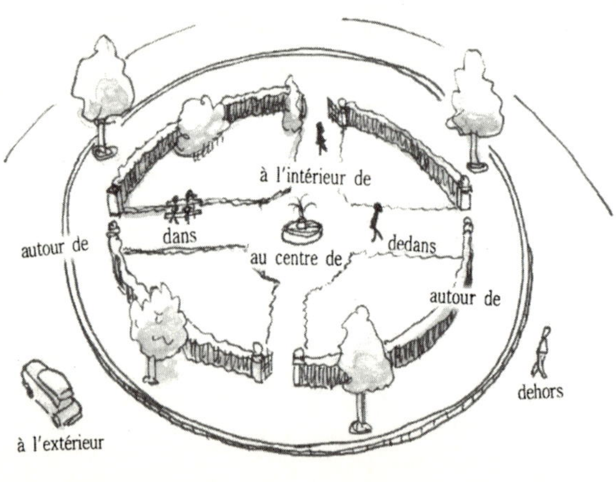

à l'intérieur de,
autour de,
dans,
au centre de,
à l'extérieur de,
dehors
dedans

4. 출발지를 나타내는 전치사

1. 도시일 경우

가) 자음으로 시작하는 도시 명

- Je viens	de	Paris.
- J'arrive		Londres.

나) 모음이나 무성 'h'로 시작하는 도시 명

- Je viens	à	Istanbul.
- J'arrive		Amsterdam.

다) 정관사를 포함하는 도시명

- Ils arrivent	du	Caire. (Le Caire)
- Ils viennent	de	La Havane.

2. 국가일 경우

가) 자음으로 시작하는 남성 국가명

- Il vient	du	Maroc. (Le Maroc)
- Je viens		Chili. (Le Chili)

나) 자음 또는 유성 'h'로 시작하는 여성 국가명

- Nous venons	de	Finlande. (La Finlande)
- Je viens		Suède. (La Suède)

다) 모음으로 시작하는 국가 명 (여성 또는 남성)

- Je viens	d'	Italie. (여성)
- Je viens		Iran. (남성)

유성 'h'로 시작하는 국가 명을 주의할 것.

- Je viens de Hollande.
- J'arrive de Hongrie.
- Je viens du Honduras.

3. 장소일 경우

가) 자음으로 시작하는 명사

여성일 경우 : Je sors de la chambre.　Je viens de la poste.
남성일 경우 : Il vient du marché.　Il sort du café.

나) 모음으로 시작하는 명사

남성 또는 여성의 경우
- Tu viens de l'école? (여성) - Tu es sorti de l'hôpital? (남성)

유성 'h'로 시작하는 몇몇 명사들을 유의할 것.
- Il sort **du** hall **de** l'hôtel.
- Il est tombé **du** huitième (du huitième étage).

5.6. 수량화 (quantifier)

어떤 경우 정보의 내용을 수량으로 표현해야 할 경우가 있다. 예를 들어서 날짜, 물건값, 시간, 거리 등을 표현하기 위해서는 수량의 표현을 사용하지 않을 수 없다. 수량화의 표현은 양을 숫자로 정확하게 표현하는 경우와 대략적으로 표현하는 경우 두 가지가 있다.

숫자로 표현하기

1. 표기법

1	un	12	douze	30	trente	91	quatre-vingt-onze
2	deux	13	treize	31	trente et un	99	quatre-vingt-dix-neuf
3	trois	14	quatorze	32	trente-deux	100	cent
4	quatre	15	quinze	40	quarante	200	deux cents
5	cinq	16	seize	50	cinquante	201	deux cent un
6	six	17	dix-sept	60	soixante	300	trois cents
7	sept	18	dix-huit	70	soixante-dix	1.000	mille
8	huit	19	dix-neuf	71	soixante et onze	1.200	mille deux cents
9	neuf	20	vingt	80	quatre-vingts	2.000	deux mille
10	dix	21	vingt et un	81	quatre-vingt-un	백만	un million
11	onze	22	vingt-deux	90	quatre-vingt-dix	천만	un milliard

숫자를 표기하는 표기법의 규칙은 다음과 같다.

가) 위의 도표에서 밑줄 그은 것과 같은 100 미만의 합성 수사는 'trait d'union(-)'으로 연결한다. 그러나 수사를 'et'로 연결할 경우나 100 이상의 숫자에 대하여서는 trait d'union을 사용하지 않는다.

quatre-vingt-dix-huit (98), quarante-six (46), quatre-vingt-un (81),
cent quatre-vingt-dix-huit (198), mille deux cent quarante-six (1.246)
vingt et un (21), trente et un (31), quarante et un (41)

벨기에나 스위스에서는 'soixante-dix' 대신에 'septante'를, 'quatre-vingts' 대신에 'octante'를, 'quatre-vingt-dix' 대신에 'nonante'로 쓰기도 한다.

나) 'vingt'과 'cent'은 뒤에 다른 숫자가 없는 상태에서 배수형으로 쓰일 경우 's'를 덧붙인다. 그러나 'mille'은 불변이나. 왜 그렇게 쓰는지에 대해서는 논리적으로 설명하기 곤란하다.

deux cents (200), deux cent onze (211), quatre-vingts (80),
quatre-vingt-dix (90), deux mille (2.000), deux mille dix (2.010)

다) 1.000이 넘는 숫자에 대해서는 3자리씩 끊어서 쓴다. 예를 들어서 1.546.721 유로는 최초 3자리 숫자는 백만이므로 'un million' 으로 쓰고, 두 번째 3자리 숫자는 천단위의 수이므로 'cinq cent quarante-six mille'로 쓰고, 마지막으로 3자리는 단위수를 그대로 'sept cent vingt et un'을 덧붙여 표현한다. 즉 1.546.721 유로는 'un million cinq cent quarante-six mille sept cent vingt et un euros'으로 쓴다.

프랑스 사람들 가운데에는 이상의 규칙들을 지키지 않고 쓰는 사람들을 흔히 볼 수 있고, 이러한 오류에 대하여도 그렇게 심각하게 여기지 않는 경향이 있다. 수표에 금액을 기입하는데 'trait d'union'이나 's'를 잘못 사용하였다 해서 은행이 수표의 수취를 거절하지 않는 것이 일반적이다.

2. 발음

다음과 같은 점들을 주의하여 발음하여야 한다.

가) 'cinq'의 마지막 자음의 발음은 모음이나 무성 'h'로 시작하는 단어 앞에서 발음한다. (cinq heures [sɛ̃koe:r]) 그러나 자음으로 시작하는 단어 앞에서 'cinq'는 'q'의 발음을 할 수 있고 하지 않을 수 있으나 발음하지 않는 것이 일반적인 경향이다 (cinq cents [sɛ̃sɑ̃]). "Nous sommes cinq."에서는 'q'를 발음한다.

나) 'six'는 자음 앞에 올 때 [si]로 발음되며 (six livres), 문장 끝에 오게 되면 [sis]가 되고 (예 : Nous sommes six. [sis]), 모음 앞에 오면 [siz]가 된다 (예 : six heures).

다) 'sept'는 언제나 [set]로 발음된다. 'sept'의 'p'는 발음하지 않는다.

라) 'huit'에서 't'는 모음 앞에 오거나 문장 끝에 올 때만 발음된다. 즉 'huit heures', "Nous sommes huit."에서 't'는 발음하나, 'huit jours'에서와 같이 자음으로 시작하는 단어 앞에서 't'는 발음하지 않는다.

마) 'neuf'의 끝자음 'f'는 [f]로 발음하지만, 'neuf ans'나 'neuf heures'와 같이 모음이나 무성 'h'로 시작하는 명사 앞에서 [v]로 발음한다.

바) 'dix'는 'six'와 같은 방식으로 발음한다. 즉 합성 숫자에 대하여서는 다음과 같이 발음한다.

dix-sept [diset] dix-huit [dizɥit] dix-neuf [diznoef]

사) 'vingt'의 'g'는 발음하지 않으며, 마지막 자음 't'는 'vingt ans'이나 'vingt hommes' 처럼 모음이나 무성 'h'로 시작하는 명사 앞에서와 'vingt-cinq', 'vingt-neuf'와 같은 합성 숫자에서 발음한다.

아) 1.000에서 2.000 까지는 두 가지 읽는 방법이 있다.

1.100 = mille cent (1.000 + 100) 또는 onze cents (11×100)
1.200 = mille deux cents (1.000 + 200) 또는 douze cents (12×100)
1.900 = mille neuf cents (1.000 + 900) 또는 dix-neuf cents (19×100)

2.000 이후의 숫자들은 다음과 같이 읽는다.

2.200 = deux mille deux cents, 3.600 = trois mille six cents
8.500 = huit mille cinq cents

MODE D'EMPLOI

가. 일상 생활에서 흔히 쓰이는 숫자 읽기

일상생활에서 자주 쓰이는 숫자를 읽는 방법에는 일정한 규칙이 있다.

1. 전화 번호

10 자리 숫자의 전화번호는 두 개씩 나누어 읽고 7자리 전화번호인 경우는 처음 3개를 한번에 읽는다.

03 86 54 67 79 = zéro trois quatre vingt-six, cinquante-quatre, soixante-sept,
soixante-dix-neuf
453 61 22 = quatre cent cinquante-trois, soixante et un, vingt-deux.

2. 백분율

35 % = trente-cinq pour cent
48,5 % = quarante-huit virgule cinq pour cent
또는 quarante-huit pour cent et demi

3. 유로 화폐

50 유로 = cinquante euros
40,65 유로 = quarante euros soixante-cinq
또는 quarante euros soixante-cinq centimes

4. 라디오 주파수

94.5 = quatre-vingt-quatorze point cinq

나. 숫자의 특수한 의미

일상적 표현에서 숫자가 특수한 의미로 사용되는 경우가 있다.

- Il s'est déjà marié deux fois! Jamais deux sans trois. (= Si une chose a eu lieu deux fois, il y a beaucoup de chance pour qu'elle ait lieu une troisième fois.)
- Il n'y a pas 36 solutions. (= Il y a une ou deux solutions.)
- Il coupe les cheveux en quatre. (= Il complique tout, il se perd dans les détails.)
- Il est tiré à quatre épingles. (= Il est bien habillé, très élégant.)
- Etre plié en deux, en quatre. (= rire beaucoup)

- On est treize à table. (= Ça porte malheur. 예수 그리스도를 포함한 12사도의 최후의 만찬이 13명이라는데 근거하여 프랑스 사람들은 13이란 숫자를 불길한 숫자로 여기며, 식탁에서조차 13명이 함께 식사하는 것을 피하는 경향이 있다.)

- Il était moins une! (= J'ai failli avoir un problème, un accident.)

- Il s'est mis en quatre pour me recevoir. (= Il a fait beaucoup d'effort pour bien me recevoir!)

- Il est sur son 31. (= Il est bien habillé, très élégant.)

- De deux choses l'une ... (= Il y a deux possibilités.)

- Couper la poire en deux. (= faire une proposition acceptable pour tout le monde, négocier)

- Dites 33. (의사들이 환자의 심폐 상태를 점검하기 위해 사용하던 표현)

- 15 jours (= deux semaines 또는 14 jours)

- 8 jours (= une semaine 또는 7 jours)

- Mettre quelqu'un en quarantaine (= l'isoler, ne plus lui parler 또는 의학적으로 전염병에 걸렸거나 걸릴 가능성이 있는 사람을 격리시킨다는 뜻)

- C'est un 75 (= Il est de Paris. 빠리의 지역 번호가 75이기 때문임.)

◇ - J'ai terminé en moins de deux. (= J'ai terminé très vite.)

◇ - 22! V'là les «flics»! (= Attention, voilà la police!)

다. 숫자와 함께 쓰이는 표현

수량을 정확한 숫자를 사용하여 표현할 수 있는 경우가 있지만, 대개의 경우 그 양을 숫자로 정확하게 나타낼 수 있을 경우란 그리 많지 않다. 따라서 수량을 대략적으로 나타내는 경우가 흔하다. 대략적으로 수량을 나타내는 표현법으로는 숫자에 부가적 설명을 덧붙여 사용하는 방법과 아예 숫자를 사용하지 않고 다른 표현을 사용하는 방법이 있다. 수량에 대한 대략적인 양을 다음과 같은 표현들을 사용하여 나타낸다.

1. plus de, moins de

- C'est une ville de **plus de** 50.000 habitants.
- C'est une ville de **moins de** 50.000 habitants.

또한 이 표현을 다시 다음과 같은 표현으로 수식하여 그 양을 다양하게 표현할 수 있다.

- Je l'ai vu il y a **un (tout) (petit) peu** moins de 5 minutes. (= il y a 3, 4 minutes)

- Je suis arrivé il y a **un (tout) (petit) peu** plus de 20 minutes. (= il y a 25, 30 minutes.)

2. à peine

– Il a **à peine** 15 ans. (= Il a un tout petit peu plus de 15 ans. Il vient d'avoir 15 ans.)
– Il a **à peine moins de** 15 ans. (= Il n'a pas tout à fait 15 ans.)

3. ne ... pas

– Il **n'**a **pas** quinze ans. (= Il a moins de 15 ans.)
– Il est parti il **n'**y a **pas** 5 minutes. (= Il est parti il y a moins de 5 minutes.)

4. environ, à peu près, autour de

제시된 숫자의 이상이나 이하일 수 있는 대략적인 근사치를 나타낸다.

– C'est **à environ** 15 kilomètres. (= Ça peut être 12, 14, 16, 18 kilomètres.)
– Il est **à peu près** dix heures. (= Il est environ dix heures.)
– Il a **autour** de 50 ans.

5. aux alentours de

– J'arriverai **aux alentours de** 10 heures. (= J'arriverai vers 10 heures.)
– Il a **aux alentours de** 30 ans.

6. presque

제시된 숫자의 미만을 나타낸다. 그러나 그 숫자와 별 차이가 없음을 의미한다.

– Il est **presque** 2 heures. (= Il est un petit peu moins de deux heures, il sera 2 heures dans quelques minutes.)
– Ça fait **presque** 100 euros. (= Ça fait un petit peu moins de 100 euros.)

7. dans

친숙어로 수량을 나타내는 몇몇 표현 구문에 쓰인다.

◇ - Ça coûte **dans** les 40 euros. (= Ça coûte environ 40 euros.)
◇ - Il a **dans** les quinze ans. (= Il a environ 15 ans.)

8. vers

이 표현은 오직 시점을 나타내는 표현에만 쓰인다.

- J'arriverai **vers** 10 heures. (= J'arriverai à 10 heures environ.)

9. huitaine, dizaine, douzaine, centaine 등

이 표현들은 대략적인 수를 표현하는데 쓰인다.

- Je pars dans **une huitaine de** jours. (= Je pars dans environ huit jours.)
- Il est venu **une dizaine de** personnes. (= environ 10 personnes)
- Il y avait **une dizaine de** milliers de manifestants. (= environ 10 000 manifestants)

그러나 달걀의 수량을 'demi-douzaine' 또는 'douzaine'로 표현할 경우에는 대략적인 수가 아니라 6개 또는 12개를 의미한다.

10. plusieurs, quelques

둘 이상의 불명확한 수량을 의미한다.

- Je l'ai vu il y a **plusieurs** jours. (= il y a plus de 2 jours)
- Je voudrais vous dire **plusieurs** choses.
- Je l'ai vu il y a **quelques** minutes. (= il y a 5, 10 minutes)

라. 숫자를 사용하지 않고 수량을 나타내는 표현들

1. très, extrêmement, pas très, assez, pas assez, trop, plutôt

이러한 표현들은 형용사나 부사를 수식하여 그 의미를 다양하게 나타낸다.

- Il est **très** grand.
- Il est **assez** beau.

- Elle est **plutôt** jolie.
- Elle n'est **pas assez** grande.
- Elle est **trop** petite.
- Il est **extrêmement** tard.
- C'est **très** bien.
- C'est **trop** loin.

2. -issime

몇몇 형용사에 '-issime'은 덧붙여 매우 많은 양을 나타낼 수 있다.

- Il est **richissime**. (= Il est très riche.)
- C'est **rarissime**. (= C'est très rare.)
- C'est **grandissime**. (= C'est très grand.)

3. beaucoup, peu, très peu, assez peu, un petit peu, un tout petit peu, énormément

이 표현들은 동사를 수식하여 다양한 양적인 의미를 나타낸다.

- Il travaille **énormément**.
- Je le connais un tout petit peu.
- Il parle **beaucoup**.

4. presque pas, quasiment pas, à peine

이 표현들은 동사를 수식하여 거의 없음을 나타낸다.

- Il ne parle **presque** pas.
- Je ne le connais **quasiment** pas.
- Je le connais **à peine**. (= Je ne le connais presque pas.)

복합시제의 구문에서 이 표현들은 'être' 나 'avoir'와 과거분사 사이에 놓인다.

- Il a **beaucoup** travaillé.
- Je ne suis **presque** pas sorti.

5. pas du tout, absolument pas, presque rien

거의 없음을 나타낸다.

- Je ne le connais **pas du tout.**
- Je ne comprends **absolument pas.**
- Je n'ai **presque rien** mangé. (= J'ai mangé un tout petit peu.)

6. rien, absolument rien

전혀 없음을 의미한다.

- Je n'ai **rien** mangé.
- Il ne m'a **absolument rien** dit.

7. tout

어떤 사물의 전체를 나타낸다.

- J'ai **tout** mangé.
- J'ai **tout** compris.

'presque tout'는 'tout'에 가까운 양을 의미한다.

- J'ai **presque tout** compris.

5.7. 현재 사실이나 상황 (décrire le fait et la situation présents)

현재 사실이나 상황을 묘사하기

- Nous étudions le français dans la classe.
- Nous sommes le 15 septembre.
- Je suis malade depuis deux jours.
- A la campagne, les gens se couchent et se lèvent tôt.
- Ça fait dix ans que j'habite rue Gambetta.
- Il m'écrit une fois par an.
- La terre tourne sur elle-même et autour du soleil.

엄격한 의미에서 현재는 존재하지 않는다. 현재형을 사용하는 순간 동사에 의해 제공되는 정보는 과거나 미래의 내용이 되기 때문이다. 현재의 사실이나 상황에 대한 표현은 일반적으로 현재형을 사용하지만 경우에 따라서 복합과거나 반과거를 사용하여 현재를 나타내는 경우도 있다.

가. 현재

현재형은 일상적 대화에서 가장 많이 쓰이는 시제로 다음과 같은 용법으로 쓰인다.

1. 현재 진행 중인 사건이나 상황

발화 시점 이전이나 발화 당시 또는 이후에도 변함없는 사건이나 상황에 대하여서는 현재 시제로 이를 사용한다. 예를 들어서 신분과 관련된 내용 (국적, 주소, 가족 사항, 직업 등)이나 취미나 의견 등에 관련된 정보 같은 것들이다. 이 경우 그 정보에 대한 시점이나 기간을 지적하지 않고 현재 시제로 표현할 수 있다.

- Je **suis** coréen.
- J'**habite** rue Gambetta.
- J'**étudie** la médecine.
- Je **suis** en vacances.
- Je **parle** français.
- L'Italie est un pays méditerranéen.
- J'**adore** danser.
- Je **déteste** le poisson.
- Je **crois** qu'il se trompe.
- Je **suis** sûr d'avoir raison.

2. 과거에 있었던 사건이나 상황이 발화 시점에도 여전히 계속되고 있는 사건이나 상황

- Je **vis** en France depuis 2 ans.
- Cela fait une semaine que je **suis** en vacances.
- Il y a un an que j'**étudie** la médecine.

이러한 정보는 지속의 개념을 내포하고 있으므로 그 사건이 과거의 어느 순간부터 시작하여 얼마 동안 지속된 것인지를 알 수 있는 표현들을 동반해야 한다. 이를 나타내는 표현으로는 'depuis', "Ça fait ...que", "il y a ... que"가 있는데, 그 사용법의 차이점에 유의해야 한다.

'depuis' 다음에는 과거의 시점이나 현재까지의 지속 기간을 나타내는 표현을 수반한다.

- J'habite rue Gambetta **depuis** six mois. (= Avant, j'habitais dans une autre rue, à un autre endroit. 즉 현재까지의 지속 기간이 6개월이다.)
- Je suis en vacances **depuis** lundi. (= La semaine dernière, je n'étais pas en vacances. 즉 금주 월요일부터 휴가중이다.)
- Je suis en France **depuis** le 15 septembre 1981. (= Je suis arrivé en France le 15 septembre 1981.)

그러나 "Ça fait ...que"나 "il y a ... que"는 기간을 나타내는 표현만이 올 수 있고 과거의 시점을 나타내는 시간의 표지어는 올 수 없다.

- **Ça fait** deux jours **que** je suis malade.
- Il y a un an **que** j'étudie la médecine.
- Il y a une demi-heure **que** j'attends!

즉 "**Ça fait** lundi que j'habite rue Gambetta."로 쓸 수 없다.

3. 현재의 습관이나 반복적 행위

주기적이고, 습관적이고, 반복적인 사건이나 상황은 반복과 주기성의 개념을 나타내는 시간의 표지어를 동반하여 현재로 표현한다.

- Je ne **travaille** pas **le lundi** ni **le mardi.**
- **Tous les ans,** je **prends** mes vacances en août (또는 au mois d'août).
- Je **vais** le voir *une fois par semaine.*

반복과 주기성의 개념을 나타내는 시간의 표지어들로는 다음과 같은 것들이 있다.

le + 요일 (lundi, mardi 등)
tous les, toutes les + 시간 단위 (시간, 분, 하루의 어느 순간, 월, 년)
une fois par (jour, mois, an, semaine 등)
de temps en temps, parfois, souvent, jamais.
C'est la première, deuxième, dixième fois que... 등

- Je le vois **tous les** lundis.
- Il passe **tous les** matins.
- Il ne m'écrit **jamais.**
- Il est **souvent** malade.
- Il me téléphone **de temps en temps.**
- On se voit **plusieurs fois par semaine.**
- C'est la **deuxième fois qu'**il vient.
- Je me lève à six heures **chaque** matin.

윗 글에서 쓰인 것과 같은 빈도의 부사들('de temps en temps', 'parfois', 'rarement', 'souvent' 등)은 빈도의 주기를 막연하게 나타낸다. 빈도의 부사들을 빈도의 주기의 관점에서 'pas du tout', 'un peu', 'beaucoup'라는 세 단계로 나누어 순차적으로 제시하면 다음과 같다.

pas du tout	Jamais
un peu	presque jamais pratiquement jamais très rarement très peu assez rarement assez peu de temps en temps
beaucoup	souvent, fréquemment très souvent, très fréquemment

나. 복합과거와 반과거

복합과거나 반과거는 일반적으로 과거 사실을 나타내지만, 어떤 경우에는 다음과 같이 현재를 나타내기도 한다.

- Ça y est, j'ai fini.
- Si j'avais le temps, je t'expliquerais cela en détail.

이 문장은 “Mais je n'ai pas le temps.”라는 의미를 함축한다.

5.8. 과거 사실이나 상황 (décrire le fait et la situation passés)

과거 사실이나 상황을 묘사하기

- Hier, dans la rue, je rencontre Pierre, et devine ce qu'il me dit...et à la fin, il me quitte en colère!
- Guillaume est né en 1983.
- Les Châtelain ont vécu à Rome pendant cinq ans.
- Ils ont acheté un ordinateur et ils l'utilisent beaucoup.
- Le bébé s'est réveillé, il a pleuré un peu, puis il s'est rendormi aussitôt.
- Le dimanche, nous passions l'après-midi chez ma gand-mère.
- Le vent soufflait, les vagues étaient énormes.
- Le chat a dormi pendant que je bavardais avec une voisine sur le pas de la porte.

과거에 있었던 사실이나 상황에 대한 묘사는 다음과 같이 여러 가지 시제로 표현할 수 있다.

가. 현재

과거의 사건이나 상황을 현재로 사용할 수 있는 경우란 다음과 같은 경우에서이다.

1. 일상 대화에서 과거의 사건이나 상황이 바로 조금 전에 있었던 것임을 강조하기 위하여 쓰인다.

- Vous n'avez pas de chance, le train **part** à l'instant.

- Monsieur Henri ?
- Il **sort** à l'instant.

2. 과거의 사건이나 과거의 우스운 이야기를 생동감 있고 재미있게 표현하기 위하여 현재형을 쓸 수 있다. 이 경우 과거의 시점을 나타내는 시간의 표지어를 반드시 동반해야 한다.

- **L'autre jour**, j'étais dans un restaurant, au moment de payer l'addition, je **m'aperçois** que je n'ai pas d'argent. Quand je **dis** ça au garçon, il me **dit** qu'il va appeler la police. Heureusement, dans le restaurant, je **vois** quelqu'un que je connais un peu...
- **L'été dernier, j'étais** en vacances en Espagne, et dans une rue de Madrid, je rencontre Pierre. On **décide** de dîner ensemble et l'on **va** dans un petit restaurant...
□ - **En 1950**, Pierre Dupont **vit** à Bordeaux. C'est là qu'il **fait** sa grande découverte... Il **meurt en 1980**.

이 경우 복합과거는 현재로 바꾸어 쓸 수 있지만 반과거는 현재로 바꾸어 쓸 수 없다. 즉 마지막 예문에서 반과거로 쓰인 문장을 "L'été dernier, je suis en vacances en Espagne." 로 바꾸어 쓸 수 없다. 이 문장에서 'rencontre', 'décide', 'va'는 각각 복합과거를 현재로 표현한 것이다.

4. venir de + **부정법**

이 표현은 발화 시점에 가까운 시점에서 일어난 과거의 사건이나 상황을 묘사하는데 쓰인다.

- Il **vient de** sortir.

그러나 이 표현은 그 사건이 언제 발생했는지를 지적하는 표현과 함께 사용될 수 없다. 즉 "Il vient de partir il y a 5 minutes."라고 할 수 없다. 일어난 시간을 명확히 밝히고자 한다면 복합과거를 써야한다.

- Il **est parti** il y a 5 minutes.

근접성을 강조하기 위해서 다음과 같이 말할 수 있다.

- Il vient **juste** de partir.

'venir de + 부정법'과 'aller + 부정법'의 과거형은 반과거로 쓰며, 과거에 대한 근접 과거 또는 근접 미래를 나타낸다.

- Je suis passé à son bureau, il **venait de** partir. (= Il est parti quelques minutes avant que je passe à son bureau.)
- Je suis passé à son bureau, il **allait** partir. (= Il se préparait à partir quand je suis passé à son bureau.)

다. 복합과거

복합과거는 과거의 사건이나 상황이 발화 시점까지 지속되지 않은 한시적 사건이나 상황을 나타낸다. 과거의 시점이나 기간을 나타내는 시제의 표지어와 함께 쓰일 수도 있고 없이 사용될 수도 있다.

1. 시간의 표지어 없이 복합과거만으로 과거 사건을 말할 경우

- Pierre m'a téléphoné, il m'a demandé de tes nouvelles.
- Tu as mangé ?
- J'ai perdu mes clefs.

위의 예시들 처럼 시간의 표지어를 사용할 필요가 없을 경우란 일반적으로 최근의 사건에 대하여 그 과거의 사건이 언제 행하여진 것인지를 지적할 필요가 없을 경우와 지적하지 않아도 알 수 있는 경우, 또 그 시점을 알지 못하기 때문에 지적할 수 없는 경우 3가지이다. 위의 예시 중 첫번째 문장은 정확한 시점을 알 필요가 없다는 의미를 지닌 경우이다. 두번째 예문은 시제의 표지어가 없이도 말하는 시점과 관련되어 "Tu as mangé aujourd'hui ?" 또는 "Tu as mangé à midi ?"라는 의미를 알 수 있는 경우이다. 세번째 문장은 언제 열쇠를 잃어버렸는지 알 수 없는 경우이다. 그러나 과거의 사건에 대한 시간의 정보를 분명히 나타내기 위하여 사건의 발생 시점이나 지속 기간을 명시하여 다음과 같이 복합과거를 사용할 수 있다.

2. 구체적인 시간의 표지어를 사용하여 과거의 사건을 말할 경우 (사용법의 시간의 표지어 항목을 참조할 것.)

- Tiens, **hier** j'ai vu Pierre, il est en pleine forme.
- Qu'est-ce que tu as fait **dimanche** ?
- Je l'ai vu **il y a deux jours**.

3. 지속 기간을 나타내는 표현을 사용하여 과거의 사건을 말할 경우 (사용법의 'il y a', 'depuis' ...의 항목을 참조할 것.)

- Je l'ai vu **il y a** huit jours.
- **Ça fait** un mois **qu'**il a disparu.
- **Il y a** longtemps **que** j'ai mangé.

'il y a', "Il y a ... que ...", "Ça fait ... que ..."의 구문은 지속 기간을 나타내는 표현이다. 그러나 이 말이 언제 행하여졌는지를 안다면 또한 그 사건이 언제 일어났는지도 알 수 있다. 예를 들어서 "Pierre est parti il y a deux jours."라는 말이 토요일날 행하여 진 것이라면 'Pierre'가 떠난 날이 목요일이므로, "Pierre est parti jeudi./"Pierre est parti avant-hier."로 바꾸어 쓸 수 있을 것이다.

주절의 행위와 동시적인 순간적 행위를 나타내기 위하여 'quand + 복합과거', 'au moment où + 복합과거', 'dès que + 복합과거', 'en + 현재분사(제롱디프)' 등의 표현법들이 사용된다.

- **Quand** je l'ai vu, je lui ai fait signe.
- **Quand** il est arrivé, je lui ai dit...
- **Au moment où** il a commencé à parler, tout le monde a ri...
- Ils se sont mis à rire **dès qu'**il a parlé.
- **Dès qu'**il est arrivé, je lui ai dit...
- Je l'ai vu **en partant**.

'dès que'는 'quand' 이나 'au moment où'보다 더 가까운 동시성을 나타낸다. 제롱디프는 여러 가지 의미로 사용될 수 있기 때문에 분명히 그 순간적 동시성을 나타내기 위해서는 이를 사용하기 보다는 'au moment où', 'à l'instant précis où', 'dès que' 같은 표현을 사용하는 것이 좋다. 그러나 제롱디프를 사용한다 하더라도 동시성의 개념을 분명히 표현할 수 있는 방법이 있다. 예를 들자면 "Je l'ai vu juste en partant."와 같이 'juste'를 사용함으로써 "Je l'ai vu au moment précis où je partais."의 의미를 나타낼 수 있다. 반면 제롱디프의 구문은 인칭대명사를 쓰지 않기 때문에 종종 혼동을 야기시킬 수 있다. 예를 들어서 "En arrivant, Pierre m'a dit..."의 문장의 경우 'arriver'의 주어가 누구인지 모호할 수 있다. 상황에 따라서는 이 문장은 "Quand Pierre est arrivé, il m'a dit..."을 대신한 것일 수도 있고 "Quand je suis arrivé, Pierre m'a dit..."을 대신한 것일 수도 있다. 이렇게 혼동이 야기될 수 있는 상황에서는 제롱디프의 사용을 피해야 한다.

라. 반과거

일상 대화에서 사용되는 반과거의 용법을 보면 다음과 같다.

1. 용법

가) 사건 당시의 날씨

- Ce jour-là il **faisait** une chaleur insupportable...
- L'autre jour il **pleuvait** et je n'avais pas de parapluie...
- Il y **avait** du vent.

나) 사건의 발생 장소 (나라, 도시, 장소)나 시기

- Quand j'**étais** au **Mexique**, il m'est arrivé une drôle d'histoire...
- **En 66**, je **faisais** mon service militaire, et un jour...
- **J'étais au lycée** et j'avais un professeur qui...
- **C'était un jeudi**...
- **C'était pendant l'été**...

다) 장소와 환경에 대한 묘사

- C'**était** désert.
- **J'habitais** une grande maison au bord de la mer.
- Il n'y **avait** presque personne dans les rues.
- Il y **avait** plusieurs milliers de manifestants.
- Il y **avait** un grand jardin derrière la maison...

라) 등장 인물의 묘사

- Il **portait** toujours une cravate jaune...
- Elle **était** très jolie...
- Il **était** tout bronzé.
- Il **était** en jean.
- Il n'**avait** pas de cravate.

마) 처해진 상황

- Il **sifflotait**.
- Je **dormais**.
- Il **travaillait**.
- Il **préparait** son départ.

바) 등장 인물의 태도, 신체적 상태, 심리적 상태

- Il **était** content.
- Il ne **voulait** pas me croire.

- Il **était** fatigué.
- Il ne **pouvait** plus marcher.

사) 사건의 당시 진행중이던 행위

- Quand je suis arrivé, il **dormait**...
- **J'étais** très inquiet quand le téléphone a sonné...

상황적 사건을 나타내는 이런 유형의 정보들은 주로 반과거로 표현된다. 이와 같이 지속적이고 규칙적이며 반복적이고 습관적인 사건들을 나타내는 반과거는 흔히 지속 기간을 나타내는 시간의 표지어와 빈도를 나타내는 표지어와 더불어 사용된다.

- Je **passais** le voir **une fois par semaine.**
- Je me **levais tous les jours** à 6 heures.
- Il **allait toujours** dans ce bar.

그러나 반복적인 행동이라도 그 행위의 시작 시간과 끝난 시간이 명시될 경우나 지속 기간이 제시될 경우에는 복합과거를 사용해야 한다.

- Je **suis allé** tous les week-end chez mes **parents pendant 10 ans.**
- Je lui ai téléphoné plusieurs fois par jour **pendant 2 mois.**
- **Du premier au quinze août,** je suis **allé** le voir tous les jours.

만일 그 상황의 시간적 제한을 표현하고자 할 때는 복합과거를 사용해야 한다.

- Quand je suis arrivé en France en janvier, il **a fait** très froid pendant une semaine.

즉 이 문장은 추웠던 기간이 프랑스에 도착한 때의 일주일이었음을 의미한다.

상태의 변화를 나타내는 동사라 하더라도 상황이나 배경이 아니라 순간적인 사건의 의미를 지닐 경우 복합과거를 쓴다.

- J'ai mal **dormi.**
  J'**ai été** malade.

이와 같이 순간적 사건을 의미할 경우 그 시간의 한계를 나타내는 시간의 표지어를 사용하여 이를 분명히 밝힐 수 있다.

- **Cette nuit,** j'ai mal dormi.
- J'ai été malade **pendant 3 jours.**

반면 시간의 지속성을 나타내는 동사가 반과거로 쓰일 경우에는 구체적인 시점을 지적하는 시간의 표지어와 함께 쓰일 수 없다. 예를 들어서 "Cette nuit, je dormais mal." 이나 "J'étais malade pendant 3 jours."같은 문장은 옳지 않다. 이경우에는 복합과거를 써야 한다.

- Hier j'étais fatigué, je **suis resté** au lit.
- Cette nuit, je ne pouvais pas dormir, alors j'**ai pris** un somnifère.

2. 유의해야 할 반과거의 표현들

가) aller + 부정법

'aller의 현재 + 부정법'은 가까운 미래를 나타내지만 'aller의 반과거 + 부정법'은 과거에 하려고 했던 일을 어떤 이유로 인하여 하지 못했음을 나타낸다. 이 표현법은 반과거 이외의 다른 과거의 시제로 사용될 수 없다.

- **J'allais partir** quand le téléphone a sonné.
- Il **était** sur le point de terminer quand je lui ai dit...

나) venir de + 부정법

현재와 관련된 근접과거를 나타내기 위하여 'venir의 현재형 de + 부정법'을 사용하는 것처럼, 과거의 어느 한 순간 바로 전에 일어났던 것(과거의 근접과거)을 나타내기 위하여 'venir의 반과거 de + 부정법'을 쓴다.

- Je **venais de fermer** la porte quand le téléphone a sonné.
- Je l'ai vu hier. Il **venait de sortir** de l'hôpital.

다) être en train de + 부정법

이 표현은 발화 시점에 행하고 있는 동작을 나타내기 위하여 사용된다. 현재 진행중인 것을 표현하기 위하여 être의 현재형을 쓰고 과거 진행중인 것에 대해서는 être의 반과거를 사용한다. 이 표현은 'aller + 부정법', 'venir de + 부정법'처럼 과거로 표현할 경우 반과거로 써야 한다.

- Quand elle est arrivée, j'**étais en train de dormir**.
- Il y a un an aujourd'hui, j'**étais en train de passer** mon examen.

3. 복합과거와 반과거의 차이점

이상에서 살펴 본 바와 같이 복합과거와 반과거의 용법은 상이하다. 복합과거의 차이점은 영화 관람하는 것과 비교하여 설명될 수 있을 것이다. 영화를 관람할 때 관객은 우선 그 배경과 상황이 어떠하고 등장인물은 누구인지를 먼저 살피고 난 뒤 그러한 상황 속에서 어떤 사건이 일어나는지를 살피게 된다. 이와 비슷하게 과거를 묘사할 경우에도 배경이나 상황에 관한 설명이나 인물에 대한 묘사와 그 상황 속에서 일어나는 사건의 설명으로 구분할 수 있다. 전자에 대해서는 반과거를 쓰고, 후자에 대해서는 복합과거를 쓴다. 즉 순간적인 사건을 묘사하는 복합과거와는 달리 반과거는 과거의 지속적인 사건이나 상황을 묘사하는 데 사용된다.

- Je **suis passé** chez toi hier, tu n'**étais** pas **là**.
- Il **faisait** beau, alors j'**ai fait** des brochettes.
- Je ne **travaillais** pas, alors j'**ai dormi** jusqu'à midi

과거의 사건은 3가지로 구분될 수 있다. 첫째로는 과거에 있었던 사건이 발화 시점에는 더 이상 계속되지 않는 경우로서, 사건의 시작과 끝이 있는 제한된 시간 속에서 발생한 사건, 둘째로는 과거의 한 시점에 발생한 사건이 발화 시점에도 여전히 계속되고 있는 사건, 세 째로는 과거의 한 시점에 발생한 사건이 언제 끝났는지는 모르지만 지속되다가 끝나버린 사건이 있을 수 있다. 이 3가지에 대한 시제의 사용법은 다르다. 즉 첫 번째 경우는 사건이 전적으로 과거에 속하기 때문에 복합과거를 써야하고, 세 번째의 것은 반과거를 써야 한다. 두 번째 경우는 현재에도 계속되고 있기 때문에 현재를 써야 한다. 복합과거나 반과거는 과거에 있었던 사건이 발화 시점에 더 이상 존재하지 않을 경우에 쓴다는 점에서 공통점을 지니지만, 사건의 끝이 분명한 것은 복합과거를, 불분명한 것은 반과거를 쓴다는 점에서 다르다. 따라서 복합과거는 대개 그 시점이나 기간을 나타내는 시간의 표지어와 더불어 사용된다.

- Je **suis arrivé** en France, **il y a un mois.**
  Hier, je **suis allé** chez Pierre.
- Je **suis né en 1995**
  J'**ai reçu** une lettre de Jean-Louis **la semaine dernière**.

지속적인 사건이나 상황과 대비하여 순간적인 사건을 나타내기 위해서는 반과거와 복합과거를 동시에 사용할 수 있다. 과거의 지속적인 사건이나 상황은 반과거를 쓰고 그 상황에서 전개된 순간적 사건은 복합과거로 이를 나타낸다. 결국 반과거로 지적한 시간의 길이는 복합과거로 언급한 시간보다 더 길다. 다음은 복합과거와 반과거가 동시에 사용된 예문들이다.

- Je **suis arrivé** en France en janvier, il **faisait** très froid.
- Je **suis allé** à la poste, mais c'**était** fermé.
- Hier, je **suis allé** à une fête, c'**était** très sympa.
- Je **suis passé** chez lui, il n'**était** pas là.

즉 첫 번째 예문에서 "Je suis arrivé en France en janvier"는 지속이 아닌 순간적 사건을 나타내며, "il faisait très froid"는 프랑스에 도착하기 이전부터 그 후에까지 지속된 상황을 나타낸다. 이 상황이 얼마나 지속되었는지 알 수 없고, 단지 말하고 있는 시점에서는 더 이상 이 상황이 지속되고 있지 않음을 의미한다. 만일 이런 상황이 말하고 있는 그 시점에서도 여전히 계속 되고 있다면 현재형을 사용해야 한다. 이 경우 그 상황이 언제부터 시작되었는지를 지적해야 한다.

- **Depuis mon arrivée** en France, il fait très froid.

그러나 과거의 습관이나 반복을 나타내기 위해서는 지속 기간을 명시함이 없이 반과거를 사용하고, 현재의 습관은 현재를 사용한다.

- Autrefois, je **dormais** mal, alors je **prenais** des somnifères. Depuis que je fais du sport, c'est fini, à 10 heures je suis au lit.

반복이나 습관을 명확한 수량으로 표현하자면 복합과거를 써야한다.

- J'ai mal dormi pendant **plusieurs jours**, alors j'ai pris des somnifères

이 문장의 복합과거는 반과거로 바꾸어 쓸 수 있다. 그러나 이 경우 반과거의 의미는 수량으로 나타낸 반복된 상황 자체가 반복된 과거의 습관이다.

Chaque fois que j'avais un examen, je **dormais** mal pendant plusieurs jours, alors je prenais des somnifères et j'**arrivais** complètement endormi pour passer mon examen.

상황적 배경을 나타내는 반과거와 순간적 사건을 나타내는 복합과거 사이의 관계는 원인과 결과의 관계로 설명될 수 있다. 즉 이 경우, 'comme', 'alors', 'puisque', 'si bien que' 등과 같은 표현을 사용하여 바꾸어 쓸 수 있다.

- Il faisait trop chaud pour travailler, alors j'ai fait une sieste. (= **Comme** il faisait trop chaud pour travailler, j'ai fait une sieste.)

아무런 접속사 없이 두개의 문장을 단순히 나열하여 원인과 결과 관계를 나타낼 수도 있다.

- Il **faisait** trop chaud pour travailler, j'**ai fait** la sieste.
- Cette nuit, comme je ne **dormais** pas, j'**ai pris** un somnifère.
- Cette nuit, je ne **dormais** pas, alors j'**ai pris** un somnifère.

4. 복합과거와 반과거의 구문

한 문장 내에서 복합과거와 반과거가 동시에 사용되는 방법으로는 다음과 같은 경우들이 있다. 그러나 각각 그 사용법이 다르다.

가) quand + 복합과거, 반과거

과거의 진행 중인 상황 가운데 어떤 순간적인 사건이 일어났을 경우에 이 구문을 사용한다. 과거의 상황은 반과거를 쓰고 그 순간적인 사건은 복합과거를 사용한다. 복합과거로 나타낸 사건으로 말미암아 반과거로 나타낸 진행중인 상황이 중단하였거나 변화하였음을 의미한다.

- Quand je **suis arrivé**, il **partait**. (= Je suis arrivé : il a interrompu son départ.)
- Je **dormais** quand tout à coup le téléphone **a sonné**. (= Le téléphone a sonné : je me suis réveillé.)
- Je **marchais** tranquillement dans la rue quand un coup de feu **a éclaté**. (= Un coup de feu a éclaté : j'ai cessé de marcher (pour courir par exemple).

이런 유형의 문장에서 반과거는 'être의 반과거 en train de + 부정법'으로 바꾸어 쓸 수 있다.

- Quand je **suis arrivé**, il **était en train de partir**.
- **J'étais en train de dormir** quand le téléphone **a sonné**.
- **J'étais en train de marcher** quand un coup de feu **a éclaté**.

현재나 과거 진행중인 것을 표현하기 위하여 'être en train de + 부정법'을 사용할 수 있다. 때로는 미래 진행형을 나타내기 위하여 이 표현법을 사용할 수 있지만, 흔히 사용되지는 않는다.

- Qu'est-ce que tu fais en ce moment ?
- Je **suis en train de repeindre** mon appartement. (현재 진행)

- Pourquoi est-ce que tu n'as pas dit bonjour ?
- **J'étais en train de discuter** avec Pierre. (과거 진행)

- Dans 2 jours, je **serai en train de passer** mon examen. (미래 진행)

나) quand + 복합과거, 복합과거

과거에 일어난 순간적인 사건들을 순서대로 나타내고자 할 경우에 이 구문을 사용한다.

'quand'과 함께 쓰인 사건이 주절에 나타난 사건보다 먼저 일어났음을 의미하며, 먼저 일어난 사건이 원인이 되어 다음의 사건의 결과를 야기시켰음을 의미한다.

- Quand je **suis arrivé**, il **est sorti**. (= Mon arrivée a provoqué son départ.)
- Quand il m'**a vu**, il **a eu** l'air surpris. (= Il a eu l'air surpris de me voir.)

주절과 종속절의 위치를 바꾸어 표현할 수도 있다.

- Quand je suis arrivé, il est sorti. (= Il est sorti quand je suis arrivé.)

다) quand + 반과거, 반과거

과거의 일련의 사건들이 반복적인 상황이나 사건을 의미할 경우 이 표현법을 사용한다. 그러나 이 구문이 나타내는 과거의 반복적 상황이나 사건은 발화 시점까지 지속되지 않음을 의미한다. 두 사건 (또는 상황)의 관계는 원인과 결과의 관계로 설명될 수 있다. 즉 'quand'과 함께 쓰인 종속절의 사건이 주절의 사건을 야기시켰음을 의미한다. 따라서 전자의 사건이 없으면 주절의 사건도 있을 수 없음을 의미한다. 이 때의 'quand'은 'chaque fois que'로 바꾸어 쓸 수 있다.

- Quand il **venait** me voir, je **débouchais** une bouteille de champagne. (= Maintenant il ne vient plus me voir et par conséquence, je ne débouche plus de bouteille de champagne à l'occasion de sa venue.)
- **Chaque fois qu'**il **venait** me voir, je **débouchais** une bouteille de champagne.
- Quand j'**avais** un peu d'argent, je **faisais** une grande fête avec tous mes amis.

만일 이러한 일련의 상황이나 행위가 발화 시점까지도 여전히 계속되고 있다면 현재형을 써야한다.

- Quand il vient me voir, je **débouche** une bouteille de champagne.
- Quand j'ai un peu d'argent, je **fais** une grande fête avec tous mes amis.

일련의 사건들이 일시적인 사건이라면 복합과거를 써야 한다.

- Tiens, j'**ai rencontré** Pierre, il m'**a demandé** de tes nouvelles.
- Je **suis passé** chez Pierre, il m'**a présenté** sa fiancée.

이러한 일련의 일시적 사건을 표현하면서 그 당시의 상황적 정보들을 언급할 경우에는 반과거를 써야 한다. 이때의 반과거의 의미는 과거에 끝나버린 상황을 의미한다. 만일 그 상황이 발화시점까지도 계속되는 것이라면, 현재를 사용해야 한다.

- J'ai rencontré Pierre, il **était content de me voir,** il m'a demandé de tes nouvelles.
- Je suis passé chez Pierre, il m'a présenté sa fiancée. **Elle est très jolie.**

마. 대과거

과거의 어떤 행위나 사실보다 앞서 일어난 또 다른 과거의 사실을 나타내고자 할 경우 대과거를 사용한다.

- Quand il **avait mangé,** il allait se promener.
- Il m'a dit qu'il **n'avait** jamais **lu** aucun livre de Freud.
- Il était très déprimé depuis qu'il **avait perdu** sa femme.
- Quand je suis arrivé, elle **était déjà partie.**

과거에 완료된 사건이나 상황을 나타내고자 할 경우 대과거를 사용한다. 이 경우 복합과거나 반과거를 사용한 문장 없이 대과거를 독립적으로 사용할 수 있다.

- Je t'**avais donné** rendez-vous à midi.
- Je n'**avais** pas **compris** ça.
- En trois minutes, il **avait fini.**

바. 단순과거

소설이나 신문 또는 잡지 등에서 과거의 사실을 글로 쓸 경우 단순과거를 흔히 사용한다. 구어의 일상회화에서는 단순과거를 쓸 수 없다. 그러나 라디오나 T.V.에서 단순과거를 사용하는 경우를 볼 수 있는데, 이것은 글로 된 이야기를 읽을 경우로서 구어가 아니라 구어화된 문어(écrit oralisé)이다.

- Quand il **arriva** à Paris, il **téléphona** à Paul pour avoir de ses nouvelles...

사. 단순미래와 전미래

단순미래와 전미래도 과거 사건을 나타내는 데 쓸 경우가 있다. 단순미래는 과거의 한 시점을 중심으로 장차 전개될 것을 나타내기 위하여 사용되며, 전미래는 복합과거를 대신하여 과거 사실을 추측하거나, 과거 사실을 부드럽게 표현하기 위해서 사용된다.

- Pierre Dupont a commencé sa carrière politique en 1962. Quatre ans plus tard il se **présentera** aux élections législatives et **sera élu** député...

- Il ne t'a pas téléphoné ?
- Il **aura oublié**.

MODE D'EMPLOI

가. 시간의 표지어 (indicateurs de temps)

복합과거, 반과거, 현재, 미래 등 동사 시제를 사용하여 사건의 발생 시점을 나타낼 수 있을 것이다. 그러나 동사의 시제형만을 사용해서는 어떤 시점에, 얼마 동안 일어난 것인지에 대해서 정확하게 나타낼 수는 없다. 따라서 분명한 시점이나 기간을 나타내기 위해서 시간의 표지어의 사용해야 한다. 그러나 그 시간을 명확하게 표현할 필요성이 없다든지, 그것이 중요하다고 여기지 않거나 또는 분명히 밝힐 수 없을 경우에는 의도적으로 시간의 표지어를 사용하지 않을 수 있다.

과거의 사건이나 상황을 구체적인 시간의 개념으로 나타내는 방법으로는 과거의 구체적인 시점을 지적하여 나타내는 경우와 지속 기간을 지적하여 나타내는 경우 두 가지가 있다. 이에 사용되는 시간의 표지어의 표현들을 차례로 살펴보면 다음과 같다.

1. 과거의 구체적인 시점

가) 발화 시점 당시의 어느 시점이나 해당 주, 월, 년 등을 나타내기 위해서는 지시형용사를 사용한다.

- J'ai eu beaucoup de travail **ce matin**.
- **Cette nuit**, j'ai mal dormi.

ce matin (오늘 아침), cette nuit (오늘 밤), cette semaine (금주),
ce mois-ci (이번 달), cette année (올해),
cet été, cet automne, cet hiver (발화 시점에서 가까운 계절)

나) 당해 주일의 지난 어느 요일을 나타내기 위해서는 요일명을 그대로 사용하고, 전주 요일에 대해서는 '요일 + dernier (또는 passé)'로 쓰며, 전주는 'la semaine dernière', 전달은 'le mois dernier', 작년은 'l'année dernière'를 쓴다. 그 이전을 나타내기 위해서는 'il y a + 수사 + jours (semaines, mois, ans 등)'을 사용한다.

il y a un jour = hier
il y a deux jours = avant-hier
il y a 3 jours (semaines, mois, ans) = 3일 (3주, 3달 3년)전
il y a quelques (semaines, mois, ans) jours = 며칠 (몇주, 몇달, 몇년) 전
il y a 2 ou 3 jours (semaines, mois, ans) = 2 - 3일 (주, 달, 년)전

- Qu'est-ce que tu as fait **hier** ?
- Il est parti **le mois dernier.**
- Je m'excuse, mais **lundi passé,** je n'ai pas pu venir.

대략적인 시간의 양을 나타내기 위해서는 'il y a' 다음에 'à peu près, 'environ', 'plus de', 'moins de'를 사용할 수 있다.

- Je suis passé chez toi **il y a à peu près** une heure.
- Il m'a écrit **il y a à peu près** une semaine.
- Je l'ai vu **il y a environ** une heure.
- Il est parti **il y a environ** 6 mois .
- **Il y a plus d'**un an, je suis allé au Mexique.
- **Il y a moins d'**une semaine, il a eu un accident.

다) 날짜는 'le + 날짜 + 월명 + 년'으로 표현하고, 월과 년은 'en + 월', 'en + 년'으로, 계절은 'en (au) +계절'로 표현한다.

- Je suis arrivé **le** 25.
- Je suis arrivé **le** 25 janvier.
- Je suis arrivé **le** 25 janvier 85.
- Il s'est marié un **vendredi** 13.
- Je suis arrivé **en** septembre.
- Je suis arrivé **en** 1985.
- On s'est connu **au** printemps (**en** automne, **en** été, en hiver).

위의 예문에서 'un vendredi 13' (13일의 금요일)는 불운의 날을 의미한다. 이 표현에서 정관사를 사용하지 않고 부정관사를 사용하는 이유는 이와 같이 지정된 날짜를 의미하는 것이 아니기 때문이다.

날짜를 대략적으로 표현하기 위해서는 'vers'를 사용한다.

- Il est passé **vers le 15 décembre.**
- Je l'ai vu **vers le mois de mai.**

계절을 보다 자세히 표현하기 위하여 다음과 같은 표현들을 사용할 수 있다.

au début de l'hiver, **à la fin de** l'automne, **en plein** été
au milieu de l'hiver.

2. 과거의 지속 기간

과거의 사건이나 상황이 발화 시점까지 지속되었던 기간을 구체적으로 나타내기 위해서 "il y a ... que ...", "ça fait ... que ...", "depuis ..."의 표현법을 사용한다. 이 표현들의 용법을 보면 다음과 같다.

가) il y a

'il y a'는 과거의 사건과 말하는 시점 사이의 시간의 간격을 나타내는데 쓰인다. 이런 표현은 때로 다른 표현을 사용하여 바꾸어 사용할 수 있다.

- Il est parti **il y a** deux jours. (= Il est parti avant hier.)
- Il est parti **il y a** un mois. (= Il est parti le mois dernier.)
- Je lui ai écrit **il y a** 15 jours.(= Je lui ai écrit il y a 2 semaines.)

나) ça fait ... que ...

이 표현 역시 발화 시점까지의 지속 기간을 나타내는데 쓰이며, 일반적으로 'depuis'와 동일한 용법을 지닌다.

- **Ça fait** 3 ans **que** j'habite en France.
- **Ça fait** deux heures **que** je t'attends.

- **Ça fait** deux jours **qu'**il est parti.
- **Ça fait** plus d'un an **que** je ne l'ai pas vu.

그러나 "ça fait ...que" 라는 표현이 복합과거를 수반할 경우 그 사용법을 유의해야 한다. 어떤 동사든 복합과거로 쓸 수 있는 것이 아니기 때문이다. 'partir', 'arriver', 'mourir', 'sortir' 등의 동사와 같이 지속적 개념을 지니는 동사들에 한하여 복합과거를 쓸 수 있지만, 순간적 개념을 지니는 동사와 함께 쓸 수 없다. 예컨대, "Ça fait deux jours que j'ai travaillé."나 "Ça fait deux jours que je suis allé au cinéma."와 같은 문장은 잘못된 문장이다.

- Ça fait deux jours qu'il est parti. (= Ça fait deux jours qu'il n'est pas là.)
- Ça fait un an qu'il est mort.
- Ça fait une heure qu'il est sorti.

이 동사들은 복합과거를 만들 때 'être' 동사를 취하게 된다. 이것은 형용사 (mort, sorti, parti, arrivé)를 동반한 'être' 동사 현재형이라고 볼 수도 있다. 즉 형태면에서 볼 때, "Il est divorcé."나 "Il est marié." 처럼 "Il est mort."나 "Il est sorti."가 과거인지 현재인지를 구별하기 곤란하다.

사건이 일어났던 과거 시점을 강조하려면 "복합과거 + il y a ..."의 구문을 사용한다.

- Il **est sorti il y a** 6 mois.
- Il **est sorti il y a** 5 minutes.

지속 기간을 강조하기 위해서는 앞서 명시한 동사에 국한하여 "ça fait .. que +복합과거"를 쓴다.

- **Ça fait** 6 mois qu'il **est mort.**
- **Ça fait** 5 minutes qu'il **est sorti.**

상태의 변화를 나타내지 않는 동사에 대하여서는 이 표현법을 사용할 수도 있는데, 이 경우도 동사들은 상태의 변화의 의미를 함축한다.

- Ça fait une heure que j'ai fini (finir).
- Ça fait six mois qu'il a quitté sa femme (quitter).
- Ça fait deux jours qu'il a arrêté de fumer (arrêter).
- Ça fait 5 minutes que le match a commencé (commencer).

"Ça fait ...que + 복합과거 부정형"의 표현법은 부정형으로 지적한 사건과 발화 시점 사이의 지속 기간을 나타낸다.

- **Ça fait** longtemps que je **ne l'ai pas vu.**
- **Ça fait** deux jours qu'il **n'est pas venu.**
- **Ça fait** trois jours qu'il **n'a pas dormi.**

과거에 일어나지 않은 사건에 대하여 이 표현을 사용할 수 있는데 이 경우 흔히 복합과거의 부정문을 쓴다.

- Je **n'**ai **rien** mangé depuis deux jours.
- Cela fait deux mois que je **n'**ai **pas** vu Martine.
- Cela fait longtemps que je **ne** suis **pas** allé au cinéma.

위의 예문들 속에 사용된 동사들이 긍정문 속에서 사용된다면 이들 동사들은 제한적인 순간적 사건을 의미하게 된다. 이와 반대로 부정문에서 사용될 경우 이 동사들은 지속기간의 개념 (사건의 부재 동안의 기간)을 지니게 된다.

- J'ai vu Martine il y a deux jours. (시제상의 제한적인 순간적 사건)
- Cela fait deux jours que je n'ai pas vu Martine. (사건 부재의 지속기간)

이러한 표현들은 다음과 같은 표현들을 사용하여 대략적 시간을 나타낼 수 있다.

- Ça fait **presqu'**un an qu'il a été élu président.
- Ça fait **un petit peu moins d'**un an que je me suis marié.

어떤 사건이나 상황이 어떤 지속 기간에 이르지 못했음을 표현하고자 할 경우 "ça fera ... que"와 "il y aura ... que"를 사용한다.

- **Ça fera** un an demain **que** je me suis marié.
- **Il y aura** bientôt un an **qu'**il a été élu président.
- **Ça va** bientôt faire une heure **que** je l'attends.

다) depuis

'depuis'는 "ça fait ... que ..."와 그 용법이 동일하다. 어떤 사건이 말하는 순간 이후에도 계속되지 않을 사건에 대하여서는 'depuis'를 사용할 수 없다. 즉 "J'ai rencontré Pierre depuis 2 heures." 같은 문장은 옳지 않은 문장이다. "J'ai rencontré Pierre il y a 2 heures."라고 해야 한다.

'depuis'는 현재 시제와 더불어 흔히 사용된다. 현재형을 수반한 'depuis'는 과거에 발생하여 발화 시점까지도 여전히 계속되는 상황의 지속기간을 표현하는 데 쓰인다.

- J'habite ici **depuis** un an.

- Il parle **depuis** une heure.
- Je suis en vacances **depuis** une semaine.
- J'habite en France **depuis** 3 ans.

위의 예문들 모두는 'depuis', "ça fait ... que ..." 와 "il y a ...que ..."로 바꾸어 표현할 수 있다.

- **Il y a** un an **que** j'habite ici.
- **Ça fait** une heure **qu'**il parle.
- **Il y a** une semaine **que** je suis en vacances.

'depuis'는 시간이나 날짜, 연도, 요일, 달 등의 시간의 표지어와 함께 쓰일 수 있다.

- J'habite ici **depuis le 15 janvier.**
- Je ne l'ai pas vu **depuis lundi.**
- Je suis là **depuis 10 heures et quart.**

"복합과거 부정형 + depuis"의 용법은 "Ça fait ... que ..."의 용법과 동일하다.

- Je n'ai pas mangé **depuis** deux jours. (= Ça fait deux jours que je n'ai pas mangé.)
- Je ne l'ai pas vu **depuis** une semaine. (= Ça fait une semaine que je ne l'ai pas vu.)

"ça fait... que ..."의 표현법과 동일하게 상태의 변화를 나타내는 동사들에 한하여 사용된다. 언제부터 상태가 지속되었는지를 다소 명확하게 나타내기 위하여 이 기간을 수량으로 나타낼 수 있다. 예를 들자면 'depuis une heure (deux jours, 6 mois, longtemps, un instant, peu de temps 등)'으로 표현할 수 있다.

- J'ai fini **depuis** 5 minutes.
- Il est parti **depuis** une heure.

또한 "depuis que + 절"의 구문은 'depuis + 명사'의 경우와 마찬가지로 지속 기간을 과거에 일어난 사건이나 상황의 시점부터 리는 것을 나타낸다.

- **Depuis qu'**il a gagné à la loterie, il évite tous ses amis.
- **Depuis qu'**elle est partie, il ne dort plus.

이런 유형의 표현은 원인과 결과의 의미를 함축한다. 즉 위 예문들은 다음과 같이 바꾸어 쓸 수 있다.

- Il évite ses amis, **parce qu'il** a gagné à la loterie.
- Il ne dort plus, **parce qu'elle** est partie.

'depuis que' 다음에 복합과거가 쓰이면 주절에서 시발점으로 제시되는 동사의 의미는 사건이고, 'depuis que' 다음에 현재형이 쓰이면 주절의 동사의 의미는 상황이다.

- **Depuis que** je suis revenu de vacances, je suis en pleine forme.
- **Depuis qu'il** s'est marié, on ne le voit plus.
- **Depuis que** je travaille, je me couche tôt.

'depuis que + 절'의 경우, 절을 명사로 바꾸어 'depuis + 명사'로 표현할 수 있는 경우도 있다. 이는 단지 동사를 표현할 수 있는 명사가 있을 경우에 한하여 할 수 있다. (예: partir → le départ, arriver → l'arrivée, mourir → la mort, se marier → le mariage)

- **Depuis qu'elle est partie**, il ne dort plus. (= **Depuis son départ**, il ne dort plus.)
- **Depuis le changement de gouvernement**, l'inflation a augmenté de 5 %.
- Il ne m'a pas écrit **depuis son départ**.
- Je ne l'ai pas vu **depuis son mariage**.

"ça fait... que ...", "il y a ...",'depuis'의 표현들은 지속 기간을 나타낸다는 점에서 이들 표현들은 의미상의 큰 차이가 없지만, "ça fait ... que ..."와 "il y a ..."는 문장 첫 머리에 놓이는 반면 'depuis'는 문장 뒤에 놓인다는 점에서 전자의 표현이 후자의 표현 보다 지속 기간의 의미를 강조하는 표현이다. 예를 들어서 상대방이 늦게 온 것에 대하여 "Je t'attends depuis 2 heures." 라는 표현 보다는 "Ça fait 2 heures que je t'attends!" 라고 표현한다면, 기다린 시간을 강조한 불만의 의미를 지니게 된다. 반면 전자의 표현은 화자의 감정을 나타내지 않은 객관적 표현이다. 이 표현은 경우에 따라서 '2 heures'는 지속 기간(2시간 동안) 뿐만 아니라 시점(2시부터)의 의미를 지닐 수도 있다.

나. 지속적 개념의 동사와 순간적 개념의 동사의 과거

어떠한 동사든지 모두가 구체적인 시점이나 지속 기간을 나타내는 표현과 더불어 과거의 사건을 나타낼 수 있는 것은 아니다. 동사 자체가 지닌 의미에 따라 지속의 개념을 지니는 동사(예: vivre, être, habiter, attendre 등)와 순간적 개념을 지니는 동사(예: commencer, finir, terminer, achever, s'endormir, se réveiller 등)로 분류될 수 있다. 지속의 개념을 지니는 동사는 구체적인 시점이나 지속 기간을 명시하여 표현할 수 있지만, 순간적 개념을 지니는 동사에 대하여서는 지속 기간을 나타내는 말과 더불어 사용될 수 없다.

- J'ai habité ici **pendant 3 ans.**
- J'ai habité ici **en 1985.**
- Je t'ai attendu **plus d'une heure.**
- J'ai vécu **3 ans** au Maroc.

- J'ai fini **à midi.**
- J'ai commencé **en février.**
- Je me suis réveillé **il y a une heure.**

즉 "J'ai fini pendant 5 minutes.", "Je me suis marié pendant 2 jours.", "Je me suis réveillé pendant 1 heure." "La bombe a explosé peu à peu." 같은 문장은 잘못된 문장이다. 이것은 현재 시제에서도 마찬가지여서 "Je travaille depuis 5 heures."라는 표현은 가능하지만, "Je finis depuis 5 heures."는 불가능하다.

상황의 변화를 나다내는 순간석 개념을 지니는 동사들은 다음과 같은 것들이 있다.

finir = faire quelquc chose ⇨ ne plus faire quelque chose
commencer = ne pas faire une chose ⇨ faire une chose
se marier = célibataire ⇨ marié
divorcer = marié ⇨ célibataire
se réveiller = sommeil ⇨ veille
s'endormir = veille ⇨ sommeil
entrer = être dehors ⇨ être dedans
mourir = vivre ⇨ ne plus vivre
naître = grossesse ⇨ naissance

어떤 과거 사건의 지속 기간을 명시 할 경우에는 일반적으로 반과거를 쓰지 않고 복합과거를 사용한다. 만일 "En 1995, je vivais aux Etats-Unis." 처럼 반과거를 사용한 문장을 통해서는 그 지속 기간이 어느 정도인지는 알 수 없고, 과거 시점 (윗 문장의 경우 1995년)에서의 상황적 정보만을 알 수 있다. 이와 반대로 지속기간을 명시하고자 할 경우는 반과거를 쓸 수 없고 복합과거를 써야 한다.

- En 2007, j'ai vécu **6 mois** aux Etats-Unis.

지속 기간을 보다 자세하게 표현하고자 한다면 처음과 끝을 다음과 같이 부연하여 설명할 수 있다.

- En 2007, j'ai vécu 6 mois aux Etats-Unis, **de mars à septembre.**
- En 2007, j'ai vécu 6 mois aux Etats-Unis, **jusqu'au mois de septembre.**

5.9. 미래 사실이나 상황 (décrire le fait et la situation futurs)

미래 사실이나 상황을 묘사하기

- Elle passe son baccalauréat la semaine prochaine.
- Le prochain lancement de la fusée Ariane aura lieu en février.
- Vous ferez cet exercice pour demain.
- Nous irons en Suisse l'été prochain.
- Le ciel est gris; il va neiger.

미래에 일어날 사실이나 상황에 대한 묘사는 다음과 같은 여러 가지 시제로 표현할 수 있다.

가. 현재

어떤 의사소통 상황에서는 미래의 사건이나 상황을 나타내기 위하여 단순미래를 반드시 써야 할 경우가 있다. 그러나 분명히 예견될 수 있는 미래를 표현하는데 있어서 프랑스 사람들은 미래 시제를 사용하지 않고 현재 시제를 더 많이 사용하는 경향이 있다. 예를 들어 "Je lui téléphonerai demain."의 문장이 올바른 것이긴 하지만 프랑스 사람들은 흔히 "Je lui téléphone demain."로 표현한다. 이 경우 미래의 시점을 나타내는 시간의 표지어와 현재 시제는 서로 일치하지 않으며, 미래의 의미를 나타내는 것은 동사의 시제가 아니라 시간의 표지어이다.

미래의 시점을 나타내는 시간의 표지어를 사용하지 않고도 현재형을 사용하여 미래를 표현할 수도 있는데, 이 경우에는 그 시제의 의미가 혼동되지 않을 경우에 써야 한다.

- Je pars demain.
- Je reviens dans quinze jours.
- La cérémonie commence demain à deux heures.
- La semaine prochaine, je vais à Paris.
- Dans un mois, je repars dans mon pays.
- Je pars demain.
- Je fais une fête le 15 janvier.

미래의 개념을 나타내는 시간의 표지어로는 구체적인 시점을 나타내는 시간의 표지어와 지속 기간을 나타내는 시제의 표지어가 사용될 수 있다.

'dans + 시간의 양'의 표현은 과거시제와 사용될 수 없고 단순미래와 더불어 사용해야 한다.

'il y a + 시간의 양'의 표현은 단순미래와 사용할 수 없고 과거시제와 함께 쓰인다. ☞ 과거의 사실이나 상황(5.8.)

- Je n'ai pas pu venir te voir aujourd'hui, mais je te promets que je **passerai dans la semaine.**

"si + 현재, 단순미래"라는 구문은 전제된 조건이 충족될 경우에만 그 예측이 실현된다는 것을 나타내기 위하여 사용되는 구문이다. [가정 항목(5.2.)을 참고할 것] 이 구문 중 실현 가능성 있는 가정을 나타내는 "si + 현재"는 미래를 의미하지만 현재형을 써야 한다.

- **Si la** croissance de Mexico se **poursuit** au rythme actuel, Mexico aura 30 millions d'habitants en l'an 2015.
- Si la crise économique **continue,** dans 5 ans, il y aura 4.000.000 de chômeurs.

즉 위 문장을 "Si la crise économique continuera"로 쓸 수 없다.

나. 단순 미래

프랑스 사람들은 일상적 대화에서 미래를 표현하기 위하여 단순미래보다는 현재형이나 'aller + 부정법'을 선호하는 경향이 있다. 그러나 다음과 같은 상황에서는 단순 미래를 써야 한다.

1. 분명히 예견될 수 있는 미래의 사건

- D'après les experts, le chômage **augmentera** en 2012.
- Demain, il **fera** beau sur l'ensemble du pays.
- En l'an 2015, Mexico **sera** la plus grande ville du monde.
- En l'an 2015, j'**aurai** 53 ans.
- Dans 10 ans, on ne **pourra** plus circuler dans Paris.

예측이 비판의 소지가 있다 하더라도 다소 실현 가능성이 있다고 판단될 경우에도 단순 미래를 쓸 수 있다.

- Dans 10 ans, avec la pollution, l'air **sera** irrespirable.
- Dans dix ans, il y **aura** deux fois plus de chômage.

2. 예정된 사건

- Le concert **aura** lieu lundi à 21 heures.
- A partir de la semaine prochaine, les cours **auront** lieu de 9 heures à midi.
- Le mois prochain, le prix du pain **augmentera** de 50 centimes.

3. 'quand', 'dès que' 등과 함께 쓰인 문장에서

- Je ferai ça **quand j'aurai** le temps.
- Je te préviendrai **dès que j'aurai** terminé.

4. 명령이나 지시

- Vous me **taperez** ce rapport en 3 exemplaires.
- Tu **feras** attention en traversant!

5. 'penser que' 나 'espérer que'의 구문에서

- Je **pense qu'**il ne **viendra** pas.
- **J'espère que** ça te **plaira**.

6. 어떤 일을 뒤로 미룰 경우

- Je suis fatigué, je **ferai** ça demain.
- C'est trop tard, je lui **téléphonerai** demain.

7. 약속

- Je **viendrai**, je te le promets.
- Ne t'inquiète pas, je **ferai** attention.

다. aller + 부정법

'aller + 부정법'은 시간의 표지어 없이 미래의 사건을 지적할 수 있다. 이 경우 미래의 의미는 가까운 미래이다. 그러나 이 표현은 먼 미래를 나타내는 시간의 표지어와 함께 쓰일 수 있으므로, 가까운 미래만을 나타내는 것이 아니고 먼 미래도 나타낼 수 있다.

- Je vais acheter un appartement **dans un an ou deux.**
- L'année prochaine, je **vais déménager.**

- Je **vais prendre** ma retraite en 2015.

이 표현 말고도 'être sur le point de + 부정법'의 표현을 사용하여 근접성을 나타낼 수 있다.

- Je **suis sur le point de** terminer ce travail. (= Je vais bientôt terminer ce travail.)

위의 예에서 보는 바와 같이 앞으로 일어날 사건을 현재나 'aller + 부정법' 또는 단순미래로 나타낼 수 있다. 그러나 이 시제들은 다음과 같은 사용상의 차이가 있다.

① - Je ne peux pas.
② - Je vais à Paris.
③ - Je me marie.
④ - Je travaille.
⑤ - Je me marie dans une semaine.
⑥ - Demain, je travaille.
⑦ - Je vais me marier.
⑧ - Je me marierai quand j'aurai terminé mes études.

이 예문들 가운데 이 문장들이 사용된 맥락을 배제한다면 분명히 미래를 나타내고 있는 문장은 미래를 지적하는 시간의 표지어가 포함된 문장들 (⑤, ⑥)과 미래의 시제 표현 형식을 갖춘 문장들 (⑦, ⑧)뿐이다. 그 밖의 다른 문장들은 상황에 따라서 다음에서 보는 바와 같이 현재나 미래의 의미를 지닐 수 있다.

- Lève-toi! - Je ne peux pas. (현재)
- Tu viens demain ? - Je ne peux pas. (미래)

- Tu vas où avec cette valise ? - Je vais à Paris. (현재)
- Tu es là demain ? - Non, je vais à Paris (미래)

- Quelle élégance! - Je me marie. (현재)
- Qu'est-ce que tu vas faire ? - Je me marie. (미래)

- Tu as une minute ? - Non, je travaille. (현재)
Qu'est-ce que tu fais cet été ? - Je travaille. (미래)

현재 시제로 미래를 표현한다는 것을 분명히 하기 위해서는 시간의 표지어를 사용하여야 한다. 시간의 표지어를 사용하여 미래의 의미를 지니는 현재형은 'aller + 부정법' 구문으로 바꾸어 쓸 수 있다.

- Je **pars dans un mois.** (= Je **vais partir** dans un mois.)

그러나 미래에 있을 사건에 대한 분명한 시점을 지적하지 않고 미래를 표현하고자 한다면 반드시 aller + 부정법 구문을 사용해야만 한다. 이 때의 구문은 근접미래의 의미를 지닌다.

- Il va pleuvoir. (= Il pleuvra bientôt.)

이 문장의 현재형 "Il pleut."는 지금 비가 오고 있다는 것을 의미한다. 그러나 현재 시제는 어떠한 시간의 표지어를 사용하느냐에 따라 여러 가지 다양한 의미를 지니게 된다. 즉 "Dans 5 minutes, il pleut."는 "Dans 5 minutes, il va pleuvoir."의 뜻을 지니며, "Je pars."는 "Je partirai tout de suite (maintenant)."의 뜻을, "Je vais partir."는 "Je partirai dans un instant (bientôt)."의 뜻을, "Je vais partir demain."은 분명한 시점을 지적한 근접미래의 의미를 지닌다. 프랑스 사람들은 "Je vais partir demain"보다는 "Je pars demain."으로 흔히 표현한다.

정보를 분명히 예측할 수 있거나 분명히 계산할 수 있는 것에 대해서는 단순미래를 사용하고, 이보다 덜 분명한 경우에 대해서는 현재를 쓴다. 예를 들어서 "Mon fils aura 20 ans en l'an 2012."와 "Mon fils a 20 ans en l'an 2012." 라는 두 문장 가운데 올바른 문장은 첫 번째 문장이다. 그 이유는 2010년에 20살이 된다는 것은 분명한 미래의 사실이기 때문이다. 다음의 경우도 현재를 쓰지 않고 단순미래형을 쓰는 것은 이와 마찬가지 이유에서이다.

- En France, en l'an 2015, il y **aura** 75 millions d'habitants.
- Dans 20 ans, à cause de la pollution, l'air **sera** irrespirable.

그러나 어떤 경우에는 이러한 구별이 없이 현재나 단순미래가 모두 사용될 수 있다.

- Mon fils a 20 ans cette année. Il doit songer à trouver du travail.
- Mon fils aura 20 ans cette année. Il doit songer à trouver du travail.

이 경우 현재형을 쓸 수 있는 이유는 현재 (cette année)를 지칭하는 시간의 표지어와 함께 쓰였기 때문이다.

'dans + 지속 기간'의 표현은 구어에서 현재 시제나 'aller + 부정법'과 더불어 사용될 수 있지만, 단순미래와 더불어 사용될 경우 그 의미의 차이에 유의해야 한다.

- Il vous reçoit **dans un instant.**
- Il sera là **dans un petit moment.**
- Je vous en reparlerai **dans quelques jours.**

위의 예문들의 동사를 'aller + 부정법'의 표현으로 바꾸어 쓸 수 있으나 모두 다 그런 것은 아니다. 현재나 'aller + 부정법'을 쓰지 않고 단순미래를 쓸 경우에는 결단이나 확신을 나타낸다. 즉 "Il arrivera dans 5 minutes."라는 문장은 "C'est sûr, je vous l'assure."라는 의미를 지니며, "Je vous l'apporterai dans un mois."의 의미는 "C'est sûr, je vous le promets."이다.

'bientôt'가 'finir', 'terminer'같은 동사의 전미래와 더불어 사용되면 지속되었던 상황이 곧 변할 것임을 의미한다.

- J'aurai **bientôt** fini.
- Tu auras **bientôt** terminé ?

'plus tard'는 어떤 행위를 뒤로 미루기 위하여 사용되며, 현재나 'aller + 부정법'보다 단순미래와 함께 쓰인다.

- Je ferai ça **plus tard**.
- Je te rappellerai **plus tard**.
- A **plus tard**!

라. 조건법

미래에 대한 예측을 완화시켜 말한다든지, 가능성은 있으나 확실하지 않을 경우를 표현하기 위하여 조건법을 쓴다. 이보다 분명히 예측할 수 있는 사실에 대해서는 단순미래를 사용한다.

- Dans deux ans, il **pourrait** y avoir 4 millions de chômeurs.
- En l'an 2015, Mexico **devrait** être la plus grande ville du monde.

'devoir'동사의 조건법은 'pouvoir' 동사의 조건법 보다 예측의 확실성을 나타낸다.

마. 복합과거와 반과거

복합과거나 반과거는 일반적으로 과거 사실을 나타내지만, 어떤 경우에는 다음과 같이 미래를 나타내기도 한다.

- J'ai presque **terminé** ce travail.
- Dans une heure, j'ai **terminé**.
- Si je **n'ai pas trouvé** de solution d'ici demain, je te rappelle.

- Qu'est-ce que tu fais demain ?
- Rien.
- Si on **allait** au cinéma ?

바. 전미래

과거의 어떤 사건보다 먼저 일어난 사건을 대과거로 표현할 수 있듯이 이와 비슷하게 미래에도 먼저 일어날 사건을 전미래로 표현한다.

- On en parlera quand il **sera parti.**

즉 위 문장에서 사건의 전개는 그가 떠나는 것이 먼저이고 이에 대하여 말할 것은 그 이후의 일이다. 바로 이어서 발생하게 될 사건임을 강조하여 표현하기 위해서는 'quand' 보다는 'dès que'를 쓴다.

Je te téléphonerai **dès que j'aurai fini.**

먼저 있을 행위에 대하여서는 명사로 표현할 수 있다.

- Je te téléphonerai **dès mon retour.** (= dès que je serai revenu)
- Je te téléphonerai **à mon arrivée.** (= quand je serai arrivé)

먼저 있을 사건이 행위가 아니라 상황일 경우 전미래 대신에 단순미래를 사용한다.

- Je te téléphonerai dès qu'il sera là.
  (나중에 있을 행위) (먼저 있을 상황)

이 경우 먼저 있을 상황은 나중의 행위가 전개되는 순간에도 지속됨을 의미한다.

전미래는 사건의 연속적인 관계에서 나중에 있을 행위에 대한 먼저 있을 행위를 나타내는 상대적 시제로만 사용되는 것은 아니고 전제된 미래 시제의 지침 없이 절대적 용법으로 사용될 수도 있다. 이 경우에는 반드시 미래를 지칭하는 시간의 표지어가 수반되어야 한다.

- J'aurai fini **avant cinq heures.**
- **Lundi,** je serai parti.
- **Demain,** j'aurai pris une décision.

위의 문장에서 전미래로 표현된 행위는 시간의 표지어 (cinq heures, lundi, demain, etc.)에 지시된 시간 이전에 끝나 있을 것임을 의미한다.

MODE D'EMPLOI

미래에 대한 상대적 시제의 표현법

1. Si + 현재, 현재 혹은 미래

이 구문의 의미는 'si + 현재'로 표현된 상황이나 행위가 일어나지 않는다면, 주절에서 제시된 상황이나 행위도 실현되지 않을 것임을 의미한다.

- Demain, s'il **fait** beau, on **va** se baigner.
- Demain, s'il **fait** beau, on **ira** se baigner. (= S'il ne fait pas beau, on ne va pas se baigner.)
- Si ça **continue** comme ça, je **m'en vais**. (= Si ça ne continue pas, je reste, je ne m'en vais pas.)

이 구문은 두 가지 경우가 가능하다.

a) 'si'의 절 (종속절)이 부정문이고 주절이 긍정문일 경우

"Si je ne trouve pas de solution, j'arrête."란 문장의 의미는 "Si je trouve une solution, je n'arrête pas."이다.

b) 'si'의 절과 주절의 동사가 모두 부정문일 경우

"S'il ne m'écrit pas, je ne lui parle plus."의 의미는 "S'il m'écrit, je continue à lui parler."이다.

이 구문은 단순미래 대신에 복합과거를 쓸 수 있다.

- Dans un an, si je n'ai pas **trouvé** de travail en France, je pars à l'étranger.
- Si je n'ai pas **terminé** dans une semaine, j'abandonne.

'si'로 시작하는 종속절의 행위가 주절의 행위보다 앞서 있나는 것을 나타내기 위하여 전미래나 단순미래를 쓸 수 없고, 미래의 분명한 시점을 나타내는 시간의 표지어 (dans un an, dans une semaine)와 함께 복합과거를 써야 한다.

2. tant que

'tant que'는 'quand'과 비슷한 용법을 지닌다.

- Je ne partirai pas **tant qu'**on n'aura pas répondu à ma question.

위 문장은 “Je partirai quand on aura répondu à ma question.”이나 “Si vous répondez à ma question, je partirai.”를 의미한다. ‘tant que’가 ‘quand’이나 ‘si’와 다른 점은 단절된 상황을 강조한다는 점이다. 즉 상황의 해결을 위해서는 ‘tant que’로 표현된 어떤 상황이 바뀌거나 역전되어야 한다는 점을 전제로 하고 있다.

- Je resterai ici **tant que** vous n'aurez pas pris de décision. (= Je partirai quand vous aurez pris une décision.)
- Je resterai en France **tant que** j'aurai de l'argent. (= Je quitterai la France quand je n'aurai plus d'argent.)

‘tant que’의 구문은 “단순미래, tant que + 단순미래”와 “단순미래, tant que + 전미래” 2가지 모두가 가능하다. 그리고 이 때 두 동사 모두를 부정문으로 사용하지 않고 둘 중 하나의 동사만을 부정문으로 하는 것이 일반적이다.

3. jusqu'à ce que

‘jusqu'à ce que’ 다음에는 접속법 현재 또는 접속법 과거 (다른 행위보다 먼저 일어난 행위에 대하여)를 써야 한다. ‘jusqu'à ce que’ 이하에 언급된 사건의 결과가 원인이 되어 앞서 제시된 결과를 야기한다는 것을 강조하고자 할 경우 이 표현을 사용한다.

- Je suivrai des cours **jusqu'à ce que** je parle français. (=J'arrêterai de suivre des cours quand je parlerai français.)
- Je resterai là **jusqu'à ce que** vous ayez fini. (=Je partirai quand vous aurez fini.)

<부록 1>

기본불어(Français fondamental)의 동사 구문

(*표는 교육부 기본어휘임)

accepter*

qch	Nous n'acceptons pas cette décision.
que + subj.	Accepteriez-vous que je vous invite à dîner ?
de + inf.	Accepteriez-vous de dîner avec moi ?

accompagner*

qn + lieu	Pouvez-vous accompagner Madame chez le Directeur ?
qch	La musique qui accompagne ce poème est très bien choisie.

acheter*

qch	Nous avons acheté une nouvelle voiture.
qch à qn	J'ai acheté une montre à Julien pour son anniversaire.

admirer*

qn ou qch	Patrick admire beaucoup son père.
qn de + inf.	Je vous admire d'avoir su garder votre calme!

adresser

qch à qn	Adressez votre demande directement au ministre.
s'adresser à qn	Adressez-vous à la gardienne de l'immeuble! Elle vous renseignera.

agir

sur qch ou qn	Il faut agir rapidement. Ce médicament agit bien sur la maladie.
il s'agit	
de qch ou qn	Dans ce film, il s'agit des problèmes d'un avocat.
de + inf.	Il s'agit de faire vite : il ne faut plus attendre.

aider*

qn	Je voudrais aider Stéphane.

qn à + inf.	Pourriez-vous m'aider à porter ce paquet ?
aimer*	
qch ou qn	J'aime les films d'aventure.
+ inf.	J'aime écouter de la musique chez moi.
que + subj.	Aimerais-tu que nous fassions un petit voyage ?
aller*	
+ lieu	Elle est allée en Chine pour ses vacances.
+ adv.	Vous allez bien ?
adv. + à qn	Cette coiffure vous va parfaitement!
+ inf.	Maintenant, elle va faire des études de droit.
contre	Paul n'ira certainement pas contre la volonté de ses parents.
s'en aller	Si vous continuez à crier, je m'en vais.
amener	
qn + lieu	Si tu veux, tu peux amener des amis à cette réunion.
qn à + inf.	Des problèmes de gestion nous ont amenés à changer les stratégies de l'usine.
amuser	
qn	Votre réaction a amusé beaucoup de monde.
s'amuser	Les enfants s'amusent dans les chambres.
à qch	Les enfants s'amusent au ballon.
à + inf.	Les enfants s'amusent à faire des bulles de savon.
avec qn	Ils s'amusent souvent avec des étudiants étrangères.
annoncer*	
qch	La radio a déjà annoncé la nouvelle.
qch à qn	Avez-vous annoncé la nouvelle à vos parents ?
que + ind.	Thomas et Sandrine nous ont annoncé qu'ils avaient l'intention de se marier.
apercevoir	
qn ou qch	Tiens, j'ai aperçu ta soeur devant l'hôtel de ville.
s'apercevoir	
de qch	Quand il s'est aperçu de son erreur, il était trop tard.
que + ind.	Quand il s'est aperçu qu'il s'était trompé, il était trop tard.
appeler*	
qn	Les voisins ont déjà appelé la police.
s'appeler	Vous vous appelez comment ?

apporter*	
qch	N'oubliez pas d'apporter votre survêtement!
qch à qn	On pourrait apporter un livre à Marion pour son anniversaire.
apprendre*	
qch	Vous avez appris la nouvelle ?
que + ind.	J'ai appris que vous alliez vous marier.
qch à qn	Je n'ai pas encore appris la nouvelle à mes parents.
à qn que + ind	Il a appris à ses parents qu'il allait se marier.
à + inf.	Julien a appris à lire en quelques mois.
à qn à + inf.	C'est son père qui lui a appris à nager.
arranger	
qch	Vous pourriez arranger la poignée de ma porte ?
qn	10 heures ? An non, ça ne m'arrange pas du tout!
arrêter*	
qch	Vous ne pourriez pas arrêter ce bruit ?
qn	La police a pu arrêter les auteurs de l'attentat.
de + inf.	Vous ne pourriez pas arrêter de faire ce bruit ?
s'arrêter	Arrêtez-vous au prochain feu.
arriver*	Vous arrivez à quelle heure ?
+ lieu	Le colis est bien arrivé à la maison.
s'asseoir*	Asseyez-vous, je vous prie.
assurer	
qch	Il faut assurer votre appartement.
qn de qch	Je vous assure de tout mon dévouement.
à qn que + ind	Je vous assure que je l'ai vu sortir d'ici!
attendre*	
qn ou qch	Nous avons attendu Sabine pendant deux heures.
que + subj.	Attendez qu'il fasse beau pour sortir.
de + inf.	Attendez d'être bien guéri avant de vous remettre au travail.
attraper	A toi d'attraper la balle.
avancer	Il y a des embouteillages : les voitures n'avancent plus.
qch	On a avancé quelques explications, mais personne n'est sûr de rien.

avoir*	
qch à + inf.	N'oubliez pas que vous avez un devoir à faire pour demain.
à + inf.	Vous n'avez pas à me parler sur ce ton.
n'avoir qu'à + inf.	Si vous êtes fatigué, vous n'avez qu'à vous reposer.
avouer	
que + ind.	Avouez que la situation tourne mal.
+ inf.	Il n'avouera jamais avoir menti.
qch à qn	Il lui a avoué son amour.
à qn que + ind	Il n'avouera jamais à ses parents qu'il a menti.
battre	L'Ecosse a battu la France 2 à 0. Quel match!
boire*	Ne buvez pas en mangeant.
qch	Buvez de l'eau!
bouger	Le blessé ne bouge plus. Il est mort.
qch	Peux-tu m'aider à bouger ce fauteuil ?
brûler	La maison brûle.
qch	Il faut brûler tous ces vieux papiers.
casser	Cette matière casse facilement.
qch	J'ai encore cassé mon talon de chaussure!
causer	
qch	L'accident a causé la mort de plusieurs personnes.
qch à qn	Son attitude a causé beaucoup d'ennuis à sa famille.
changer*	Jérôme est bizarre. Il a vraiment beaucoup changé.
qch	Est-ce que que vous savez changer une roue de voiture ?
de qch	J'aimerais bien changer de manteau.
chanter*	Elle chante vraiment bien.
qch (à qn)	Chantez-nous quelque chose!
charger	
qch	Ils ont fini de charger les camions.

qn de qch	Le Président a chargé le Ministre d'une nouvelle mission.
se charger	
de qch ou qn	Il s'est chargé de tous les frais.
de + inf.	Je me charge de le faire venir.
chauffer	Le soleil chauffe.
qch	Le soleil a chauffé la maison.
chercher	
qch ou qn	Je cherche Patrick. Vous ne l'avez pas vu ?
à + inf.	Il cherche à quitter son entreprise.
choisir*	
qch ou qn	Vous avez choisi votre plat ?
de inf.	Il a choisi de partir.
coller	Vous pouvez coller cette affiche sur le mur ?
commencer*	La séance commence vers 8 heures.
qch	Avez-vous commencé votre travail ?
à(de) + inf.	Avez-vous commencé à travailler ?
par + qch	Commençons par le plus facile!
comprendre*	Vous voulez répéter, je n'ai pas compris.
qch	Vous voulez répéter, je n'ai pas compris ce que vous disiez.
qn	Vous voulez répéter, je ne vous ai pas compris.
que + ind.	Je n'avais pas compris qu'il était malade.
comment + ind	Je n'ai pas compris comment il avait pu sortir.
que + subj.	Je comprends que vous soyez furieux!
compter*	A 4 ans, Marie sait déjà compter.
qch ou qn	Vous n'avez pas compté le lait!
sur qch ou qn	Nous comptions sur Mathieu ce soir, mais il n'est pas venu.
sur qch ou qn	pour + inf. Je comptais sur ces vacances pour me reposer.
+ inf.	Je compte partir une semaine à Malte cet été.
conduire*	J'ai appris à conduire à 18 ans.
qch	On n'a pas vu qui conduisait la R5.
qn + lieu	Tu peux conduire Julien à l'école ?

connaître*	
qch ou qn	Vous connaissez cet homme ?
conseiller*	
qn	Je ne sais pas quoi faire : conseillez-moi!
qch à qn	Aujourd'hui, je vous conseille le steak au poivre.
à qn de + inf.	Nous conseillons aux automobilistes de ne pas sortir aujourd'hui.
construire	Quel est l'architecte qui a construit cette maison ?
continuer*	Le travail va continuer jusqu'à ce soir.
qch	Elle a commencé ce travail, mais elle ne l'a pas continué.
à(de) + inf.	Elle n'a pas continué à travailler après son mariage.
correspondre	
à qch	Cette adresse ne correspond pas à celle qu'on m'avait donnée!
avec qn	Je corresponds avec lui depuis plusieurs années, nous nous écrivons régulièrement.
coucher	
qn	Il est 8 heures. Il est temps de coucher Julien.
se coucher	Julien, il est 8 heures. Va te coucher!
couper*	
qch	Il faudrait couper une partie de votre discours. Il est trop long.
courir*	Tu cours très vite!
qch	Elle court un danger.
+ inf.	Tu as oublié ton sac. Cours vite le chercher.
coûter	
qch	Ce foulard coûte 50 euros.
qch à qn	Cette voiture nous a coûté très cher.
couvrir	
qch	Mettez la casserole sur le feu et couvrez-la.
qch ou qn de	qch J'ai dû couvrir ma voiture d'une bâche pour la protéger.
créer	C'est Christian Dior qui a créé ce modèle.
qch à qn	L'augmentation des charges a créé des problèmes à de nombreuses entreprises.

croire*

qch	Je crois ce que vous dites.
qn	Je vous crois.
à qch	Vous croyez à cette histoire ?
en qn	Il ne croit plus en Dieu.
que + ind.	Vous croyez qu'il va venir ?
+ inf.	J'ai cru comprendre que vous n'étiez pas content.

danser*	Vous dansez ?
qch	Vous dansez le tango ?

débrouiller

qch	Vous aurez du mal à débrouiller cette affaire: elle est vraiment très compliquée.

décider*

que + ind.	Il a décidé qu'il resterait chez lui aujourd'hui.
de + inf.	Il a décidé de rester chez lui aujourd'hui.

déjeuner	Vosu restez déjeuner ? Il est midi.
de qch	Nous avons déjeuné de quelques fruits.

demander*

qch ou qn	On vous a demandé plusieurs fois pendant votre absence.
qch à qn	Je vous avais demandé un café, pas un thé!
que subj.	Le directeur a demandé que tout le monde soit à l'heure.
à qn de + inf.	J'ai demandé aux enfants de faire moins de bruit.
à + inf.	Il ne se sentait pas bien, il a demandé à sortir.
se ~ si + ind.	Je me demande s'il n'a pas oublié notre rendez-vous.

se dépêcher*	Dépêchez-vous, vous êtes en retard!
de + inf.	Dépêche-toi de partir, tu vas manquer ton train.

dépendre

de qch ou de qn	Le succès de cette fête dépend du temps.

dépenser

qch	Il a dépensé tout son argent.
qch pour ou à qch	Il a dépensé tout son argent pour cette voiture, en quelques jours.

descendre*	Elle est descendue en courant.
de qch	Descends de cet arbre!
de qn	Elle descend d'une famille d'aristocrates.
+ lieu	Je vais descendre à la cave.
qch	Elle a descendu l'escalier en courant. Avez-vous descendu la valise ?
devenir*	
+ adj. ou qch	Il est devenu bizarre : il n'était pas comme ça avant.
devoir*	
qch à qn	Il doit 100 euros à Roland.
+ inf.	Vous devez arriver à l'heure. Il devait être midi, environ.
dire*	
qch	Qu'est-ce que vous disiez ?
que + ind.	Il a dit qu'il ne voulait pas venir.
à qn que + ind	Il a dit à sa femme qu'il ne voulait pas venir.
à qn de + inf.	Il a dit à cet homme de sortir.
+ inf.	Il a dit ne pas vouloir venir.
qch de qn	On dit beaucoup de bien de Thomas.
de qn que + ind.	On dit de Catherine qu'elle est très compétente.
discuter	Ils sont très bavards tous les deux : ils ont discuté toute la journée.
qch	On peut discuter le prix ou c'est un prix ferme ?
de qch	De quoi avez-vous discuté ?
avec qn	J'aime bien discuter avec Alexandre. Il a toujours des choses intéressantes à dire.
donner*	
qch	Elle donne tout ce qu'elle a. Elle est très généreuse.
qch à qn	Je viens de donner ma clef à la gardienne.
qch à + inf.	J'ai donné la voiture à réparer.
sur qch	Les fenêtres donnent sur une cour.
dormir*	Le chat dort, ne le caresse pas, tu vas le réveiller.
durer	Cette histoire dure depuis deux ans : il est temps qu'elle se termine!

écouter*	
qch	Tu as écouté les nouvelles à midi ? – Non, je n'écoute jamais la radio.
écrire*	Elle a écrit depuis plusieurs années déjà.
qch	Elle a écrit un premier roman à 22 ans.
à qn	Il y a deux mois que tu n'as pas écrit à ta grand-mère.
qch à qn	J'ai écrit plusieurs lettres à mes parents.
à qn que + ind	Il m'a écrit qu'il était très heureux.
à qn de + inf	Il m'a écrit de venir le plus vite possible.
élever	
qch	On va élever un monument sur cette place.
qn	Elle a élevé plusieurs enfants.
emmener*	
qn(+ lieu)	Emmenez-le chez lui.
empêcher	
qch	Il faut empêcher ce mariage absurde!
que + sub.	Il faudrait empêcher que ce mariage se fasse!
qn de + inf.	Vous ne m'empêcherez pas de faire ce que je veux.
employer	
qch ou qn	Cette entreprise emploie 800 salariés.
qch à inf.	Il a employé toute son énergie à passer ce concours.
engager	
qch ou qn	Nous avons engagé deux nouveaux ouvriers.
s'engager	Il voudrait l'épouser, mais elle ne veut pas s'engager.
dans qch	Il s'est encore engagé dans une histoire très compliquée.
à + inf.	Elle s'est engagée à me rembourser très vite.
enlever	
qch ou qn	J'ai trop chaud. Je vais enlever mon manteau.
qch à qn	La vie lui a enlevé toutes ses illusions.
ennuyer*	
qn	Cette histoire m'ennuie beaucoup!
s'ennuyer	Il ne sait pas quoi faire ; il s'ennuie tout le temps.
enregistrer	

qch ou qn	Vous permettez qu'on enregistre votre conférence ?
entendre*	J'entends très mal.
qch ou qn	Vous avez entendu du bruit ?
qn + inf.	J'ai entendu Thomas monter dans sa chambre.
entrer*	Je peux entrer ?
dans + lieu	Je ne suis jamais entré dans ce magasin.
entretenir	
qch	Vous n'entretenez pas bien votre jardin : faites venir un jardinier.
qn	Il doit entretenir sa mère qui ne travaille pas.
envoyer*	
qch ou qn	Je n'ai pas encore envoyé ma déclaration d'impôts!
qch à qn	Vous avez envoyé des cartes postales à vos amis ?
qn à + lieu	Il serait temps d'envoyer Mathieu à l'école!
qn + inf.	J'ai envoyé Sabine chercher du pain.
espérer*	
que + ind.	J'espère que tout va bien.
+ inf.	Elle espère terminer ce travail avant la nuit.
essayer*	
qch	Je peux essayer cette robe ?
de + inf.	J'ai essayé de t'appeler, mais la ligne était occupée.
estimer	
qch	L'assurance n'a pas encore estimé les dégâts.
qn	C'est un professeur que les élèves estiment beaucoup.
+ inf.	J'estime avoir fait le nécessaire.
+ adj. + inf.	J'estime indispensable de faire venir la police.
étonner	
qn	Elle étonne tout le monde avec ses histoires.
être*	
+ adj.	Il est très intelligent.
+ nom	Il est médecin.
à qn	Elle est à qui cette voiture ?

+ lieu	Elle est en Autriche en ce moment.
+ temps	Il est deux heures.
de + nom prop	re Ce roman est de Marguerite Duras.
en qch	Votre collier est en or ?
étudier*	
qch	On étudiera ce roman à la fin de l'année.
excuser*	
qch ou qn	Excusez-moi!
qn de + inf.	Excusez-moi de ne pas vous avoir répondu.
s'~ de qch	Il s'est excusé de son retard.
s'~ de + inf.	Il s'est excusé d'être arrivé en retard.
exister	Jusqu'à l'âge de huit ans, j'ai cru que le Père Noël existait.
expliquer*	
qch	Je n'arrive pas à expliquer son attitude.
qch à qn	Valérie a expliqué le problème aux élèves qui ne comprenaient pas.
(à qn) que + ind	Il leur a expliqué qu'il avait du mal à vivre avec son salaire.
(à qn) comment + ind.	Il a expliqué comment il avait fait pour retrouver la route.
faire*	
qch	Qu'est-ce que vous faites ce soir ?
qch à qn	Cet homme a fait du mal à beaucoup de gens.
mieux de + inf.	Vous feriez mieux de vous reposer.
qch ou qn de qch ou qn	Je ferai de vous un grand avocat.
falloir*	
que + subj.	Il faut que vous partiez.
+ inf.	Il faut partir.
qch pour qch	Il me faut du temps pour réaliser ce travail.
fatiguer	
qn	Le bruit la fatigue beaucoup.
fermer*	Le magasin ferme à 8 heures.
qch	Voudriez-vous fermer la fenêtre ?

qch à qn	On a fermé le château aux visiteurs.
finir*	Les cours finiront en mai.
qch	Vous avez fini votre repas ?
de + inf.	Nous n'avons pas fini de travailler.
par + inf.	Il finira par accepter la situation.
frapper	
qch ou qn	L'agresseur a frappé sa victime à plusieurs reprises.
à qch	Quelqu'un frappe à la porte: va ouvrir.
fumer*	Tu veux une cigarette ? - Non, merci, je ne fume plus.
garder*	
qch ou qn	Gardez votre manteau.
qch à qn	J'avais gardé une place à Mathilde, mais elle n'est pas venue.
gêner	
qch ou qn	Est-ce que la fumée vous gêne ?
s'habiller	
en qch	Il s'est habillé en Zorro.
habiter*	
+ lieu	Il habite à Paris.
qch	Il habite une petite maison à la campagne.
imaginer	
qch	Qui a imaginé cette histoire ?
que + ind.	J'imagine que vous ne prenez pas cela au sérieux.
de + inf.	Ce sont des jeunes gens qui ont imaginé de réaliser cette maquette d'avion.
installer	
qch ou qn	Il a installé sa famille en banlieue.
s'intéresser*	
à qch ou qn	Elle ne s'intéresse pas à la musique. Elle préfère la peinture.
inviter*	
qn	Tu n'as pas invité Mathieu pour ton anniverssaire ?

qn à qch	Ce soir, je vous invite tous au cinéma.
qn à + inf.	Il nous a très poliment invités à sortir.
jeter*	
qch	Il vaudrait mieux jeter tous ces vieux papiers.
qch + lieu	Il a encore jeté son ballon dans l'eau.
jouer*	Que fait Julien ? Il joue.
qch	Il a joué sa voiture aux cartes et il a perdu.
un rôle dans	Elle joue le rôle de la mère dans le dernier film de Varda.
avec qn	Tu veux bien jouer avec moi ?
à qch	On joue aux cartes ?
de qch	Vous jouez du piano ?
laisser*	
qch ou qn	J'ai laissé mes papiers dans mon bureau.
qch à qn	J'ai laissé ma voiture à ma femme : je n'en ai pas besoin aujourd'hui.
qn + inf.	Laissez les enfants descendre d'abord.
qn + adj.	Laissez cet enfant tranquille!
lancer	
qch + lieu	Ne lancez pas le ballon sur la pelouse.
qch à qn	L'avant-centre a lancé le ballon à l'ailier droit.
qn	C'est Gallimard qui a lancé cet auteur.
laver*	
qch ou qn	Tu n'as pas lavé la voiture!
se laver	Tu devrais te laver, tu es sale!
se laver	Il faut que je me lave les cheveux.
lever*	
qch	Il fait froid dans cette voiture, lève un peu ta vitre.
	Si tu lèves un peu la tête, tu apercevras la côte.
se lever	Vous vous levez à quelle heure, le matin ?
lire*	
qch	Vous lisez beaucoup de romans ?
que + ind.	J'ai lu dans le journal que le directeur de cette société allait changer.
qch à qn	Maman, tu peux me lire une histoire ?

loger	
+ lieu	Il loge dans une petite maison.
qn	Il loge des étudiants pour gagner un peu d'argent.
louer	Nous avons loué une maison pour les vacances.
qch	Si vous voulez, je peux vous louer un appartement. J'en ai justement un de libre.
manger*	Tu as mangé ?
qch	J'ai mangé du poisson.
manquer*	Deux élèves manquaient à l'appel.
de qch	Nous manquons de soleil : vivement l'été!
à qn	Depuis son départ, elle manque beaucoup à ses parents.
qch ou qn	Il a manqué son train de quelques minutes.
marcher*	Cet appareil ne marche pas!
sur(dans)+lieu	Vous feriez mieux de marcher sur le trottoir.
se marier	
avec qn	Elle n'a pas voulu se marier avec Philippe.
bien, mal	Ces deux couleurs se marient bien.
mettre*	
qch	Il pleut. Mets ton imperméable.
qch ou qn+lieu	Tu peux mettre le jus d'orange dans le réfrigérateur.
temps+pour+inf.	Nous avons mis deux heures pour arriver jusqu'ici.
monter*	L'ascenseur est là. On peut monter.
+ lieu	Vous êtes déjà montés en haut de la tour Eiffel ?
qch + lieu	J'ai monté tous les vieux livres au grenier.
montrer*	
qch à qn	Nous avons montré nos papiers à la police.
(à qn)que + ind.	Il a plongé le premier pour bien montrer qu'il n'avait pas peur de l'eau.
où, comment + ind.	Vous pourriez montrer à cette cliente comment marche cet appareil ?
mourir*	Son grand-père vient de mourir.

de qch de + inf.	Ce film est très drôle : nous avons failli mourir de rire.
nager	Il nage très bien.
qch	Vous savez nager le crawl ?
naître*	Victor Hugo est né en 1802.
neiger*	Tout est blanc. Il a neigé.
nettoyer*	
qch	Nettoie ta chambre: elle est vraiment très sale!
obliger	
qn à + inf.	On ne peut pas l'obliger à travailler s'il n'en a pas envie!
occuper	
qch	Mes parents occupent le premier étage de la maison et mon mari et moi le deuxième.
qn	Son travail l'occupe beaucoup. Il n'est pas souvent chez lui.
s'~ de qch ou	Occupez-vous de vos affaires!
s'~ de qn	Cela ne vous regarde pas.
offrir*	
qch à qn	Tu vas offrir un cadeau à ta soeur pour son anniversaire ?
à qn de + inf.	Il m'a offert de partir un mois de vacances.
opérer	
qn (de qch)	On l'a opéré de l'appendicite en janvier.
organiser	
qch	Qui a organisé ce colloque ?
oser	
+ inf.	Il a osé dire ça.
oublier*	
qch ou qn	J'ai oublié mes papiers!
de + inf.	J'avais oublié de vous dire que je serai absent demain.
que + ind.	J'avais oublié qu'il arrivait aujourd'hui.
ouvrir*	Le magasin ouvre à quelle heure ?

sur qch	Les fenêtres ouvrent sur une cour.
qch	Si on sonne, n'ouvre pas la porte.
paraître	Ce livre vient de paraître.
+ adj.	Vous paraissez fatiguée. Ça ne va pas ?
+ inf.	Elle est bizarre. Elle paraît avoir des problèmes.
parler*	
qch(une langue)	Vous parlez français ?
de qch	Nous avons parlé de notre enfance.
(de qch) avec qn	J'ai parlé de mes projets avec lui.
(de qch) à qn	Tu as parlé de tes projets à ton père ?
partir*	Il est parti ce matin.
pour+ lieu	Nous partons pour la Corée.
de + lieu	Pour aller aux Etats-Unis, vous partez de Paris ?
+ inf.	Maman est partie conduire mon frère à l'école.
passer*	Le temps passe vite! Il est déjà minuit!
+ lieu	Je passerai chez toi demain.
+ inf.	Je passerai déposer le paquet chez vous.
qch	J'ai passé mes vacances à Paris.
sur qch	Je préfère passer sur cette histoire; n'en parlons plus.
à qch	Passons au point suivant.
qch à qn	Je passe mon livre à Thomas.
se passer	Qu'est-ce qui se passe ?
se passer de	Il ne pourrait plus se passer de son assistante ; elle lui est indispensable.
payer*	Il est parti sans payer.
qch	Tu as payé ton repas ?
qch + prix	J'ai payé ce pull 30 euros.
qch à qn	C'est moi qui lui ai payé son dîner.
penser*	
à qch ou qn	Elle pense souvent à son enfance.
à + inf.	Il risque de pleuvoir : pensez à prendre un parapluie.
que + ind.	Il pense que sa fille va réussir.
+ inf.	Je pense passer mes vacances en Grèce.
perdre	
qch	J'ai perdu mon portefeuille. Je ne le trouve plus.

qn	Elle a perdu son père l'année dernière : il avait 70 ans.
permettre*	
qch à qn	Le directeur ne permet aucune absence injustifiée aux élèves.
à qn de + inf.	Cet homme a permis à sa fille de sortir seule.
peser*	
poids	Je pèse environ 50 kilos.
qch ou qn	Il faudrait peser cette lettre.
à qn	Le nouveau rythme de travail pèse beaucoup aux ouvriers.
placer	
qch ou qn + lieu	J'ai envie de placer mon bureau près de la porte.
plaindre	
qn	Il a un caractère épouvantable : je plains beaucoup sa femme.
se plaindre	Elle se plaint tout le temps.
de qn	Elle se plaint beaucoup de son patron.
à qn	Si l'on ne me change pas mon emploi du temps, j'irai me plaindre au directeur du personnel.
plaire*	
à qn	Elle te plaît, ma nouvelle voiture ? - Oh oui! Elle est formidable!
pleurer*	Pourquoi est-ce que tu pleures ?
pleuvoir*	Quel temps! Il a plu toute la journée.
porter*	
qch ou qn	Tu peux m'aider à porter ce paquet ? Il est très lourd.
qch + lieu	J'ai porté les valises dans la voiture.
qch à + inf.	Il faudrait porter cette jupe à nettoyer.
poser	
qch	Où as-tu posé les clés ?
qch + lieu	J'ai posé les valises dans la chambre.
qch à qn	Cet enfant pose beaucoup de problèmes à ses professeurs.
pousser	Sur cette terre trop sèche, rien ne pousse.
qch ou qn	Je suis tombée en panne et j'ai dû pousser la voiture.

pouvoir*

+ inf.	Tu peux m'aider ?
	Un accident peut toujours arriver.

préférer*

qch ou qn	Vous aimez le thé ? Oui, mais je préfère le café.
qch à qch	Je préfère le café au thé.
que + subj.	Je préfèrerais que tu fasses tes devoirs avant de jouer.
+ inf.	Je suis fatiguée : je préfère ne pas sortir ce soir.

prendre*

qch	Avez-vous pris votre petit déjeuner ?
qch à qn	Cédric a pris cette chemise à son père.
qn pour qn	Il s'est trompé : il m'a prise pour ma soeur!

préparer*

qch	J'ai préparé un bon potage.
qch à qn	Nous avons préparé une surprise aux enfants.

présenter*

qn à qn	Il a présenté sa fiancée à sa famille.
se présenter	Aucun candidat ne s'est présenté.

prêter*

qch à qn	J'ai prêté ma voiture à Betty pour le week-end.

prévenir

qn	Julien est malade. Il faut prévenir ses parents.
qn de qch	Avez-vous prévenu Marie de votre visite ?
qn que + ind.	J'ai prévenu mes collègues que je serais absente toute la journée.

prévoir

qch	Je n'avais pas prévu cette dépense et je n'ai pas assez d'argent pour payer.
que + ind.	Heureusement, j'avais prévu qu'il pleuvrait et j'ai pris un parapluie.

prier*

qn de + inf.	Je vous prie de croire, cher Monsieur, à l'expression de mes sentiments les meilleurs.

pour qn ou qch	Le prêtre a prié pour le repos des victimes.
produire	
qch	La France produit peu de pétrole.
profiter	
de qch	Ils ont profité de mon absence pour dévaliser l'appartement.
à qn	Les vacances ont bien profité aux enfants : ils sont en pleine forme.
prononcer	
qch	Il est polonais. J'ai beaucoup de mal à prononcer son nom.
quitter*	
qch ou qn	Elle a quitté son appartement de Sèvres.
raconter*	
qch	Elle raconte toujours des histoires très drôles.
qch à qn	J'ai raconté une histoire à Julien pour qu'il s'endorme.
que + ind.	Il nous a raconté qu'il avait fait un voyage merveilleux.
ramasser	
qch	Ramasse tes affaires qui sont tombées par terre.
ramener	
qch ou qn	Vous pourriez me ramener chez moi ?
qn à qch	Il était très en colère : j'ai essayé de le ramener à de meilleurs sentiments.
qch à qch	Ces mesures vont ramener les loyers à des prix plus raisonnables.
rappeler	
qn	Monsieur Thomas vous a téléphoné. Il vous demande de le rappeler.
qch à qn	Vous êtes Monsieur ... ? Rappelez-moi votre nom.
à qn que + ind.	J'ai rappelé à Romain qu'il m'avait promis un rendez-vous.
recevoir*	Ils reçoivent beaucoup.
qch	Avez-vous bien reçu ma lettre ?

qn	Le directeur va vous recevoir.
qch de qch	J'ai reçu un télégramme des Etats-Unis.
recommencer	
qch	Les cours recommencent en octobre.
à + inf.	Ses enfants sont élevés ; elle va recommencer à travailler.
reconnaître	
qn ou qch	Je n'ai pas reconnu Christine! Elle a tellement changé!
refaire	
qch	Il faut refaire ce fauteuil. Il est vraiment en très mauvais état.
refuser	On m'a proposé de partir, mais j'ai refusé.
qch ou qn	J'ai refusé l'invitation de Marc. Je suis trop prise.
que + sub.	Le directeur refuse qu'on change les horaires.
de + inf.	Il refuse de s'en aller.
qch à qn	Le directeur refuse une augmentation aux ouvriers.
regarder*	
qch ou qn	Cet homme te regarde tout le temps!
qch ou qn +inf	J'ai regardé l'avion partir.
regretter*	Je regrette, mais je ne peux rien faire pour vous.
qch ou qn	Je regrette ce vieil appartement, je l'aimais beaucoup.
que + sub.	Je regrette que vous m'ayez mal comprise.
de + inf.	Je regrette beaucoup de quitter ce travail.
remarquer	
qch ou qn	J'ai remarqué des traces de pas devant la porte.
que + ind.	J'ai remarqué que Thomas n'était pas là.
remercier*	
qn	Je vous remercie.
qn de qch	Nous vous remercions de votre compréhension.
qn de + inf.	Je vous remercie d'être venus si nombreux ce soir.
remettre	
qch.	Monsieur Jean a remis tous ses rendez-vous.
qch à qn	On a remis ce paquet à la gardienne.

remonter	
+ lieu(être)	Ils sont remontés au grenier.
+ une côte	Nous avons descendu et remonté cette pente des dizaines de fois.
qch(avoir)	Il faut remonter Alexandre : il n'a pas le moral!
à + date	Cette histoire remonte au début du siècle.
remplacer	
qch ou qn	C'est un stagiaire qui remplace ce professeur.
qch par qch	Il faudrait remplacer ce lit par un canapé.
rencontrer*	
qn	Vous avez déjà rencontré cet homme ?
qch	Ce projet de loi a rencontré une assez forte opposition.
rendre*	
qch (à qn)	Il faut rendre ce livre à ton copain.
qn ou qch + adj	Cet enfant me rendra fou.
se rendre	Les malfaiteurs ont fini par se rendre.
se rendre + lieu	Le Président s'est rendu sur les lieux de l'attentat.
rentrer*	Il vaudrait mieux rentrer : il va pleuvoir.
+ lieu	J'ai envie de rentrer à Paris.
qch (avoir)	Tu as rentré la voiture ?
réparer	
qch	J'ai réussi à réparer le robinet qui ne marchait pas.
répartir	
qch en qch	Nous avons réparti la classe en trois groupes
qch entre qn	Nous avons réparti les livres entre les différents élèves.
repasser	Thomas n'est pas là, alors je repasserai demain.
qch	Avez vous repassé le linge ?
répondre*	Je lui ai écrit, mais il n' a pas répondu.
à qch ou qn	Il n'a pas répondu à ma lettre.
(à qn) que + ind.	Il a répondu (à Marie) qu'il ne viendrait pas.
de + inf.	l m'a répondu de rester là où j'étais.

de qch ou qn	Je lui fais confiance et je réponds de son honnêteté.
reposer*	
qn	Ce séjour à la campagne a bien reposé les enfants.
se reposer	Vous travaillez trop, il faut vous reposer.
reprendre	
qch ou qn	N'oubliez pas de reprendre votre parapluie en partant.
qch à qn	Le garagiste me reprend ma voiture, à condition que j'en achète une neuve.
rester*	Vous partez ou vous restez ?
+ lieu	Je vais rester à Paris pendant les vacances.
+ inf.	Tu restes dîner ?
il reste à qn	Elle a tout vendu, mais il lui reste encore une petite maison.
il reste à qn à + inf	Il ne lui reste plus qu'à vous remercier.
retenir	
qch	Il a toujours du mal à retenir le nom des gens.
qn	Vous pouvez sortir : je ne vous retiens pas.
retirer	
qch	Je peux retirer mon manteau ?
qn de qch	On a retiré plusieurs blessés de la voiture.
qch à qch	Le tribunal a retiré son permis de conduire à Stéphane.
retourner	
+ lieu	Je ne suis pas retourné en Auvergne depuis 1980.
qch	Retourne la carte : il y a un petit mot derrière.
qch à qn	Il faut retourner cette lettre à l'expéditeur.
retrouver	
qch ou qn	J'avais perdu le numéro de téléphone de François. Je l'ai enfin retrouvé.
réussir*	Il réussit très bien dans son travail.
qch	Je n'ai pas réussi ce gâteau.
à + inf.	Comment as-tu réussi à sortir sans te faire voir ?
à qch	Elle a réussi à tous ses examens.

réveiller*	
qch ou qn	Il est 8 heures. Il faut réveiller Julien.
se réveiller	Les enfants vont se réveiller.
revenir	Attendez-moi : je reviens dans un moment.
de + lieu	Elle revient du Brésil et elle part la semaine prochaine pour le Maroc.
revoir*	
qch ou qn	J'ai connu Patrick en 78 et je l'ai revu deux ans après.
rire	Ne ris pas! Ce n'est pas drôle.
de qch ou qn	Avec ce chapeau, tout le monde va rire de toi!
risquer	
qch	Dans cette affaire, il risque sa réputation.
de + inf.	Ne prenez pas cette route : vous risquez d'avoir un accident.
rouler	Le train roule à cent cinquante kilomètres à l'heure.
qch	Le vendeur a roulé le tapis pour que je puisse l'emporter.
sauter	Tu peux sauter : le mur n'est pas haut.
qch	Tu as sauté un mot en copiant la phrase.
sur qch	Le chat a sauté sur mes genoux quand je suis rentrée.
sauver	
qch ou qqn	Les pompiers ont réussi à sauver plusieurs personnes qui se trouvaient dans la maison en flammes.
qn de qch	La présence de ses enfants a sauvé cet homme du désespoir.
savoir*	
qch	Je ne sais plus le nom de cet homme.
que + ind.	Je sais qu'il viendra.
si+ ind.	Savez-vous si Mathilde est rentrée ?
+ inf.	Elle sait assez bien faire la cuisine.
sembler*	
+ adj	Vous semblez fatiguée : ça ne va pas ?
+ ind.	L'orage semble se calmer.
à qn + adj	Vous me semblez fatiguée!
que + sub.	Il semble qu'il ne soit pas d'accord avec nous.

sentir*	
qch	On sent une odeur de fumée ici.
+ adv.	Ce pot-au-feu, ça sent bon!
que + ind.	Je sens qu'il va encore y avoir des problèmes!
qch ou qn +inf	On sent l'orage venir!
qn + adj.	On sent Pierre très nerveux en ce moment.
servir*	Cette pièce ne sert pas beaucoup, seulement quand il y a des invités.
qch ou qn	La réaction du public sert beaucoup les intérêts du Gouvernement.
à qn	La R4 sert surtout à ma femmme.
qch à qn	Tu peux servir un petit apéritif à Sabine ?
de qch	Cette chambre sert de débarras.
de qch à qn	Cette pièce sert de bureau à mon mari.
soigner*	
qch ou qn	C'est un bon médecin qui vous soigne ?
sortir*	On est sorti hier soir, il y avait un bon film à la Rotonde.
de + lieu	Pierre sortait du café quand je l'ai aperçu.
qch ou qn	Sortez vos livres.
souffrir	Depuis son accident, elle souffre beaucoup.
de qch	Elle souffre beaucoup du froid.
de + inf.	Elle souffre beaucoup de voir son fils malheureux.
se souvenir	
de qch ou qn	Je me souviendrai toujours de cette semaine à Paris.
de + inf.	Je ne me souviens pas d'avoir fait cela.
suffire	- Il vous faut du temps pour terminer ce travail ? - Non, une journée suffira.
à qch ou qn	Six heures de sommeil ne suffisent pas à un enfant de dix ans.
à qn pour + inf.	Six heures de sommeil, ça ne suffit pas à un enfant pour se reposer.
suivre*	
qch ou qn	Pouvez-vous suivre cette voiture, s'il vous plaît ?

supposer	
que + ind.	Il n'est pas là : je suppose qu'il a raté son train.
que + sub.	Supposons que vous ratiez votre avion : que feriez-vous alors ?
qch	Ce travail suppose beaucoup de temps.
surveiller	
qch	Vous avez tendance à grossir : il faut surveiller votre poids.
taper	
qch	Pouvez-vous me taper cette lettre à la machine ?
dans(sur, à)	Arrêtez de taper sur ce mur, vous faites du bruit!
téléphoner*	Quelqu'un a téléphoné vers 7 heures.
à qn	Je vais téléphoner au médecin.
qch à qn	Vous avez téléphoné la nouvelle à Stéphane ?
tenir*	Cette affiche ne tient pas : il faudra la coller au mur.
qch	Vous pouvez tenir mon sac un instant ?
qch de qn	Je tiens ces renseignements de mon père.
à qch ou qn	Elle tient beaucoup à son mari.
terminer*	Vous avez terminé ?
qch	Vous ne terminez pas votre dessert ?
qch par qch	Nous terminons la journée par une petite promenade en bateau.
tirer	La police a tiré: il y a deux blessés.
sur qch ou qn	L'agresseur a tiré plusieurs fois sur sa victime.
qch de qch	L'entreprise n'a tiré aucun bénéfice de cette opération.
tomber*	Christine est tombée et elle s'est fait mal au genou.
dans qch	Attention, tu vas tomber dans l'eau.
+ adj	Cédric est tombé malade.
toucher	
qch ou qn	Il est tellement grand qu'il touche presque le plafond.
à qch ou qn	Il ne mange plus rien : il n'a même pas touché à son déjeuner.
tourner*	Ce lait n'est pas bon : il a tourné.
qch	C'est un jeune acteur, mais il a déjà tourné plusieurs films.

+ direction	Vous allez tout droit et ensuite, vous tournez à gauche.
travailler*	Elle a fini ses études et maintenant elle travaille.
+ lieu	Il travaille dans une agence de publicité.
qch	Il faut bien travailler la pâte pour faire ce gâteau.
à qch	Elle travaille à un nouveau livre.
pour qn	Il ne travaille pas pour lui, mais pour sa famille.
traverser*	
qch	Regarde bien à droite et à gauche quand tu traverses la rue.
se tromper*	Vous aviez raison : c'est moi qui me suis trompé.
trouver*	
qch ou qn	Je n'ai pas trouvé mes clés.
qch ou qn+adj	Je la trouve belle.
que + ind.	Je trouve qu'il fait chaud.
tuer	
qch ou qn	L'attentat a tué plusieurs personnes.
valoir	
qch	Ce foulard vaut combien ?
vendre*	
qch	Elle a vendu son appartement pour en acheter un plus grand.
qch à qn	J'ai vendu ma voiture à mon ami.
venir	J'attendais Joëlle, mais elle n'est pas venue.
+ direction	Viens à la campagne avec moi, ça te fera du bien.
de + lieu	Il vient d'Italie et il repart en Espagne.
de + inf.	Je n'ai pas faim, je viens de manger un sandwich.
qch à qn	Il m'est venu une idée : si on partait en Corse ?
visiter*	
un lieu	J'ai l'intention de visiter Istanbul.
vivre*	Le malade vit encore, mais il a beaucoup de mal à respirer.
qch	J'ai vécu une semaine fantastique à Rome.
+ lieu	Vous vivez chez vos parents ?
+ durée	Elle a vécu dix ans avec cet homme.

de qch — Patricia vit de la pension que son mari lui donne.

voir*

qch ou qn — J'ai déjà vu ce film.

que + ind. — Je vois que vous êtes allé aux sports d'hiver : vous êtes tout bronzé.

qch ou qn+inf. — Je n'ai pas vu Marie arriver : est-ce qu'elle cst là ?

vouloir*

qch — Vous voulez une tasse de café ?

que + sub. — - Tu veux qu'on fasse une petite promenade ?
- D'accord, on y va.

\+ inf. — J'aimerais aller en Italie, mais mon mari ne veut pas voyager.

<부록 2>

목차에 따른 의사소통 기능 색인

1. 대인관계 기능 (Fonction interpersonnelle)

1.1. 사회활동 기능 (Fonction de l'acte social)

1.1.1. 인사 (saluer)

☞ 전화(1.1.11.), 편지나 이메일(5.4.)

인사하기(saluer)

인사하고 안부 묻기(saluer et demander des nouvelles)

인사와 안부 묻기에 답하기(saluer et répondre à une demande de nouvelles)

반말 제안하기(proposer de se tutoyer)

안부 전하기(transmettre ses salutations)

1.1.2. 작별 인사 (prendre congé)

작별인사하기(prendre congé)

1.1.3. 접대 (prendre contact avec quelqu'un)

낯선 사람에게 접근하기(aborder quelqu'un)

접대하기(prendre contact avec quelqu'un)

의문을 표현하기(interroger)

1.1.4. 소개 (présenter/se présenter)

☞ 사람에 대한 묘사(2.3.), 좋아하는 것과 좋아하지 않는 것(3.10.)

소개하기 (présenter)

자신을 소개하기(se présenter)

소개에 답하기(répondre à une présentation)

이름 묻고 답하기(demander le nom et répondre)

주거지를 묻고 답하기(demander le lieu d'habitation et répondre)

직업을 묻고 답하기(demander la profession et répondre)

출신지를 묻고 답하기(demander l'origine et répondre)

1.1.5. 부르기 (interpeller)

부르기(interpeller)

1.1.6. 초대 (inviter et accepter/refuser une invitation)

☞ 선물(1.1.10.), 도움의 제안과 그 수락과 거절(4.7.), 자발적 행위와 공동 행위의 제안(4.8.)

초대하기(inviter)

초대를 수락하기(accepter une invitation)

초대를 거절하기(refuser une invitation)
1.1.7. 감사 (remercier et répondre aux remerciements)
감사하기(remercier)
감사에 응답하기(répondre à un remerciement)
1.1.8. 사과 (s'excuser)
사과하기(s'excuser)
1.1.9. 기원 (souhaiter), 축하 (féliciter), 격려 (encourager), 찬사 (faire un compliment), 조의 (présenter ses condoléances)
기원하기(souhaiter)
식사인사하기(souhaiter un bon appétit)
건배하기(trinquer)
환영(맞이)하기(accueillir)
축하하기(féliciter)
특별한 일에 대하여 행운을 기원하기(souhaiter bonne chance lors d'un événement spécial)
격려하기(encourager)
위로하기(consoler)
찬사보내기(faire un compliment)
찬사에 답하기(recevoir un compliment)
조의 표하기(présenter ses condoléances)
1.1.10. 선물 (offrir/recevoir un cadeau)
선물 주기(offrir un cadeau)
선물 받기(recevoir un cadeau)
1.1.11. 전화 (téléphoner)
☞ 인사(1.1.1.), 소개(1.1.4), 사람에 대한 묘사(2.3.), 행위의 요구(4.1.), 쇼핑(1.12.)
전화하기(téléphoner)

1.2. 대화활동 기능 (Fonction de l'acte de conversation)

1.2.1. 긍정 대답 (répondre "oui")
☞ 강조(3.2.), 동의와 반대(3.5.), 옳음과 그름(3.6.)
긍정으로 대답하기 (répondre "oui")
1.2.2. 부정 대답 (répondre "non")
☞ 초대(1.1.6), 강조(3.2.), 동의와 반대(3.5.), 옳음과 그름(3.6.)
부정으로 대답하기 (répondre "non")
1.2.3. 대화의 시작 (amorcer une conversation)
대화를 시작하기 (amorcer une conversation)
말 걸기(engager la conversation)
이야기를 시작하기(amorcer une histoire)
발표나 토론을 시작하기 (commencer un exposé ou une discussion)

1.2.4. 화제의 전환, 화제의 집중과 대화의 종결 (changer de sujet de conversation, attirer l'attention sur un sujet et terminer une conversation)
화제를 바꾸기(changer de sujet de conversation)
주제를 지적하기(faire référence à un thème)
화제로 다시 되돌아오기(revenir au sujet)
화제에 관심을 집중시키기(attirer l'attention sur un sujet)
대화를 종결하기(terminer une conversation)
1.2.5. 대화의 중간 휴지(gagner du temps pour réfléchir à ce qu'on va dire)
말하는 도중 생각할 시간 갖기(gagner du temps pour réfléchir à ce qu'on va dire)
1.2.6. 발언권과 발언권 유지 요구 (à moi de parler)
발언권 요구하기(demander la parole)
발언권 유지하기(garder la parole)
대화 도중 끼어들기(intervenir dans une conversation)
1.2.7. 발언에 대한 격려 또는 유도(à vous de parler)
말을 하도록 격려하거나 유도하기(susciter ou encourager la parole)
1.2.8. 작은 소리 또는 침묵 요구 (demander de parler moins fort, de se taire)
☞ 행위의 요구(4.1.)
작은 소리로 말하라고 요구하기(demander de parler moins fort)
말하지 말라고 요구하기 (demander de se taire)
1.2.9. 무지와 이해 또는 몰이해(dire son ignorance, dire qu'on comprend/qu'on ne comprend pas quelque chose)
모른다고 말하기(dire son ignorance)
이해했다고 말하기(dire qu'on comprend)
이해하지 못했다고 말하기(dire qu'on ne comprend pas quelque chose)
이해를 확인하기(s'assurer qu'on est compris)
낱말에 대하여 상세한 설명 요구하기(demander des précisions sur un mot)
1.2.10. 반복의 요구 (demander de répéter)
반복해 달라고 요구하기(demander de répéter)
1.2.11. 요약 (résumer)과 결론 (conclure)
☞ 옳음과 그름
결론짓기(conclure)
요약하기 (résumer)

2. 상황설명 기능 (Fonction référentielle)

2.1. 지적 (désigner)
사물을 지적하기(désigner quelque chose)
사람을 지적하기(désigner quelqu'un)

2.2. 사물에 대한 묘사 (décrire les objets)

☞ 사람에 대한 묘사(2.3.), 사람의 이름이나 사물의 명칭을 모를 경우 이를 지적하기

사물에 대하여 묘사하기(décrire quelque chose)

사물의 색깔 묘사하기(décrire la couleur des choses)

사물의 규모와 무게 묘사하기(décrire la dimension et le poids des choses)

사물의 형태 묘사하기(décrire la forme des choses)

사물의 외양과 촉각 묘사하기 (décrire l'aspect et le toucher des choses)

사물의 재료 묘사하기(décrire la matière des choses)

2.3. 사람에 대한 묘사 (décrire les personnes)

☞ 사물에 대한 묘사(2.2.), 지적(2.1.)

사람의 외양 묘사하기(décrire l'aspect général de quelqu'un)

사람의 첫인상 묘사하기 (décrire la première impression de quelqu'un)

사람의 크기와 체형 묘사하기(décrire la taille et la corplence de quelqu'un)

사람의 머리칼이나 수염 묘사하기(décrire les cheveux et la barbe de quelqu'un)

사람의 눈 묘사하기 (décrire les yeux de quelqu'un)

사람의 나이 묘사하기 (décrire l'âge de quelqu'un)

사람의 가족관계 묘사하기 (décrire la situation familiale de quelqu'un)

사람의 의복 묘사하기 (décrire l'habillement de quelqu'un)

사람의 내변적 특징 묘사하기 (décrire les aspects du caractère)

사람의 성격 묘사하기(décrire la personnalité de quelqu'un)

사람의 정치적인 성향 묘사하기(décrire les idées politiques de quelqu'un)

사람의 여가 생활 묘사하기(décrire les loisirs de quelqu'un)

사람의 취미와 습관 묘사하기(décrire le goût et les habitudes de quelqu'un)

사람의 지명도 묘사하기(décrire la renommée de quelqu'un)

사람의 능력 묘사하기(décrire les capacités de quelqu'un)

2.4. 신체의 상태 (parler de son état physique)

신체의 상태에 대하여 묻기(interroger sur l'état physique)

신체의 상태에 대하여 말하기(parler de son état physique)

아프다고 말하기(exprimer la peine ou la maladie)

2.5. 이름이나 명칭을 모르는 사람이나 사물에 대한 표현(s'exprimer quand on ne connaît pas le nom)

☞ 사람에 대한 묘사(2.3.), 사물에 대한 묘사(2.2.), 물건의 사용법과 용도(2.6.)

명칭 모르는 사물을 지적하기(désigner quelque chose dont on ne connaît pas le nom)

이름 모르는 사람을 지적하기(désigner quelqu'un dont on ne connaît pas le nom)

2.6. 물건 사용법과 용도 (dire comment faire et comment utiliser quelque chose)

수행방법 말하기 (dire comment faire)

물건의 용도 말하기 (dire comment utiliser)

2.7. 소식 (annoncer une nouvelle)

소식 알리기(annoncer une nouvelle)
난처한 소식 알리기(annoncer une nouvelle embarrassante)
공식적인 소식 알리기(annoncer une nouvelle officielle)

2.8. 행선지(demander son chemin)
☞ 부르기(1.1.5.), 장소 설정(5.5.), 감사하기(1.1.7.)
낯선 사람에게 말 걸기(aborder quelqu'un)
길 묻기(demander le chemin)
길 묻기에 답하기(indiquer le chemin)

2.9. 장소 묘사 (décrire un lieu)
장소에 대하여 묘사하기(décrire un lieu)

2.10. 시간 (parler du temps)
시간 말하기(parler de l'heure)
요일 말하기(parler du jour de la semaine)
날짜 말하기(parler de la date)

2.11. 날씨 (parler de la météo)
날씨에 대하여 말하기(parler de la météo)

2.12. 쇼핑 (faire des achats)
점원에게 정보 묻기(demander une information à l'employé)
쇼핑하기(faire des achats)
가격 묻기(demander le prix)

2.13. 할 수 있는 것과 할 수 없는 것 (dire/demander ce qu'on peut faire/ce qu'on ne peut pas faire)
할 수 있는 것 말하기(dire ce qu'on peut faire)
할 수 없는 것 말하기(dire ce qu'on ne peut pas faire)
할 수 있는 것 요구하기(demander ce qu'on peut faire)

2.14. 기억 (dire qu'on se souvient/qu'on ne se souvient pas de quelque chose)
기억한다고 또는 기억이 나지 않는다고 말하기 (dire qu'on se souvient/qu'on ne se souvient pas de quelque chose)

2.15. 사건의 연속 (raconter une suite d'événements)
연속된 사건들을 말하기 (raconter une suite d'événements)

3. 표현 기능 (Fonction expressive)

3.1. 견해나 의견 (exprimer une opinion/demander son avis à quelqu'un)
☞ 동의와 반대(3.5.), 판단(3.12.)
견해나 의견 묻기 (demander son avis ou son opinion)
견해나 의견 표명하기(exprimer son avis ou son opinion)

3.2. 강조 (insister)
☞ 부정 대답(1.2.2.), 견해나 의견(3.1.), 말 전하기(5.3.)
강조하기 (insister)
3.3. 확실성, 개연성, 가능성, 불가능성, 의심 (exprimer la certitude, la probabilité, la possibilité, l'impossibilité et le doute)
확실성을 표현하기(exprimer la certitude)
개연성을 표현하기(exprimer la probabilité)
비개연성을 표현하기(exprimer l'improbabilité)
가능성을 표현하기(exprimer la possibilité)
불가능성을 표현하기 (exprimer l'impossibilité)
의심을 표현하기(exprimer le doute)
3.4. 필요성 (exprimer la nécessité/l'obligation de faire quelque chose)
해야 할 필요성이나 의무를 표현하기(exprimer la nécessité, l'obligation)
3.5. 동의와 반대 (dire qu'on est d'accord/qu'on n'est pas d'accord)
☞ 견해나 의견(3.1.) 자발적 행위의 수락과 거절(4.9.), 초대(1.1.6.), 도움의 제안(4.7.)
동의 구하기(demander à quelqu'un son approbation)
동의한다고 말하기(exprimer son approbation)
동의하지 않는다고 말하기(exprimer sa désapprobation)
부분적으로 동의하지 않는다고 말하기(exprimer sa désapprobation atténuée)
중립적인 입장을 표명하기(adopter une position neutre)
3.6. 옳음과 그름 (dire que l'autre personne a raison/a tort)
옳다고 말하기(dire que l'autre personne a raison)
그르다고 말하기(dire que l'autre personne a tort)
잘못을 인정하기(reconnaître qu'on a tort)
3.7. 만족과 불만 (dire qu'on est content/qu'on est mécontent)
☞ 타인의 행위에 대한 질책과 비난(3.9.)
만족한다고 말하기(dire qu'on est content)
불만이라고 말하기 (dire qu'on est mécontent)
3.8. 불평 (se plaindre, plaindre)과 유감 (dire son regret)
타인이나 자신에 대하여 불평하기(plaindre une personne ou se plaindre)
유감을 표현하기(dire son regret)
3.9. 타인의 행위에 대한 질책과 비난 (désapprouver les actions d'une autre personne et les lui reporcher)
☞ 좋아하는 것과 좋아하지 않는 것(3.10.), 과거의 행위에 대한 자책(3.16.)
타인의 행위를 질책하기(désapprouver les actions d'une autre personne)
타인의 행위를 비난하기(reporcher les actions d'une autre personne)
실망을 표현하기(exprimer sa déception)
3.10. 좋아하는 것과 좋아하지 않는 것 (dire ce qu'on aime/ce qu'on n'aime pas)

☞ 보다 좋아하는 것(3.11.), 관심과 무관심(3.21.)
좋아하는 것 말하기(dire ce qu'on aime) (3.10.)
좋아하지 않는 것 말하기(dire ce qu'on n'aime pas)
시샘이나 질투를 표현하기(exprimer son envie/sa jalousie)
우정을 표현하기(exprimer son amitié)
사랑을 표현하기(exprimer son amour)
배우자나 애인 소개하기(présenter son partenaire)

3.11. 보다 좋아하는 것 (dire ce qu'on préfère)
보다 좋아하는 것 말하기(dire ce qu'on préfère)

3.12. 판단 (porter un jugement sur quelque chose ou quelqu'un)
☞ 좋아하는 것과 좋아하지 않는 것(3.10.), 감탄(3.20.)
사물이나 사람에 대하여 판단하기 (porter un jugement sur quelque chose ou quelqu'un)
사물이나 사람에 대하여 긍정적으로 평가하기(donner une appréciation positive sur quelque chose ou quelqu'un)
사물이나 사람에 대하여 부정적으로 평가하기(donner une appréciation négative sur quelque chose ou quelqu'un)
사람에 대하여 신뢰감을 표현하기(exprimer sa confiance en quelqu'un)

3.13. 비교 (comparer)
비교하기(comparer)
유사점이나 차이점을 표현하기(exprimer la ressemblance ou la différence)

3.14. 하고자 하는 것 : 계획, 의도, 희망, 소원 (dire ce qu'on veut faire : projet, intention, espoir, souhait)
하려고 하는 것이 무엇인지 물어보기(demander ce qu'on veut faire)
하고자 하는 것 말하기(dire ce qu'on veut faire)
계획이나 의도를 말하기(dire son projet ou son intention)
희망이나 소원을 말하기(dire son espoir/désespoir)
하고 싶지 않은 것 말하기(dire ce qu'on ne veut pas faire)
더 이상 하고 싶지 않다고 말하기(ne plus vouloir faire quelque chose)

3.15. 곧 하게 될 것 (dire ce qu'on va faire)
곧 하게 될 것을 말하기(dire ce qu'on va faire)

3.16. 과거의 행위에 대한 자책 (se reprocher une action passée)과 타인에 대한 책임 전 가 또는 비난 (rendre quelqu'un responsable d'une action/accuser), 실망 (dire sa déception), 항의 (faire une réclamation)
☞ 사과(1.1.8.)
과거의 행위에 대한 자책하기 (se reprocher une action passée)
타인에게 책임 전가하기(rendre quelqu'un responsable d'une action)
비난하기(accuser)

실망을 말하기 (dire sa déception)
항의하기(faire une réclamation)

3.17. 두려움 (dire sa peur)
두려움이나 불안을 표현하기(exprimer sa peur ou son inquiétude)
안도감을 표현하기(exprimer son soulagement)

3.18. 난처함 (dire sa gêne, son embarras)
난처함이나 당황을 표현하기(dire sa gêne ou son embarras)

3.19. 놀라움 (dire sa surprise)
놀라움을 표현하기(dire sa surprise)

3.20. 감탄 (exprimer l'admiration)
☞ 판단(3.12.)
감탄이나 감동을 표현하기(exprimer l'admiration ou l'émotion)

3.21. 관심 (exprimer son intérêt)과 무관심 (dire son indifférence)
관심을 표명하기(exprimer son intérêt)
무관심을 표명하기(exprimer son désintérêt)

3.22. 기분 (exprimer la bonne/la mauvaise humeur)
기분 묻기(demander son humeur)
기분 좋음을 표현하기 (exprimer la bonne humeur)
기분 나쁨을 표현하기 (exprimer la mauvaise humeur)

3.23. 화나 분노 (exprimer l'irritation/l'exaspération)
화나 분노를 표현하기(exprimer l'irritation/l'exaspération)

3.24. 조급한 마음 (exprimer l'impatience)
조급한 마음을 표현하기 (exprimer son impatience)

3.25. 일의 소관 (parler de ce qui vous concerne/de ce qui ne vous concerne pas/de ce qui concerne l'autre/de ce qui ne concerne pas l'autre)
자신의 소관이라고 말하기(parler de ce qui vous concerne)
자신의 소관이 아니라고 말하기(parler de ce qui ne vous concerne pas)
타인의 소관이라고 말하기(parler de ce qui concerne l'autre)
타인의 소관이 아니라고 말하기(parler de ce qui ne concerne pas l'autre)

3.26. 모욕 (dire des insultes/des injures)
모욕주기 또는 욕하기 (injurier ou insulter)

4. 지시 기능 (Fonction conative)

4.1. 행위의 요구 (demander à quelqu'un de faire quelque chose)
☞ 지침 또는 지시나 명령(4.2.)
무엇인가를 해달라고 요구하기(demander à quelqu'un de faire quelque chose)

도움 요청하기(demander de l'aide/un service)

4.2. 지침 또는 지시나 명령 (donner des indications/des instructions/des ordres)

☞ 금지(4.3.), 허락(4.13.)

지침을 말하기 (donner des indications)

지시하기 (donner des instructions)

명령하기 (donner des ordres)

치근덕거리는 사람을 떨쳐내기(se débarrasser de quelqu'un)

4.3. 금지 (défendre ou interdire)

하지 못하게 하기 (défendre)

금지하게 하기(interdire)

4.4. 예고, 경고 또는 주의 (avertir/prévenir/mettre en garde)

예고하기(avertir)

경고하기(prévenir)

주의주기(mettre en garde)

4.5. 조언 (conseiller)과 만류 (déconseiller)

조언을 요구하기(demander un conseil)

하도록 조언하기(conseiller)

하지 말도록 조언하기(déconseiller)

4.6. 음료나 음식의 권유와 그 승낙과 거절 (offrir à boire/à manger et accepter/refuser l'offre)

음료나 음식을 권하기(offrir à boire ou à manger)

권한 것을 승낙하기(accepter l'offre)

권한 것을 거절하기(refuser l'offre)

4.7. 도움의 제안 과 그 수락과 거절(proposer de l'aide et accepter/refuser une offre d'aide)

도움을 제안하기 (proposer de l'aide)

도움 제안을 수락하기(accepter une offre d'aide)

도움 제안을 거절하기(refuser une offre d'aide)

도움 요청을 승낙하기(accepter de rendre service)

도움 요청을 거절하기(refuser de rendre service)

4.8. 자발적 행위와 공동 행위의 제안 (proposer à une autre personne de faire quelque chose elle-même/ensemble)

☞ 조언과 만류(4.5.)

자발적으로 무엇인가를 행하도록 제안하기(proposer à une autre personne de faire quelque chose elle-même)

함께 무엇인가를 하자고 제안하기(proposer à une autre personne de faire quelque chose ensemble)

4.9. 자발적 행위와 공동의 행위 제안에 대한 수락과 거절 (accepter et refuser une proposion)

☞ 초대(1.1.6.), 음료나 음식의 권유(4.6.), 도움의 제안(4.7.), 자발적 행위(4.8.), 만날 약속(4.10.),

제안을 승낙하기(accepter une proposition)
제안을 거절하기(refuser une proposition)

4.10. 만날 약속 (fixer un rendez-vous)
약속을 요청하거나 제안하기(demander ou proposer un rendez-vous)
약속 정하기(fixer un rendez-vous)
약속 승낙하기(accepter un rendez-vous)
약속 거절하기(refuser un rendez-vous)
약속 날짜 변경하기(changer la date d'un rendez-vous)
약속을 확인하기(confirmer un rendez-vous)
약속 취소하기(annuler un rendez-vous)

4.11. 맹세 또는 약속 (promettre)
맹세하기(promettre) (4.11.)

4.12. 안심(rassurer)
☞ 맹세 또는 약속(4.11.)
안심시키기(rassurer)

4.13. 허락 (demander, donner et refuser une permission)
허락을 요구하기(demander une permission)
허락하기(donner une permission)
허락을 알리기(annoncer une permission)
허락을 거절하기(refuser une permission)

4.14. 회상 (rappeler quelque chose à quelqu'un)
☞ 기억(2,14.)
회상시키기(rappeler quelque chose à quelqu'un)

5. 언어설명 기능 (Fonction métalinguistique)

5.1. 원인과 결과 (exprimer une relation de cause/conséquence)
원인을 표현하기(exprimer une cause)
결과를 표현하기(exprimer une conséquence)
원인과 결과의 관계를 표현하기 (exprimer une relation de cause/conséquence)

5.2. 가정 (faire des hypothèses)
가정하기(faire des hypothèses)

5.3. 화법 (rapporter)
말전하기(rapporter les paroles d'une personne)

5.4. 편지나 이메일 (correspondance et E-mail)
편지나 이메일 쓰기(écrire une lettre ou un E-mail)
컴퓨터 사용하기(utiliser un ordinateur)

컴퓨터 전원 켜기 및 끄기 (allumer ou éteindre)
컴퓨터 자료 접속하거나 닫기(ouvrir ou fermer)
컴퓨터 정보검색하기(sélectionner des informations)
컴퓨터 자료 삭제하기 (effacer un document)
컴퓨터 자료 저장하기 (enregistrer des informations)
컴퓨터 기능 활용하기 (utiliser des fonctions)
인터넷으로 의사소통하기(communiquer par internet)
인터넷이나 e-mail 주소 저장하기 (enregistrer un site ou une adresse e-mail)

5.5. 장소의 설정 (situer dans l'espace)
장소를 말하기 (situer dans l'espace)

5.6. 수량화 (quantifier)
숫자로 표현하기(quantifier)

5.7. 현재 사실이나 상황 (décrire le fait et la situation présents)
현재 사실을 묘사하기(décrire le fait présent)
현재 상황을 묘사하기(décrire la situation présents)

5.8. 과거 사실이나 상황 (décrire le fait et la situation passés)
과거 사실을 묘사하기(décrire le fait passé)
과거 상황을 묘사하기(décrire la situation passé)

5.9. 미래 사실이나 상황 (décrire le fait et la situation futurs)
미래에 있을 사건을 묘사하기(décrire le fait futur)
미래에 있을 상황을 묘사하기(décrire la situation futur)

우리말 의사소통 기능 색인

■ 한상헌 ■

서울대학교 사범대학 불어교육과 학사
고려대학교 대학원 불어불문학과 석사
고려대학교 대학원 불어불문학과 박사
교육부 6차, 7차 프랑스어 교육과정 편찬
전 한국 프랑스어문교육학회 회장
현 한국교원대학교 불어교육과 교수

저서 : 『불어교육론』(공저), 도서출판 하우
역서 : 『외국어일반교육학』, 도서출판 만남

실용 프랑스어 의사소통 기능

지은이 / 한상헌
발행인 / 차상면
초판인쇄 / 2007. 12. 21
초판발행 / 2007. 12. 28
등록번호 / 제2-1798호
등록된 곳 / 서울시 광진구 자양3동 510-5번지 이튼타워 A동 2302호
발행처 / 도서출판 만 남
전화 (02) 3436-0746
FAX (02) 3436 0747

값 17.000원
ISBN 978-89-5920-124-2-93760

http : //www.mannam21.co,kr
E-mail ; mannampub@hanmail.net